实践‖反思教育学文丛

丛书主编 陈向明

学做教师

实习生与指导教师互动研究

陈向明　魏　戈　张玉荣
曲　霞　江淑玲　等　著

Learning to Teach

A Study of Mentor-Mentee Interactions

教育科学出版社
·北　京·

代序

求知索途：实践–反思教育学的路径

陈向明　北京大学教育学院

2000年，我在教育科学出版社出版了《质的研究方法与社会科学研究》，作为国内首部系统介绍质性研究方法论的著作，这本书在学界引起了不小的反响。很多读者看到这本书后感慨道："原来研究还可以这么做！"的确，质性研究方法在21世纪初的引入，丰富了我国的教育实证研究方法。此后，我在国内不遗余力地推广质性研究方法，在这几十年里，我逐渐意识到质性研究不是一套简单中立的方法技术，其所秉持的人文关怀与理论敏感性正在酝酿着一种全新的教育学。

反思当前教育研究的"痼疾"：很多人理论做得很好，但不去田野，缺乏现实感；有的人实践做得不错，但缺乏提炼理论的能力。作为一名教育研究者，我一直努力搭建实践与理论之桥，做"两栖动物"。这种跨界研究的意识在二十多年前就已经开始萌芽。受英国国际发展部资助，我在1999年赴甘肃参与中英基础教育改革项目，在前沿的教学理念与贫瘠的教育土壤之间挣扎，尝试寻找一条扎根西部的教育变革之路。从2003年起持续推进的教师实践性知识研究项目，旨在用"实践性知识"这个貌似自相矛盾的概念找到教师专业的独特性。

我们作为研究者与一线教师一起挖掘教师的实践智慧，增强了他们的专业自尊和自信。在这期间，我们每年还承担了教育部“国培计划”和其他各类教师培训项目，并一改传统的讲座式培训模式，用参与式方法激活了教师的团体动力，帮助教师提高了批判性反思的能力。在这些研究和实践的基础上，2010年我在《北京大学教育评论》发表了《范式探索：实践–反思的教育质性研究》一文，初步提出“实践–反思教育学”的概念，并以此来推动这一独特的教育研究范式的发展及其实践。

若干年过去了，现在我们对实践–反思教育学有了一些新的认识，也积累了一些研究经验。然而，一直困扰我们的一个问题是：实践–反思教育学究竟具有什么独特的研究路径？我们通过大量的课题研究和教育实践改革，逐渐摸索出一条实践与反思之间交错往复的道路。铺就这条实践–反思教育学的路径，主要包括五个步骤：问题聚焦、现实表征、关系联结、思维跃升、行动介入。

“问题聚焦”是对实践的第一重反思。面对教育现象，实践领域的工作者往往不能很清晰地意识到哪些问题需要处理、哪些内容适合研究，或者不敢剖析自己内心深处的隐痛和复杂的社会–文化结构性问题。因此，“问题聚焦”是实践–反思教育学的第一步，只有在形成问题意识，将习以为常的现象“问题化”之后，才有可能突破自己日用而不知的“无意识”。

“现实表征”是对问题的纵深刻画，帮助我们丰富反思的资料。实践–反思教育学跳出了纯概念的游戏，主张对教育问题进行最直接、最朴素的描述、解释和分析。我们通过访谈、观察、收集实物等多种方式，获得对教育现场的充分了解和理解，并通过故事、隐喻、行动公式等将这些理解外化。这种深描与多元表征的方法源自质性研究方法论的滋养，也增强了我们对现实教育问题做出理性判断的信心。

“关系联结”体现了一种关系性思维，强调研究过程的情境性、社会性、跨界合作等要素。这里既包括研究者与被研究者之间的平等对话关系，也包括研究者与研究现象之间时近时远的关系，更暗含着研究者与自己在过去、现在及未来之间的关系。实践-反思教育学对关系的意识和建构贯穿研究始终，多重关系的联结，意味着跨越边界，整合多种资源，借助多样的判断，形成对问题更整全的认识。同时，实践-反思教育学研究者本人也在复杂多元的关系联结中发生着微妙的变化。

“思维跃升”是对反思的再反思，是概念化、理论化的抽象过程，是学术研究的高阶追求。实践-反思教育学将一线教育工作者鲜活、丰富的实践经验，借助新颖视角下的理论洞察加以呈现，同时进一步重构理论。正是因为实践-反思教育学强调不同知识领域之间的跨界合作，所以它才有可能碰撞出新的火花，才有可能实现思维的跃升，并形成有新意的、有强大解释力的理论，才能赋予理论更广阔的适用空间。通过创造新的知识形态，实践-反思教育学在学理上力图为我国本土教育学理论创建提供资源。

“行动介入”是指再次回到实践中，借助研究的洞见解决现实问题。传统的教育学研究要求研究者不要干预现场，要客观地观察和分析教育现象。而对实践-反思教育学来说，不去改变、不去行动、不去触碰现象本身，是了解不到真实的现象的。正如库尔特·勒温（Kurt Lewin）所说：“了解这个世界的最好的办法就是去改变它。”① 教育研究工作不能止步于知识的生产，还应该对它们所反映的对象——教育实践——产生实质性的影响。在实践-反思教育学研究范式下，教育的知识生产与教育实践改进之间水乳交融，能够加强教育研究对教育实践改进的推动作用，同时也使得教育实践改进超越经验摸索的层面。

---

① 转引自：阿吉里斯，帕特南，史密斯．行动科学：探究与介入的概念、方法与技能［M］．夏林清，译．北京：教育科学出版社，2012：前言3.

实践–反思教育学旨在回应教育实践的需求，研究真问题，真研究问题，真正为教育改革的创新服务。

总之，实践–反思教育学通过研究去助力教育系统的不断改进和完善，提出一种从实践到认识再回到实践的完整认识路线和“学术–实践共同体”的主张，展现了教育研究的社会责任和实践情怀，很有可能成为具有中国特色的本土教育学。

2020年起，我们在教育科学出版社出版了“实践–反思教育学文丛”（第一辑），有幸得到国家出版基金资助，六位青年学者的研究勾勒出实践–反思教育学的初步样貌。该文丛中的多部著作都在出版不到半年的时间里加印，读者对这套丛书的好评让我们有信心把实践–反思的教育研究坚持下去。现在，我们决定整理过去几年的项目研究、培训活动的相关成果，并由此形成了“实践–反思教育学文丛”第二辑。

作为第二辑的研究成果之一，《学做教师：实习生与指导教师互动研究》关注在师范生实习期间指导教师对其知识转化与身份获得产生了何种影响，以及影响是如何产生的。本书作为教育部人文社会科学研究规划基金项目成果，采用质性与定量研究相结合的方法，既从全国范围调查了实习生与指导教师互动的总体情况，又通过案例的形式讲述了数十名实习生“学做教师”过程中的师徒互动故事。该研究提炼出了实习生与指导教师互动的本土化类型，并从知识转化与身份获得两个维度追踪了不同互动类型产生的多样化结果，更进一步从制度层面探讨了如何优化我国师范生的教育实习，对打造高质量教师教育体系具有启发意义。

《心灵的转化：参与和跨界中的教师学习》是由北京教育科学研究院德育研究中心组织，由我和其他团队成员作为教员参与的教育行动研究工作坊学员的优秀论文集。该工作坊已连续举办三期，学员主要是来自北京市中小学的教师。学员们面对“学生为什么上课不积极回答问题”“如何超越‘个别学生’的反复改造难题”“为什么‘忙’

会成为教师的常态循环”等教育实践中经常出现的棘手问题，利用在一学年时间内学到的叙事探究、扎根理论、案例研究和调查研究等路径，深入开展了行动研究。研究成果体现了一线教师通过与学术研究者一起进行的跨界学习，如何在日常工作中融入研究思维、形成系统反思的习惯、发生双环学习、改变心智模式等。该论文集还包括了学员们对自己学习过程的反思和心得体会，以及教员对论文之价值和不足的逐一点评。

《跨界-交互-生成：教师跨界学习机制研究》作为北京大学基础教育研究中心于越教育发展基金项目的成果，采用质性与定量研究相结合的方法，对北京教育科学研究院德育研究中心举办的教育行动研究工作坊进行了持续一年多的追踪研究。通过生动的案例和丰富的调查数据，呈现了大中小幼教师在工作坊中跨越各自活动系统边界的学习过程，描述了其发生的不同层次、不同类型的改变，提炼出了区别于传统的接受学习与参与学习的新型教师专业发展模式——跨界-交互-生成的教师学习机制。

《实践性知识：中国社会文化视角的探察》是我们多年专注于教师实践性知识研究的最新成果。这项研究主要借用了“两难空间”的理论概念，结合中国文化传统和社会结构特征，从教师身份认同、教师思维决策、教师专业行动和教师专业发展等四个方面，探究教师实践性知识的特征和生成机制。我们将教师实践性知识的研究放入具体的社会文化情境：在社会的维度上，我们关注中国社会转型背景下的社会结构、制度环境、社会心理对教师实践性知识的影响；在文化的维度上，我们借鉴了以儒家文化为代表的中国传统文化，从物我一与、身心一如的整体观，知行合一、以身体道的实践观，从容中道的中庸观等三个视点出发，理解和解释中国教师实践性知识的本土特点。

《学生为本：课例研究指导手册》是我们在过去几年开展课例研究的实践经验与理论思考的结晶。特别是近三年，编者团队在中国人民大学附属中学通州校区、清华大学附属中学大兴学校两所学校开展的跨界课例研究，总结提炼出几十种一线教师易于使用的课例研究工具，并积累了丰富的案例。我们分享这些工具包和案例集，希望能够帮助一线教师明确学生学习的发生机制及影响因素，构建引导学生学会学习的教学策略，真正落实“以学生为本”的课程与教学。

从文丛第二辑的主要内容可以看到，实践-反思教育学力图抓住教育实践的本质特点，聚焦教师在日常工作中面临的、反复发生的、难以解决的“顽症”。通过扎根一线的田野研究和跨界合作，我们作为研究者、同行者，协助一线教师了解自己的教育信念，进而提升自己发现问题和解决问题的能力。教育研究不能只搞宏观鸟瞰的理论，也不能只埋到细节里做实际事务。在埋到细节里做实际事务时，要偶尔抽身出来看看这个实际事务到底在讲什么；在搞宏观鸟瞰的理论时，又需要关注细节，思考到底有什么证据来支持自己的理论。正如杜威所说，做教育就需要既有理论思维又有实践思维的人，偏哪一个都不好。① 实践-反思教育学勾勒出了一种我为之神往的学术状态，它实则在为教育研究者本人赋能，帮助我们脚踏实地、仰望星空，在动态的、不确定的社会大环境中创造可能性。

① 转引自：陈向明，安超，方明军，等. 被打断的教育与自我唤醒的学习：陈向明教授叙事行动研究访谈录 [J]. 现代远程教育研究，2021 (6)：3-11.

前言

教育实习是职前教师教育的重要环节，是弥合教育理论与实践鸿沟的有效途径。只有进入学校现场，实习生才能了解真实的课堂、学生和教师文化，也才可能将学到的理论知识转化为实践性知识，发现自己作为教师的潜能和发展前景，获得教师专业的身份感。目前我国的教育实习大多安排在最后一学年的上半学期，实际时间约为2—3个月。在如此短的时间内，实习生的学习状况和效果如何？实习生的指导教师在其中发挥了什么作用？

国内外教师教育领域的很多研究都指出，职前教师培养中的一个严重问题是理论与实践相分离。很多大学开设的教师教育课程脱离幼儿园、中小学教育教学实践，学生在大学学到的理论知识在中小学、幼儿园的实际教育教学工作中作用甚微。不少实习生发现，虽然自己在大学学了很多教育学和心理学理论知识，但进入课堂后却不会“教书”。除了不知如何将学科知识通过合适的教学方式转化为能被学生容易理解的形态，他们还不会管理班级和课堂。

来自一线的报告也显示，大部分实习生进入学校后难以适应复杂的学校环境，很容易发生“实践休克”（practice shock）。由于对学校的文化和行为规则不了解，他们在观念、情感和行为上都会产生无所适从的状况。大学的学术文化与中小学、幼儿园的工作文化很不一样，一般而言，前者比较提倡独立思考、平等交流，而后者相对“保守”，有既定的行为制度和人际交往规则。由于不适应实习学校的现实，一些实习生本来对教师职业充满憧憬，实习之后反而变得不愿意当教师了。这些意料之外的冲击不仅妨碍实习生在教育教学中运用和创造知识，而且会使他们对教师职业的理解和态度发生变化，进而影响他们的专业学习和个人成长。

基于上述现实困惑，我们不禁要问：教育实习作为一种制度安排，在政策要求、人员配置和资源支持上都有所规定，为什么在实践中却难以达到预期的效果？实习生是如何面对“实践休克”，又是如何学会教学、学做教师的？他们在大学获得的知识以及他们对教师职业的身份认同，在学校教育教学情境中又是如何发展和变化的？

本书基于陈向明教授主持的教育部人文社会科学研究规划基金项目（项目号：10YJA880017），针对实习生与指导教师的互动及其对实习生带来的影响展开了历时3年（2010—2013年）的深入研究，研究的对象主要是在中小学和幼儿园实习的师范生及其指导教师。我们采用混合研究方法，将定量研究的大规模调查和质性研究的案例剖析结合在了一起。首先，我们借助行动科学理论和互动仪式链理论编制了调查问卷，对我国东、中、西部8所不同类型师范院校（包括部属院校、地方院校）的近2000名实习生（含专科生、本科生和研究生）进行了量化的问卷调查，通过对大规模的问卷统计数据的分析，初步提出了实习生与指导教师互动模式的两大类型，即促进型与阻抑型，作为后续质性研究部分的分类基础。

与此同时，我们采用质性方法，对实习生与指导教师的互动做现场观察、深度访谈、焦点团体访谈并进行实物收集（如收集反思日志、教育叙事、教学设计等）。我们采用目的性抽样方法，选取的40个案例覆盖了不同性别、学科（语言类、数理类、活动类）和不同类型学校（城市与农村学校、部属院校与地方院校）的实习生。在深入分析40个案例的基础上，我们提炼出4种实习生与指导教师之间的互动类型：正向促进型、正向阻抑型、反向阻抑型、反向促进型。

在正向促进型中，师徒彼此认可度较高。在行动策略上，实习生的分享和求教都非常主动。在知识转化方面，实习生初步获得了理论知识向实践性知识转化、学科知识向教育学知识转化的意识。在专业认知方面，实习生认识到教师职业是一个“要时刻进步”、具有挑战性的职业。在专业热情方面，实习生始终以一种积极上进的状态对待实习。

在正向阻抑型中，师徒也建立了融洽的互动关系，但指导教师的指导方式比较单一，师徒之间的研讨停留在浅层次。在行动上，出于自我保护的目的（维护自己在指导教师心目中的良好形象），同时也为保护他人（维护指导教师的面子或热情），实习生选择主动求教但并不主动分享的策略。虽然这类行动可被视为实习生在与指导教师进行权力协商，但也削弱了学习效果。

在反向阻抑型中，双方对彼此的认可度都比较低。由于对指导教师心存不满，实习生拒绝或者有所保留地表达自己的真实看法，以避免不满公开化。在行动方面，由于对指导教师本身能力不信服，实习生较少主动求教。在学习结果上，不良的互动关系使教师指导仅停留在问题表面，没有深入，也无法引发实习生更深层的反思，对实习生知识转化和身份获得的作用甚微。

在反向促进型中，师徒互动表现出强烈的不和谐。由于对指导教师的能力、态度和教学或指导方式都持否定态度，实习生完全放弃了与指导教师分享和向其求教的意愿，转而努力通过提高教学效果向对方证明自己的实力。就学习效果看，实习生已初步将理论知识转化为实践性知识，并形成了有特色的学科教学法知识。在身份获得方面，实习生从原来的高期望走向务实，虽遇挫折，但对从事教师职业这个志向仍旧笃定。

基于互动类型分析，我们发现，当师徒关系融洽时，实习生的学习效果有可能出现两种情况——正向促进与正向阻抑。前者促进了实习生的知识转化和身份获得，后者则阻碍了实习生的学习，这是因为正向促进型中的师徒关系属于“实性和谐”，没有停留在表面的融洽交往中，而是触及了师徒深层次的交往和相互激发；而正向阻抑型中的师徒关系属于“虚性和谐”，只停留在表面上，师徒之间并未发生实质性的深度交流。当师徒关系不和谐时，也有可能出现两种情况——反向阻抑和反向促进。前者阻碍了实习生的知识转化和身份获得，而后者因实习生采取了积极进取的态度，将指导教师作为反面教材，激发了自己独立探索的潜能，反而使学习得到了促进。上述四种类型及其解释是本书对教育实习研究做出的本土化贡献，是教师教育领域具有一定原创性的理论。

基于理论分析的成果，我们也为教育实习提出了一些具体的建议。例如：实习生的学习效果很大程度上受制于指导教师的指导能力和方式，指导教师应该不断优化自身专业能力素养；实习生个人的反思意识和能力是导致其学习效果的一个重要内因，实习生本人应该发挥能动性，主动创造各种有助于自身专业成长的学习机会。此外，我国的教育实习制度和资源配置有待进一步完善，虽然国家层面对教育实习提出了一些要求，但其并未涉及具体的实习过程，没有明确实习工作各方的责任、权利和义务，这就为指导教师忽视个人的责任、义务，甚至过度扩张个人权力提供了可能。除了制度安排，社会结构中的“配置性资源”和“权威性资源”也很重要。我们发现，指导教师的指导能力不足和指导方式不当在很大程度上与其工作动力不足有关，而这又与实习指导的物质激励等“配置性资源”不够有密切关系。由于双方责任缺乏明确界定，实习生在面对指导教师布置的繁重的事务性工作时，往往无法有理有据地伸张自己的权利。

从国家宏观政策来看，2016年《教育部关于加强师范生教育实践的意见》已对实习内容、组织形式、资金以及面向指导教师的激励做出了指导，提出“举办教师教育的院校要与中小学、教研机构通过专题研究、协同教研、定期培训等多种形式，不断提高指导教师的专业化水平和实践指导能力”，但在实践操作过程中需要更具体的规定和要求以保障政策的落实。教育实习虽是职前教师教育项目中的一环，却牵涉高等院校、实习学校、师范生、指导教师、地方教育管理部门等多方，因此也需要多方协同，并不断基于各地实际情况创新工作机制。

从微观的个体层面来看，实习生学做教师的经历是一个非常复杂的过程，涉及实习生的知识转化、情感体验与身份认同。如何最大限度发挥教育实习的潜在价值，并以此建立更加畅通的、更具信任的大中小学伙伴关系，需要一线教师和教育研究者从实践与理论的对话中不断反思和探索，通过优化职前教师教育模式，吸引更多更优秀的年轻学子加入教师行列，为构建高质量教师教育体系，打造高素质、专业化、创新型教师队伍持续助力。

目录

第一章 走进教育实习的时空情境

引子：一位实习生的日记

玲子是某师范大学历史系的研究生。2010年9月到12月，她在一所高中实习，承担高二历史课的教学任务，并担任高二（4）班的实习班主任。在三个多月的时间里，她坚持写日记来记录自己初为人师的经历。这份珍贵的“礼物”使我们有机会看到一个实习生的沮丧与喜悦、困惑与坚持。

第六天

“要记住，你是学历史的。”现在的实习生活，至少到现在，我开始懂了。我是学历史的，要懂得说话有根据，要论从史出。两天的讲课经历已经通过活生生的现实告诉我，自己没有把握的事就不要拿出来，特别是对教材的处理上，对于搜集的很多史料，自己觉得没有问题，课上给同学们展示的时候，却总会有这样那样的问题，而自己没有预设、没有准备，对教材没有吃透，紧张，不自信，忘词卡壳，板书混乱……

第八天

记得上教学法的课的时候，杨老师让我上讲台，或许是准备得不够充分，或许是紧张，我完全不敢抬头。“自己的讲台都站不住，以后还能怎么办?”现在的我，可以很开心地跟杨老师说：“我可以站住我的讲台了！”在这里，我得到的不仅仅是上台讲课的机会，更多的是对自己的挑战！

第九天

第一次对峙是和 4 班的林强。那是我第一次上讲台，对我来说很新鲜。他举手不下 5 次，句句都透露出对历史的热爱。我也试图解释，结果顾此失彼。……接下来是在理科班，学生们透露出对历史超出我预料的兴趣，哗哗的拍手声让我不知所措。……最有挫败感的还是今天，不是因为自己知识上的欠缺，而是因为能力的不足，特别是对学生要求过多，虽然我只是想做好，但或许他（某个学生）只是想睡觉……

第十天

实习的速度越来越快了，切身体会到高中老师很累很累，不过也很有收获。带了下周要讲的新课教案跟彭老师（实习学校指导教师）交流，我突然意识到：我能认识到缺点、承认缺点，可就是不改缺点。原来自己一直在逃避对自己缺点的认识！我不擅长讲故事，不想在公共的地方表现自己，所以在设计教案时总是把本来属于自己的任务转移到学生身上。彭老师建议我自己讲，不要逃避，这是一个很好的锻炼机会。一个教案讲 8 个班，绝对可以练出来。重新整理了教案，修改了课件，明天就要在理科班开讲了。有点胆怯，不过要相信自己，既然现在躲不过去，那就勇敢点吧。任务越来越重，时间真的很紧，躲也躲不掉的。或许现在的实习生活，能让我真正找到迷失的自己。

除此之外，我还发现现在我们这些实习生在设计教案的时候，设置的好多问题都是我们自己理所当然想出来的，只合乎自己的逻辑。彭老师在看到我列出的设问之后，很明确地告诉我，你这些问题学生是答不上来的，要考虑学生的实际……。这些话太耳熟了，但实际操作起来竟然一点注意的意识都没有。

切肤之感：理论和实践的结合有待加强!!!

第十二天

好烂，在讲台上好尴尬，幻灯片也捣乱，我词不达意地讲着，有种想钻地缝的感觉。我意识到不能让这种感觉成为惯性。即便我还有N次上台的机会，可一旦我失去了对课讲不好的敏感性，错过了改进的关键时刻，我想我以后就不会有多大的改变了。出门时狠狠地绊了一下，狼狈地走了……

唯一感动的地方是拿起彭老师的听课本一看，上面记满了我的问题、我的不足，还有我要改进的地方。我一下子不累了。彭老师这么用心地听我的课，我还抱怨什么？明天的新课加油！

第十三天

课后，跟彭老师在7班收机器的时候，一位同学过来拍了拍我的肩膀，说："老师，不错，这次讲的我爱听。"彭老师也直夸很顺利。我一下子没反应过来，后来才意识到，我原来是找到点做老师的味道了……

第十四天

唯一一件开心的事：终于和那个很牛的体育生有点交流了。从第一天进班开始我就知道这不是个善主，也还没有能够和他打交道的信心，就一直这么过着。同学们开始读英语了，他还没有填完单词，去身边同学那借卷子看。我转了两圈看看，就帮他把同学的卷子直接拿过来给了他，嘱咐他写完还回去。其实我是想告诉他，就算是作为实习老师的我，也是很关心他、关心班上每位同学的。或许这并不见得会让他喜欢我，可我很开心，因为终于有个开始了……

……上课真的不是闹着玩的，伙伴（另一位实习生）坐在后面给我打气。真正开始的时候，没想到原本已经在脑袋里烂熟的东西到嘴边完全变了味。知识传授、调动学习兴趣的教育理念能真正贯彻下去吗？一堂课下来，我彻底改变了想法。高二的文科生已经在准备一月底的会考，甚至高考，我还花大把时间让学生培养兴趣，这等于是在浪费他们宝贵的时间。这让我认识到，大学学到的教育理念是要高高放在那去努力追求的，而不是立刻就能实践到位的，对我们这种没有课堂实践经验的新手来说更是如此。

第十五天

很顺利地开场，同学们也配合得异常好。有同学对《神曲》有很多了解，可我竟然弱弱地问了句："那你知道《神曲》是怎么体现他的人文精神的吗?"这本来是我要说的，我说这话仿佛在挑衅这位同学。悔！有同学竟然知道当时黑死病的好多东西，什么请来了猫，这都不是我所储备的，简单地点评后就让他坐下了。接下来同学们仿佛被我误导了，听到我说"初恋情人"就很激动。"为什么要禁欲?""中世纪没有恋爱吗?"讲到这些整个教室都乱套了。我用力大声制止他们，企图把他们拉回我之前的内容设计中。……彭老师又出去了。我只知道现在是我的课堂，我一定要站稳，就赶紧接下去讲美术三杰。但是，我没意识到 2 班是实验班，没等我说出来，他们就知道达·芬奇的构图、创新，我只能把之前都想好的东西全部跳过，直接从历史的角度分析。……一节课就在这么又紧张又混乱的状态下结束了……

这些跟学生的交流都让我真真实实地感受到学生对历史的认识、对历史学习的认知。这让我坚定了想法：或许我现在不是最优秀的，但我会努力让自己成为最努力的历史老师，让同学们不仅了解历史，更能喜欢历史。

第十六天

一样地早起，一样地坐车，一样地赶时间。有点习惯了这种紧张充实的实习生活。连着上两节课，不能说已轻车熟路，也不能说已成为老手，只是不再紧张。也会再碰到各种突发状况，唯一的伤心不爽竟然是因为一个学生的态度。还是2班的那个小孩，自视清高的一个家伙。

我跟往常一样在临时办公室看书备课，两个英语伙伴（实习生）进来，也没怎么聊。一会儿工夫，那个小孩来办公室两三次。原来是有一个伙伴讲完课，大概是因为效果不好，哭了，结果被这个小孩给瞧见，来安慰老师了。我还挺开心，感觉这个小孩还挺懂事的，挺关心人的，那我也就有意无意地挑了个话题跟他们搭讪，结果我的“杯具”（悲剧）来了。

“副科的课我从来都不听的。”就这一句，让我的心一下子凉到底。说不听我的课，不重视我的劳动成果，可以。但同是实习老师，就因为他是英语老师，是你们的实习班主任，而我是副科老师就可以对我不理不睬？我也是你的老师啊！看着那孩子，我心里就憋屈。那委屈，那难受啊，说不上来的不舒服。很快，放学了，我看这个孩子就是跟我对上了。别人都叫“老师好”，唯独他不叫。就因为第一节课的时候我找他回答问题了吗？我当时都没觉得难堪，后来才意识到。回来后，我告诉自己一句话：把委屈留在今天，这才是为人师。

尽管状况百出，但实习还是给了我成长的平台，并且留下了诸多让我感动的镜头。

第十七天

看到学生们对我这个实习老师期待的目光，几乎没有什么睡觉的人，我慢慢找到了自信，后来的内容也就慢慢地回忆起来了，很轻松地结束了课堂。下课之后，有一位同学轻声跟我说："没关系，每个人都会紧张，慢慢就会好的。"

第 *n* 天

出门要走的时候，碰到了小菊和晓雪，两个小家伙拦住我："老师，老师，你要走了吗？""还没，只是来的时间不会太多了。""那把你的电话给我。""哦。""这是我的号。""还有我的号。""回去我们找杨毅要老师的QQ。"她们走了，心里突然好热，耳边还刮着呼呼的风，眼角湿了点……

三个多月来，玲子一直在冰火两重天的情绪体验中沉沉浮浮——"挂"在讲台上的狼狈与良好发挥后的喜悦，面对学生不知所措的茫然与有所突破后的欣喜，一句真心话的刺痛与一句宽慰话的慰藉，理想的松软与现实的坚硬，理论的清爽和实践的混沌，逃避和掩饰的本能与直面孱弱自我的勇气……

当这些实习生从大学的课堂第一次走进真实的中小学课堂，面对真实而具体的学生和教育问题时，现实以如此密集的方式砸落在他们的面前。一个又一个现实的冲击使他们不断地追问自己："我有足够的知识吗？我能胜任这份工作吗？我能当好老师吗？"对现实的不适应，对知识和身份的犹疑和焦虑，常常使他们陷入"实践休克"（Kramer，1974），不知所措。正如玲子在实习反思中所写的那样，"前台的自己要向学生展示我有多聪明，我知识有多渊博，展示我备课有多认真"，后台的自己“害怕，担心被学生和同伴嘲笑笨、无知、低能”，“在对教学事件的外在反应与个人内心不胜任意识之间的紧张中，该怎么办”。

“该怎么办？”正是这个许许多多实习生在实践中面临的问题牵引着我们的思考——实习生在实习过程中遭遇了怎样的困惑？为什么师范生学了教育学、心理学、学科教学法等大量理论知识，却还是不会教书？他们如何处理因理论失灵而产生的实践困惑？他们又是怎样在“学做教师”的过程中获得（或没有获得、部分获得）教师身份的？

本书集中考察了教育实习之于师范生专业发展的意义，我们既从全国范围调查了实习生与指导教师互动的总体情况，又通过案例的形式讲述了40名实习生“学做教师”过程中师徒互动的鲜活故事。让我们带着玲子的情感脉动，首先步入历史的长河，回望教育实习制度的演变，让时间告诉我们教育实习的前世与今生。

第一节　教育实习的历史考察

社会学家米尔斯（2001：160）曾经说过：“历史学的研究工作不只是使我们更加意识结构的存在；如果不运用历史资料，我们就别指望能理解任何一个单个的社会，即便是把它作为一个静态的事务来看待。任何一个社会的表象都具有其历史特殊性。”为了更好地理解当代实习生的实习经验，我们首先对我国现当代高等师范院校的教育实习（含见习）制度的演变历史进行梳理，并从历史考察中发掘当下教育实习研究中值得深入探讨的问题。根据我国教育实习制度历史演变的性质，我们将其分为如下三个时期：1949年前、1949—1985年、1985年之后。

一、1949年前

一般认为，京师大学堂师范馆的设立是我国高等师范教育的开端。1898年，京师大学堂成立，兼有统领全国新式教育的行政职能，并成为全国新式教育机构的楷模，各地书院改成学堂时，“皆颁给《京师大学堂章程》，令其仿照办理”（舒新城，1981：82）。从清末京师大学堂成立到民国初年，我国的高等师范教育实习制度经历了一个不断充实完善的过程：从一般性地提出师范生到附属中小学进行“教授实事练习”的原则性要求，到具体规定“参观见习、教学实习和行政实习”等多种实习形式，再到更具体地规定实习教师必须完成的实习内容。

清政府的师范生实习政策主要体现在京师大学堂师范馆（1908年后改称京师优级师范学堂）的《钦定京师大学堂章程》《奏定优级师范学堂章程》等文件中。这两个章程分别将“实习”和“教授实事练习”列为教育学课程的重要组成部分（舒新城，1981：552，685－691）。《奏定优级师范学堂章程》在“附属学堂章第五”中还对相应的机构保障做出具体说明，规定“附属学堂之设，所以备研究普通教育之成法，以图教育进步，为各普通学堂之模范，且以资本学堂学生之实事练习”（舒新城，1981：694）。

民国时期，高等师范教育中的实习政策主要体现于1913年2月颁布的《高等师范学校规程》和3月颁布的《高等师范学校课程标准》之中。《高等师范学校规程》规定，“本科第三年级学生，应令在附属中学校小学校实地习练；专修科选科生最后学年亦如之”（朱有瓛，1992：467）。《高等师范学校课程标准》亦有“第三学年第三学期课实地教授”之规定（朱有瓛，1992：471）。

1916年修订的《师范学校规程》第二十八条对教育实习安排做出

了更加具体的规定，要求“在本科第四学年，得于第三学期酌减他项科目，增加实习时数，并得将本学年功课提前于第一、第二学期匀配教授完毕，即以第三学期专为实习之用”（舒新城，1981：707）。

1943年8月公布的《师范学院学生实习及服务办法》，对实习的内容、时间分配、实习组织、实习指导、成绩评定等做出了具体规定。其中第一条规定，“师范学院学生应于最后一年级第三个月后，在本校附属中学或附近中等学校实习两个月”。实习内容包括“参观见习、教学实习及行政实习”等项（中国第二历史档案馆，1997：734）。

1944年12月颁布的《师范学院学生教学实习办法》，专门就师范学院学生的教学实习工作做了统一规定：师范实习包括“见习、试教及充任实习教师三部分”，“教学见习在第三学年分科教材及教法一科目内行之”，“试教在第四学年教学实习一科目内行之，由各该科目教授担任指导”，“试教时数，每生每周三小时”，“充任实习教师于第五学年内行之”（王学珍，张万仓，2004：835）。这是我国中央教育行政机构第一次就高等师范教育实习工作拟定专门政策。

二、1949—1985年

从1949年到1985年，教育实习一直被视为师范教学的重要组成部分，是师范生培养的重要内容。在此期间，教育实习政策一直由中央教育行政主管部门（教育部、国家教委）制定，各个院校基本遵照政策执行，灵活变通的余地不大。

教育部1950年发布的《北京师范大学暂行规程》规定，本科各系实习参观需约占教学“总时数的15%”（何东昌，1998a：14）。1952年颁布的《关于高等师范学校的规定（草案）》第十三条规定，实习的具体组织形式“分平时参观、见习与定期集中参观、实习”（《当代中国》丛书教育卷编辑室，1986：22）。

1957年1月召开的高等师范学校教育实习讨论会决定，本科教育实习（指集中教育实习）仍为两次，安排在第六学期和第七学期。专科学校则仍按原来规定，在第四学期一次进行4周实习。本次会议拟定了《高等师范学校本科和专科教育实习大纲（草案）》（刘光主，1990：117）。

1957年2月，教育部颁发了《师范专科学校教育实习暂行大纲》和《师范学校各系三、四年级教育实习暂行大纲》，对高等师范教育实习的目的和任务、实习的内容、成绩评定、组织领导等都做了相应规定（《当代中国》丛书教育卷编辑室，1986：173-182）。师范专科学校的教育实习规定为一次，为期4周，于第四学期在初中举行。师范学院各系的教育实习规定为两次，第一次在三年级下学期举行，一般在初中实习，为期4周；第二次在四年级上学期举行，一般到高中实习，为期8周。这两个教育实习大纲基本上是学习苏联的结果，要求过高，有些脱离中国高等师范教育的实际，因此实施过程中遇到了一些困难。但是，作为一个方向，师范生在整个学习过程中进行“两次”教育实习的规定，原则上被保留下来。

1980年5月和1981年4月，教育部分别下发了《关于试行高等师范学校理科五个专业教学计划的通知》和《关于试行高等师范院校文科三个专业教学计划的通知》（《当代中国》丛书教育卷编辑室，1986：781-810），重新对教育实习和教育见习做出了要求，一般是在第四学年第一学期实习6周。1982年3月，师专十个专业教学计划（《当代中国》丛书教育卷编辑室，1986：820-909）中规定，三年制师专实习6周，两年制师专实习4周。

三、1985年后

中央教育行政主管部门统一制定教育实习政策的情况，在1985年后发生了变化。1985 年，中共中央颁布的《关于教育体制改革的决定》扩大了高校的办学自主权，认为高校有权制订教学计划和教学大纲。这就为高等师范院校自主开展教育实习提供了可能，后续的与教育实习相关的政策文本也发生了相应的变化。虽然 1988 年 2 月国家教委印发了全国二年制师范专科学校八个专业的教学计划，规定教育实习时间为 6 周，在第四学期进行，但是高校安排教育实习的自主权依然有所增大（国家教育委员会师范教育司，1996：115）。

1995 年 2 月，国家教委师范教育司在《关于试行“高等师范专科教育二、三年制教学方案”的通知》中规定：“教育实习 4 至 6 周，原则上安排在第三年；教育见习 2 至 4 周，尽可能与有关课程的安排相一致，并贯穿于三年教学活动的始终。”（何东昌，1998b：3769）“4 至 6 周”“2 至 4 周”“原则上”“尽可能”等表达在以往的教育实习政策文本中非常少见，这表明国家政策留给学校自主安排的空间有所加大。

1996 年，国家教委印发《关于师范教育改革和发展的若干意见》，提出“因校制宜，稳步推进学分制”。学分制的实行为高等师范院校灵活安排实习（见习）的时间和方式提供了可能。比如，华南师范大学《关于做好 2013 年师范生教育实习工作的通知》中规定，参加顶岗实习的学生，除了获得 8 个学分外，还可以申请免除重修记录。

随着一系列扩大高校办学自主权政策的实施，高等师范院校教育实习由国家统一要求为主逐渐向高校自主实践转变。事实上，国家教委 1990 年发布了《关于当前师范专科学校工作的几点意见》，提出“各师范专科学校在教育实践中要注意积累经验，在教育实习的组织领导、教学管理、实习内容、成绩评定等方面制定一些具体规定。国家教委将在总结各地经验的基础上，制定出切实可行的《高等师范学校教育实习规程》”（崔相录，劳凯声，1995：483）。但计划中的“实习规程”迟迟没有出台，直到 2007 年 7 月，根据时代发展的新要求和出现的新问题，《教育部关于大力推进师范生实习支教工作的意见》（以下简称《意见》）才得以颁布，对教育实习提出了新的、更高的要求。

总结起来，这一阶段教育实习政策具有如下几个特点。

第一，教育实习的参与范围不断扩大。20世纪末至21世纪初，我国高等师范教育开始改革，由过去相对封闭的体系变为了相对开放的体系。一些非师范院校开始举办教师教育，而一些师范院校由于高校的合并，变成了综合性院校，但仍保留了教师教育。针对这一变化，教育实习政策的对象发生了前所未有的变化，不仅针对高等师范院校，也包括“其他举办教师教育的高校”。

第二，将“实习”和“支教”结合起来。《意见》提出：“各地要将师范生实习支教与加强农村教师队伍建设紧密结合，根据实际需要，创造有利条件，积极安排和接收高师院校师范生到农村学校进行实习支教。”这与国家推行教育均衡化，发展农村、边远和西部地区教育的战略有关，也与免费师范生政策的实施有关，因为免费师范生将在基层就业，实习支教将有利于他们了解基层。

第三，教育实习的时间要求不少于一学期。这个时间长度远远高于以前的政策要求。

第四，要求建立相对稳定的师范生实习基地，探索建立教师教育综合改革和高等师范院校服务基础教育试验区。

第五，要求将教育实习与其他教育教学活动结合起来，创造性地开展教育实习活动。比如，鼓励师范院校教师参加师范生实习支教活动，深入中小学开展研究工作；将实习支教活动与实习基地学校的教师培训工作结合起来。

教育部在《师范教育司2008年工作要点》中强调落实《意见》精神，完善建立师范院校高年级师范生到中小学实习半年的制度。《师范教育司2009年工作要点》再次提出要落实《意见》，制订《高等学校师范生教育实习规定》。2011 年 10 月，《教育部关于大力推进教师教育课程改革的意见》发布，秉承 2007 年《意见》的精神，强调“加强教育见习，提供更多观摩名师讲课的机会”，“建设长期稳定的中小学和幼儿园教育实习基地”，加强指导教师的遴选，教育实习深入农村中小学，“积极开展师范生实习支教和置换培训，服务农村教育”。

四、小结

上述对教育实习历史演变的考察结果显示，对师范生的教育实习进行研究很有必要。作为一种实践取向的专业教育，师范教育从其创立之初就非常重视教育实习，强调教育实习基地的建立以及教育实习时间的保障。甚至在新中国成立前就有专门的《师范学院学生教学实习办法》，根据师范生的不同学习阶段和水平，循序渐进地设计了见习、试教和充任实习教师三级实习活动，以保障师范生的专业实践活动能伴随专业理论的学习，贯穿整个师范教育始终。新中国成立初期的“两次”教育实习要求，虽然是学习苏联的结果，但从某种意义上说，也是对师范教育专业实践属性的认识与尊重。然而，认识到师范教育的实践属性、保证教育实习的时间和次数，是否就能达到教育实习应有的效果呢？除了时间和次数之外，还有哪些因素至关重要，需要在制定政策时充分考虑呢？这些问题都有待进一步探讨。

20 世纪 80 年代以后，随着高等学校办学自主权的逐步放开，中央教育行政主管部门对师范生教育实习制度的要求也呈现出越来越灵活、开放的趋势。从当下的政策要求看，对师范生实习，教育部只是提出了将实习与支教相结合、实习时间不少于一个学期、建立相对稳定的师范生实习基地等原则性要求，至于教育实习的内容、任务、时间安排、考核标准以及实习基地建设标准等事务，都由师范院校因校制宜、自行探索。

现实情况是，目前我国六所教育部直属师范大学的集中教育实习一般只安排一次，而且普遍没有达到政策规定的不少于一个学期的要求。①

在组织方式上，各师范院校普遍能够将教育实习或见习作为师范教育的重要组成部分来看待，建立了基本的工作程序和相对稳定的教育实习基地。通常，教育见习和实习工作实行校、院两级管理。教务处代表学校负责工作的总体安排与管理，院系（学部）负责具体组织。见习或实习活动一般在中小学进行，每个中小学或学区（实验区）有一名实习负责人，带领一个实习“大组”，每个学校中的每个学科形成一个“小组”，由一名课程与教学论的专业教师担任负责人，同时由一名学生负责小组内的联络工作。“大组”和“小组”的负责人承担组织与协调工作，小组负责人同时也是小组实习生的指导教师。同时，实习学校一般会为每位实习生安排一位指导教师，也就是说，每位实习生会同时受大学指导教师和中小学指导教师的双重指导。

这种安排为师范院校与实习学校之间的沟通提供了形式上的联络人，然而这些联络人是否真正发挥了作用呢？特别是大学指导教师和中小学指导教师，作为分属于两种不同的制度和文化场域下的“重要他人”，在帮助实习生方面能否有效沟通、相互协调？怎样的制度安排、权责规定和能力素质能保证二者的指导互相协调，甚至相得益彰？对这些问题的深入实证研究和理论思考，是保证实习效果的关键。

---

① 在本课题调研期间（2010—2013 年），国内多所师范院校公开发布的教育实习文件对实习时长要求如正文所说，但近年随着教师教育改革和师范专业认证的要求，高校对实习的要求基本都在 16 周以上。

第二节 教育实习的理论追索

本书是关于实习生“学做教师”的研究，探讨他们在实习过程中如何通过与指导教师互动，获得关于教育教学的知识，理解教师这一专业工作的意义。这一论题涉及教师知识、教师专业身份认同、师徒互动与实习生知识转化的关系、师徒互动与实习生身份获得的关系等领域。因此，我们围绕这些核心概念梳理了相关文献，一方面为后续实证研究奠定必要的理论基础，另一方面为本研究的必要性和重要性提供立论依据。

一、教师知识

20 世纪 80 年代以来，教师知识已经成为教师教育研究中的一个重要领域。研究者努力寻找教师之所以为师的“知识基础”（Shulman，1986，1987），即教师需要拥有和凭借哪些知识来胜任复杂的教育教学工作。该领域的研究主要有两个路径：一是围绕舒尔曼（L. S. Shulman）的教师知识分类，特别是其中的“学科教学知识”（pedagogical content knowledge，PCK）进行的研究；二是以个人实践性知识为重点的教师知识研究。

第一类研究的代表是舒尔曼，他针对以往教学研究过分强调教学的一般性特征、关注学科特性不够的问题，提出了一个由七种知识构成的教师知识体系，即学科知识、课程知识、一般教学法知识、学科教学知识、学习者知识、教育环境知识，以及关于教育的目的、目标和价值的知识（Shulman，1986，1987）。此后，格罗斯曼（Grossman，1990）则进一步将其概括为四类知识：学科内容知识、一般教学知识、学科教学知识、教育环境类知识。

这一类教师知识研究使学科教学知识成为教师知识研究中一个非常重要的构念（construct）。学科教学知识被认为是关于如何教授某一具体学科内容知识的知识，是教师所拥有的一类特殊知识（Leinhardt，Smith，1985）。这类知识特别强调教师对学科内容知识的掌握，以及通过讲解、示范、举例、类比等方法将学科内容知识转化为学生容易理解的形式。格罗斯曼（Grossman，1990）则重点剖析了学科教学知识的构成要素，包括学科教学总体目标与内容、学科课程与教材知识、学生的学科理解和误解、学科教学手段与策略等。

与这一研究路径类似，我国学者也对教师的知识构成进行了研究，从知识功能的角度提出，教师的知识由本体性知识、条件性知识和实践性知识所构成（林崇德，申继亮，辛涛，1996；衷克定，申继亮，辛涛，1998；辛涛，申继亮，林崇德，1999）。“本体性知识”即学科内容知识，这类知识是教学活动的基础。“条件性知识”是关于如何教的知识，包括心理学知识、教育学知识等，这类知识帮助教师对学科内容知识进行重组和表征，将其转化成学生可理解的形式。“实践性知识”是教师教学经验的积累，是在解决实际问题时所运用的课堂情境知识以及与之相关的知识。教师的本体性知识是教学的实体内容；条件性知识是传授本体性知识的支撑，是教学过程中问题处理的原则；实践性知识是教学过程中问题处理的方式方法。

教师知识研究的第二个路径关注的是教师的个人实践性知识，这类研究的原动力来自对理论与实践关系的批判性反思（杜威，2005；舍恩，2007，2008；Schwab，1971）。在这个路径下，教师知识研究的焦点发生了由“教师应该具有什么知识”向“教师实际拥有什么知识”的转变。从艾尔巴兹（Elbaz，1983）对教师实践性知识进行实证研究开始，研究者以叙事（Connelly，Clandinin，1988）、现象学（范梅南，2008）和反映的实践认识论（陈向明 等，2011；Lyons，2010；

Munby，Russell，1990）为基础，揭示了教师知识的本质特征、内容构成、表征方式和生成机制。

例如，艾尔巴兹（Elbaz，1983）归纳了以下五类教师实践性知识：关于自我的知识、关于环境的知识、关于学科的知识、关于课程的知识、关于授课的知识。陈向明等（2011）通过对大量案例的分析提出，教师的实践性知识包括关于自我的知识、关于学科的知识、关于学生的知识、关于教育情境的知识，这四类知识都被教师关于教育本质的知识所统摄。尽管这些研究的角度不同，对实践性知识的定义也有差异，但是对教师实践性知识的本质特征具有较高的共识，即实践性、个人化、情境性、缄默性（陈向明，2003；魏戈，2020）和文化性（陈静静，2011）。

这两种路径的教师知识研究描述了教师专业性的知识基础，为教师教育和教师发展提供了重要的理论视角。特别是上述两种路径的结合，为教师教育的革新提供了一个新的方向。例如，有研究者（Verloop，van Driel，Meijer，2001）主张将正式知识（或理论知识）与实践性知识相整合，建议教师教育机构把重点放在“与实践有关的命题性知识”上，建议实习学校把重点放在“有关命题解释的实践性知识”上。但是，我们发现，目前针对这两类知识整合和转化的具体样态所开展的研究还非常缺乏，这也是我们对实习生的知识转化进行研究的重要原因之一。

二、教师身份认同

关于身份认同的文献涉及多个学科领域，包括哲学、社会学、心理学等。尽管身份认同已经成为多个学科领域研究的共同主题，但不同领域对这一概念的诠释存在差异。因此，梳理对这一概念的多重解释不仅有助于我们理解这一概念的基本内涵，也是我们进一步研究教师身份认同的重要基础和前提。

身份认同的本质是自我的“同一性”与“变化性”的关系问题。根据埃里克森（Erikson，1959：109）的定义，同一性概念表现的是一种相互关系，即个体内心“一贯如此”的连续感和个性感，同时包含与某个群体的理想和习俗的一种持久一致感。其具体内容包括对自我独特性的感受，对过去和未来之间内在的连续性和一致性的感受，对内心的和谐一致与整体完全的感受，对自我形象与儿童期的认同能够综合成一种有意义的整体而产生的一种和谐感，对其所属的社会或次级团体的归属感，对自我对他人意义的感知，以及对主动符合社会群体的期望的知觉（陈香，2010）。身份认同是人们一方面寻求“我”与“他人”的区别，强调个体差异的自我（即个体自我），另一方面明确“我”与“他人”的联系，强调具有相同特征的集体自我（即社会自我）的结果（李茂森，2008）。

对个体而言，身份认同的意义体现在其引导个体行为的定位功能上。它“是人们对自身归属的主动寻求。……（它）旨在使处在某一群体中的个体，主动建立一个认知和表达体系，在自己是谁、自己是做什么的、扮演什么社会角色、遵循什么规范等问题上形成清晰的主体意识并表现出相应的主体行为”（张军凤，2007：39）。

“自我”和“身份”的形成机制在于个体与社会之间的互动关系。美国社会学家库利提出“镜中自我”的概念，认为个体是在与他人交往互动的过程中，透过反映自我的“镜子”——他人的评价、态度等——认识和把握自我的（范松楠，2010）。米德使用主我（I）和客我（me）的概念来阐释人的自我构成。“客我”是社会在自我中的反映，代表的是他人的观点。“主我”是具有内省能力和创造能力的部分，在“客我”的形成过程中起着一种回应和反馈的作用。真正的自我就是“主我”与“客我”进行对话的讲坛，自我认同是在重要他人的认可和影响的社会压力下形成的（范梅南，莱维林，2004）。

因此，认同涉及社会认同和自我认同两个层面。社会认同层面主要关涉社会制度对社会群体所承担的角色或身份的期待或规制，自我认同层面强调主体对自我同一性的主动建构。“在社会性层面上，它（认同）是指他人或社会对主体的期望、规定与认可，体现了身份认同中制度期望的维度，类似于中文语境中的‘身份’或由社会分派的‘角色’（role）；在个体性层面上，它是指主体对自身的反思、认定和追寻，体现了身份认同中自我建构的维度，强调的是个体对其身份的主动‘认同’（identification）”（尹弘飚，操太圣，2008：35）。

身份具有多元性、关系性、协商性、建构性及流动性等重要特征（Gee，2000；Johnson，2003；Varghese，Morgan，Johnston et al.，2005）。吉（Gee，2000）提出了四种不同的身份认同形式——自然认同、机构认同、话语认同和亲和认同。“自然认同”指的是人的生理属性，如“双胞胎”；“机构认同”指的是人的机构归属，如“某实习学校的实习生”；“话语认同”指的是社会流行的某种话语给个体带来的身份属性，如“北大的土著”（即本科在北京大学学习的学生）；“亲和认同”指的是个体由于个人兴趣而主动选择的一种身份属性，如“某高尔夫俱乐部的成员”。吉指出，人的身份具有多元性和情境性，一个人是“什么样的人”，与其在特定时空、情境下的具体行动和互动中的表现相关。因而，人的身份在不断变化，具有模糊性、不稳定性和发展性。

身份的这些特点使得社会互动在身份研究中越来越受到重视。迪拉波夫（Dillabough，1999）指出，自我产生于个体与同侪和其他专业人员之间复杂而有意义的社会互动。贝雅德等（Beijaard，Verloop，Vermunt，2000）也提出，专业身份是通过社会情景（social situations）中的互动和特定情境下的角色协商得以形成和发展的。身份认同是个体对自我身份，即我是谁、我将成为谁的寻求过程。它不仅仅是一种状态和结果，更是一个持续的、动态的、变化的过程。身份认同缘于关系中的互动和意义的形成，是个体在与社会环境诸因素互动的过程中形成的，包括自我认同和社会认同两个维度。

如同其他领域的身份研究，在教师教育与教师发展研究中，“教师身份”这一概念一直未有统一定义，但常与教师的自我、自我形象、自我意识、主体性、角色、话语权等一系列概念缠绕在一起（Beijaard，Verloop，Vermunt，2004；Miller，2009）。在一些研究中（Beijaard，Verloop，Vermunt，2004；Gaudelli，Ousley，2009），“教师身份”约略等同于“教师专业身份”。教师专业身份认同是教师不断追问自己“我是否足够专业”“我是一个好老师吗”这类问题，以对自己作为专业人员的身份进行确认的过程。教师身份研究中另一个经常使用的概念是“教师角色”，这是教师对社会规范的教师内涵的认识，如作为教师应该具备什么知识、能力和素质，应该承担什么责任，等等。

有研究者从教师自我与社会互动的视角，将“教师身份认同”这一概念定义为“教师自我对社会所界定的教师内涵的认知与体验，确认自己作为一位教师，允诺和遵从作为教师的规范准则，把教师职业作为自己身份的重要标志。……从某种意义上说，教师的身份认同即教师的职业认同。教师的专业身份认同还可以指教师对于自己作为专业人员身份的辨识与确认，是一名教师追问‘我是否是一位专业教师’、‘我是否是一位优秀教师’的历程”（张军凤，2007：39）。

在职前教师培养的研究中，师范生的知识、技能和能力通常被视为核心问题，而“身份”通常被置于核心议题之外。但越来越多的研究表明，对师范生，特别是那些正置身于真实教育教学情境中的实习生而言，“身份”并非一个次要问题（Hong，2010；Horn，Nolen，Ward et al.，2008；Walkington，2005）。“学习教学”是一项阐释性活动，是一个意义建构的过程（Britzman，2003）。“学习教学”的过程使实习生的“过去、现在和未来交织在一起，形成一张动态的张力之网”，构成了他们的自我危机（biographical crisis），这一危机同时又重构了他们自我的生命传记（autobiography）。“学习教学——就像教学本身一样——是自我形成（becoming）的过程，是形成与变化的过程，是思考自己在做什么，能够成为什么样的人的过程。”（Britzman，2003：8）正是在这个过程中，实习生试着理解教学、教师职业、教师专业角色，回答自己是否适合或愿意成为教师、想成为什么样的教师等一系列问题。因此，“教师的身份认同……是师范教育的关键问题（vital concern）。身份是意义建构和教师决策的基础，……教师教育必需从对教师自我的探索开始”（Bullough，Knowles，Crow，1992：21）。身份作为一个分析型构念，对于理解师范生个人特质及其所处环境，以及这些因素与其学习教学的动力之间的关系具有重要意义。

三、师徒互动及其影响

我们阅读大量国内外文献后发现，有关师范生如何“学习教学”的研究可以分为三类（Wideen，Mayer-Smith，Moon，1998）：第一类关注教师在不同职业发展阶段的信念变化与比较；第二类的重点是教师教育课程对教师知识和信念的影响；第三类考察置身于课程学习和训练等真实的实践情境、大学与中小学合作、实习生与指导教师的关系等各种张力之中，师范生的知识和信念的变化。这三类研究的共同特点是，指导教师都被认为是师范生学习教学过程中的关键人物，其指导对于师范生的知识转化与身份获得起着十分突出而重要的作用（Lesley，Hamman，Arturo et al.，2004）。

本书之所以聚焦于实习生与指导教师的互动关系，是因为我们秉持社会-文化主义立场，认为互动在社会构成和个体建构中发挥关键作用。社会科学包含两大基本命题：“社会是怎样组成的”和“人格是怎样建构的”（阎云翔，2006）。互动连接了宏观与微观、社会与个体，同时建构了社会与人格。符号互动论的代表人物米德认为，互动是个体与他人联系起来的相互作用过程，是“主我”与“客我”之间的会话。“主我”是个体的自我认知，“客我”是个体对共同体中他人态度和评价做出的反应，在两者的互动中形成了自我。指导教师作为一种现实的、成熟的教师形象，为实习生提供了教师角色社会化的参照系，但实习生的受教育经历、知识和信念、学习动机和态度等则作为一种“主我”，决定着他们对指导教师言行的意义解释与反应。这反过来又会影响他们与指导教师的进一步互动，形成他们关于教育教学知识和教师角色的建构。为了揭示师徒互动对实习生的影响，我们主要选取了知识转化与身份认同两个维度进行考察。

（一）师徒互动与实习生知识转化的关系

有关指导教师的角色与作用的研究表明，指导教师与实习生的互动对后者的专业发展具有重要意义。有研究指出，指导关系（mentoring relationship）是实习生学习教学知识的重要来源（Elliott，1995）。这种关系能够为他们创造理解教学情境与系统理论知识之间关系的机会（Kennedy，1997；Tharp，Gallimore，1988），使他们能够在有经验的教师的帮助下“在逆境中学习教学”（learn to teach against the grains；Cochran-Smith，1991），发展反思性实践能力（Kullman，1998），为未来的专业持续发展奠定基础（Feiman-Nemser，Buchmann，1987）。概言之，指导关系是实习生学习教学中最重要的媒介之一（Hawkey，1998），有经验的教师是“新手学习教学过程中的一个积极变量”（Wang，2001）。

有关指导教师与实习生之间的“关系”，学者们采用的理论框架和分析角度大致可以分为两大类。第一类将指导教师与实习生看作合作伙伴。例如，威尔森从角色的角度出发，认为大学指导教师、实习学校指导教师和实习生能够形成一个三角关系，彼此相互支持（Wilson，1996）。实习可以是一个师徒互惠学习的过程，双方有吸引和活化彼此的潜能，实习学校指导教师能够从实习生那里学到最新的教育理论和方法，为使用新的教学方法提供支持。扬和麦克派使用莱夫和温格（2004）“实践共同体”的视角，发现实习学校指导教师不同的成员身份构成对其指导实习生的方式和效果均有影响（Young，MacPhail，2016）。实习学校指导教师能够与大学指导教师和实习生形成学习共同体，通过相互投入，共同协商所做的事情，借由相互问责和提供解释，形成共享的经验库。乌斯马克（Uusmaki，2013）则使用了关系-文化理论，将声音和叙事作为关系-文化的重要表征，认为实习学校指导教师通过关系教学法，能够培育有利于实习生成长的关系，进而形成共享的目的，促进职业身份发展。

第二类研究更加关注指导教师与实习生之间的不平等地位和权力关系。例如，欧-格兰迪等人（O'Grady，Guilfoyle，McGarr，2018）发现，由于实习学校指导教师与实习生之间存在不平等、不和谐的权力关系，实习生们便采取一些策略让自己消音，如“咬住嘴唇”和“保持距离”。阿吉（Agee，1996）参考范梅南提出的关于“生命世界存在”的三个维度（时间、空间、身体），发现实习生会因性别不同，而对自己成为什么样的教师有不同的期待，而这些期待与实习学校指导教师的期待往往不完全匹配。阿维斯等人（Alves，MacPhail，Queirós et al.，2019）则关注了体育实习生在不同师徒关系中的影响因素，如意识形态、学校文化、权力关系、体育教育文化等。拉帕洛等人采用的是系统的理论视角，发现实习生对实习经验是否满意，取决于他们的经验是正面的还是负面的，而这又归因于他们与指导教师之间的关系，特别是交流的质量（La Paro，van Schagen，King et al.，2018）。

不论建构何种师徒关系，实习生与指导教师之间的对话（mentoring conversations）都是一种主要的载体。有研究表明，双方的有效交流是实习生有效学习的关键（Orland-Barak，Klein，2005）。这里涉及三个方面。首先，实习生能否获得教师教育者和实习学校指导教师的有效指导与合作，是影响其实践性学习的一个重要条件（Bullough，Jo Draper，2004）。其次，指导教师对教学的理解和认识会对实习生的学习产生不同的影响（Wang，2001；Wang，Strong，Odell，2004）。最后，指导教师与实习生互动的方式对后者的学习方式、学习结果和教学行为的改变具有显著影响。

在师徒互动中，指导教师介入模式的差异会对实习生的教学知识和能力产生不同层次的影响。指令性介入（directive option），即指导教师根据个人对教学标准的理解对有待改进的方面提出具体的建议，有助于提高实习生在某些具体教学行为方面的表现能力。选择性介入（alternative option），即对某一问题提出几种可能的改进方案，有助于提高实习生对“做什么”和“怎样做”的选择意识。研究发现，当指导教师尽量避免以个人的经验解释实习生的问题，避免通过提问或建议的方式直接干预或指导，而让实习生自己在实践中体悟时，这种非指令性介入（nondirective option）会有助于实习生挖掘个人经验和知识，并在此基础上自主地做出行动选择，反思行动背后的信念（Freeman，2000）。互动中，如果指导教师能够安排实习生参与多样化的教学活动，并创造有利于公开讨论实习生的教学经验的机会和氛围，实习生就不仅能更加深刻地理解个人所经历的真实的教学困难和问题，而且能从他人的反馈中了解教学中存在的多种可能性，获得新的视角，从而做出改变个人教学行为的自主选择（Gebhard，2000）。

实习生与指导教师之间的互动是“以知识和文化为主要内容的互动，或者说，是一种以文化和知识为中介的互动”，是“知识性的互动”（谢维和，2007：138－139）。那么，在这种互动中，什么知识在流转、传递呢？实习生在指导互动中到底能学到什么知识呢？关于评课的研究发现，评课为实习生学习教学技巧和知识、进行反思提供了机会，使实习生有机会检视、改变和建构新的知识（Fairbanks，Freedman，Kahn，2000），进而从指导教师那里习得隐性的、情境化的专家知识和专业知识（Zanting，Verloop，Vermunt et al.，1998）。

查利斯等人（Chaliès，Ria，Bertone et al.，2004）的研究揭示，在各种类型的指导对话中，实习生不仅对他们知识库中的一些知识单位进行证实（57%）和证伪（6%），同时还建构了新的知识（约37%），其中关于教学内容的知识占47%。在伙伴式指导关系中，知识建构最主要的方面是教学内容知识。另一项关于指导互动对实习生阅读教学知识基础的影响研究发现，在设计阅读课程的过程中，实习生得到越多指导教师的支架式帮助（experience scaffolding），他们对儿童阅读能力发展的理解就越深刻，也越有可能成为优秀的阅读教师（Lesley，Hamman，Arturo et al.，2004）。

从已有的实习生与指导教师互动的研究可以看出，由于教师知识具有事件化、情境化、实践指向的特征（Elbaz，1983；Kessels，Korthagen，2001），有关教学的指导对话构成了实习生发展专业知识、改变教学实践的重要情境（Hiebert，Gallimore，Stigler，2002）。作为实习生的重要“临时他人”（a temporary other）（Golombek，Johnson，2004），指导教师影响着实习生，使他们从实习这样一种外在的社会活动，转入学会控制自己的认知和情感状态的内在活动。其中，在师徒互动中，实习生会有意识或无意识地将积累的理论知识与新的教学经验融合在一起，产生对教与学的新理解，形成属于自己的实践性知识。在指导教师的影响下，实习生身上发生的理论知识与实践性知识之间的转化，也是一个内在建构认知的过程。

（二）师徒互动与实习生教师身份获得的关系

除了发展知识，师徒互动对实习生教师身份的获得也有重要影响

（Aydin，Hoy，2005）。有研究发现，支持性关系有助于实习生确认和强化自身优势（Hoy，Spero，2005），是他们建构自我知识，特别是“最理想自我知识”的主要途径（Kim，Schallert，2011），有助于他们提高自我效能感。而控制与被控制、传授与学习的单向、不平等的师徒关系，则对实习生的身份改变具有阻抑作用（熊金菊，吴宗杰，2007）。

不少研究发现，实习生的教师身份重构过程往往充满困惑和危机，具体表现为：“归属感的消解”、“方向感的模糊”和“无力感的侵袭”（林一钢，冯虹，2011）。经过实习，自己原来以心目中的“好老师”为原型、混合着个人对教育教学的认识和期待而确立起来的教师身份认同，逐渐变得“模糊”而不确定（邱俊杰，2013）。

导致实习生教师身份认同危机的原因很复杂。其中一个重要原因是多重角色之间的对立和冲突（黄秀琼，2009）。在实习过程中，实习生既是学生又是教师，既是管理者又是执行者，既是学生的朋友又是他们的师长。角色之间常常相互交叠，甚至对立冲突。他们一方面怀有个人对教师角色个性化的期盼，另一方面也在体悟和实践着制度规范的教师角色。如果实习生对自己的角色定位不准，频繁的角色转换往往就会使其陷入身份认同危机。

导致实习生教师身份认同危机的另一个重要原因，是现实社会中教师身份确定性的丧失（林一钢，冯虹，2011）。社会对教师寄予了过高期望。除了中国传统文化所赋予的“传道、授业、解惑”者的角色，教师还被视为知识权威、法官、裁判、侦探、替代父母、朋友、学生心理问题咨询师等等（项亚光，钱朴，1999）。教师角色呈现出多元化和理想化的倾向，而理想的教师角色期待与现实的自我体认之间又冲突频发，使得很多实习生感到难以承受教师工作之重。总之，“在教师传统美德伦理观与功利主义相冲突，在国家对教师地位、权利的承诺与实际兑现的不足共存的当下社会，师范生对教师身份的建构背后总是蕴含着不同价值观念之间的冲突、斗争和妥协。这种冲突、斗争与妥协的过程很容易使师范生陷入价值认同的危机之中”（林一钢，冯虹，2011：34）。

从以上研究可以看出，实习生对教师角色的先有认识是其身份认同形成过程中不可忽视的因素。其他一些研究也表明，基于个人经历、学徒观察经验和教学文化范型的“常人理论”（lay theory）不仅反映了实习生教师身份认同的形式（社会历史情境性）和内容（信念、态度、倾向、行为）（Sugrue，1997），而且对其教师身份的形成和发展有重要影响（Beijaard，Meijer，Verloop，2004；Lortie，1975）。例如，师范生的实习经历、在师范院校的课程学习、所受的教师教育者的影响、有关教育教学的个人信念等，都会影响他们的身份认同和对教师职业的投入与承诺（Ottesen，2007；Poulou，2007）。

这些研究给了我们一个重要启示，即理解实习生持有的“常人理论”，有助于我们认识影响其教师身份认同的因素。有研究者建议，应该将教师身份认同作为教师教育的起点，帮助实习生完成角色转换，使其个人化、不断变化（incoming）的教学理解逐渐向教育者更为均衡、专业化的理解转移（Sexton，2008）。正如默塞斯等人（Merseth，Sommer，Dickstein，2008）所指出的那样，学习教学是一个积极的建构过程，这一过程受到个人现有理解、信念和认识的深刻影响。因此，教师教育者的一个重要任务是帮助实习生将那些影响其行动的隐性理解、信念和认识显性化，并融入其专业角色之中。

综上所述，研究实习生与指导教师之间的互动关系和互动模式，对于我们理解实习生的知识转化和身份获得具有重要意义。但目前，从互动的视角看，对实习生在与指导教师的对话和行动中经历了怎样的专业发展过程、互动过程如何影响实习生未来的专业发展进行微观解剖的实证研究相对较少。虽然国外对教育实习过程中的指导工作有不少研究，但仍有一些重要问题有待回答。例如：指导互动有哪些类型？各发挥了什么作用？互动中，指导教师提供什么样的帮助可以促进实习生实践性知识的发展，并帮助他们建立教师身份感？什么样的指导互动对实习生的知识转化和身份获得更有影响？这些正是本书试图回答的一系列问题。

第三节　教育实习的研究路径

基于当前教育实习的背景以及对相关研究的考察，我们将研究的聚焦于教育实习情境中的指导互动。我们将教育实习视为一种互动的过程，希望通过描述和解释实习过程中各参与主体在一起共同经历的关键事件和共同创造的教育经验，理解实习生知识转化和教师身份获得的机制，以及这些事件和经验对其专业发展的影响。

具体而言，我们首先聚焦于师徒互动对实习生知识转化的影响，涉及三大类别：一是知识类型（理论知识与实践性知识），二是知识内容（学科知识与教育学知识），三是知识表征（隐性知识与显性知识）。其次，我们还考察了师徒互动对实习生教师身份获得的影响，涉及专业认知、专业热情、专业效能感、专业归属感。

为此，本书的核心研究问题是：在教育实习中，实习生与指导教师之间的互动对其学做教师有怎样的影响？

对这个主问题的回答围绕以下几个子问题展开：

1. 在教育实习中，实习生与指导教师形成了什么样的互动模式？这些互动模式各有什么特点？

2. 不同的互动模式如何影响实习生的知识转化（如：理论知识与实践性知识的转化、学科知识与教育学知识的转化、显性知识与隐性知识的转化）？

3. 在不同的互动模式中，实习生如何理解教师职业，并获得教师身份感（如教师的专业认知、专业热情、专业效能感、专业归属感）？

4. 实习生的知识转换与身份获得存在什么样的关系？实习生与指导教师的互动对这一关系有什么影响？

一、核心概念

教育实习牵连出的一系列相关概念，共同编织成本书的概念之网。

实习生：本书中的“实习生”指按照培养计划，在特定的时间内到真实的教育情境中完成真实教学任务的大专生、本科生和硕士生。

教育实习：本书将职前期视为教师专业发展的初始阶段。实习生的专业发展是指通过理论学习和教育教学实践增长知识和技能，提高批判反思能力，形成专业意识、专业态度和专业自我的过程。作为职前教师发展的一个关键环节，教育实习包括见习与实习，指实习生进入实习学校，在真实的实践情境中，通过观察和亲身实践学习教育教学知识和技能，理解专业角色，培养专业态度和意识，逐步获得教师身份感的过程。

指导教师：主要分为两类，包含师范院校实习阶段负责指导实习生的教师教育者、中小学幼儿园指导实习生的教师。在我国，实习指导是一项正规的制度安排，这两类“重要他人”是在制度安排下陪伴实习生完成实习过程，并在此过程中为他们提供指导和帮助的专业人员。

互动模式：本书中的“互动”指实习生与指导教师在共同参与的各种活动中的对话和行动，如备课、上课、听课、说课、研讨等。师徒互动不仅仅是实习生学习知识和技能的过程，同时也是人际层面权力和情感的交换和协商。“互动模式”指的是影响师徒互动的关键因素（行动原则、行动策略、行动结果、共同关注焦点、共同情感能量）相互作用而形成的人际交往行为特征，如封闭或开放，单方控制或双向互动，促进或阻抑，等等。

知识转化：在本书中，实习生的“知识转化”涉及三个维度。第一，知识类型的转化，指实习生的理论知识与实践性知识之间的转化。本书将实习生通过正规课程所学到的知识视为“理论知识”，将他们在教育实习过程中对自己的教育教学经验进行反思和提炼后形成的，并通过自己的行动表现出来的信念视为“实践性知识”。在实习过程中，实习生可能根据自己面临的教育教学情境，将理论知识创造性地运用到实践中，将指导自己尚未明言的实践性知识显性化、概念化、系统化，同时在自己的实践性知识与理论知识之间形成对话，使它们彼此修正和提升。

第二，知识内容的转化，即学科知识与教育学知识之间的转化。实习生在大学期间学习了丰富的学科知识，但是，要想将学科知识转变为学生可以理解、可以接受的形式，就需要教育学知识的介入。舒尔曼提出的“学科教学知识”就是学科知识与教育学知识的整合性知识。如果师徒互动能够有效促进实习生两种知识内容的转化、融合，它就将有助于实习生的教育教学工作。

第三，知识表征的转化，即显性知识与隐性知识之间的转化。我们假设，实习生在正规师范教育中通过课程学习获得的主要是显性知识，这些知识在实习生的实践过程中获得个人化、情境化的意义，并被内化到其行动中。同时，实习生在实习之前所拥有的隐性知识，也可能在遇到困难时通过与指导教师的互动被激活，发展成可以被概念化、被言说的显性知识。

上述三类知识在内涵上并不完全互斥，特别是理论知识与显性知识、实践性知识与隐性知识经常处于并存的状态。它们之间的相互转化也呈现出复杂、相互嵌套的状况。实习生的知识在类型、内容和表征上的转化过程，是实习生逐步形成自己独特的对教育教学认识的过程。

身份获得：也常被称为“身份认同”，我们将教育实习视为职前教师专业社会化的开始。“身份获得”是指实习生从“学习者”角色向“教师”角色的转换。这种转换可能涉及如下四个方面。第一，专业认知，即实习生对什么是“教师”和“教学”的理解和认识。第二，专业热情，即在实习过程中，对自己从教的意愿和喜爱程度的判断。第三，专业效能感，即实习生对自己从事教师工作的能力的信心，对自己是否有能力胜任教师工作的判断，如自己是否像一名“教师”，是否有“教师味”“教师范儿”。第四，专业归属感，即作为专业教师的身份感，也就是教师群体的成员身份（membership），具体涉及职业、学科、学段（高中、初中、小学、幼儿园）、学校类型（重点、一般、薄弱）、学校地域（城市、乡村）、学校文化等。

二、分析框架

实习生在学习教学中的转变是一个样式多元且动态发展的过程，要摸准他们与指导教师互动的脉搏，准确呈现这一过程，并提炼出这一过程中的核心要素及其相互关系，在学理层面是一个很大的挑战。为了呈现实习生与指导教师互动对实习生专业发展的影响，我们将思考投向行动科学理论和互动仪式链理论，来建构研究初步的分析框架。

行动科学理论由美国学者阿吉里斯和舍恩等人提出，关注的是人类行动背后隐含的理论或假设，包括对“信奉理论”和“使用理论”的区分。根据他们的观点（阿吉里斯，舍恩，2008：6），“信奉理论”是人们被问及在某种情境下会如何行动时提供的答案，这种理论是他们信仰并且对外宣称的理论；而“使用理论”是事实上指导人们行动的理论。两者不一定一致，更加重要的是，人们往往意识不到两者之间的不一致。以这两个核心概念为基础，他们建构了一个具有普遍意义的使用理论模式——第一型使用理论（Model Ⅰ）和第二型使用理论（Model Ⅱ）（见表1.1），用以分析不同类型的交往行为如何影响行为者的行动原则、行动策略和学习结果。

表 1.1　第一型使用理论与第二型使用理论（改编自阿吉里斯，舍恩，2008：69，86）

第一型使用理论 控制变量	行动策略	对行为世界的影响	对学习的影响	有效性	第二型使用理论 对学习的影响	对行为世界的影响	行动策略	控制变量
确定目标并且努力实现这些目标	对环境进行单边设计和管理	行为主体防御性强、缺乏一致性、好竞争、好控制他人、压抑情感和负面情绪、过分关注自己和他人或者根本不关心他人	自我封闭	高 ↑↓	可以否定的过程	行为主体体验最少的防御	使设计和管理环境成为双边任务	有效信息
尽可能赢避免输	对任务实行单边控制	防御性人际和组际关系	单路径学习	低	双路径学习	人际关系和群体动力中存在最低程度的防御	共同控制任务	自由而充分的选择
压抑负面情绪	单边自我保护	防御形式（不信任、缺乏冒险、敌对等）	不公开验证理论		理论的公开验证	以学习为导向的形式（信任、个性与公开面对困难问题）	根据可以直接观察的行为行动	内在承诺与双执行过程的持续监督
强调理性	单边保护他人	缺乏自由选择、内在承诺以及冒险	—					

第一型使用理论和第二型使用理论刻画了人际互动中两种不同的行动模式、成因及其对学习的不同影响。舍恩（2008）将这一理论进一步用于反映性实践课中互动方式的研究，勾勒出辅导教师与学生之间对话的“互动链”和“反映链”的各个方面，包括实践课中辅导教师与学生之间的对话特征、对话内容以及通过对话开展的共同试验对学生学习的影响。这些研究为我们理解实习生与指导教师在专业实践活动中的互动模式提供了一个新颖的视角，可以以这一理论为框架，认识实习生与指导教师之间的互动模式特征。

此外，这一理论描述了理想互动模式的特征与条件，如：（1）以个人经验为基础；（2）探察两难境地；（3）重视个性和冲突；（4）指导者对参与者要有信心；（5）指导者必须了解参与者的学习方法的局限；（6）整合观点和情感；（7）鼓励学生的自发行为（阿吉里斯，舍恩，2008：98-105）。这些观点为我们理解影响实习生知识转化和身份获得的关键要素提供了很好的切入点。

本书的另一个重要理论来源是柯林斯的互动仪式链理论。如前所述，行动科学理论有助于我们理解人际互动的策略、内容以及学习方式与学习结果的关系，但对人们在具体社会情境中的情感互动缺乏解释力。互动仪式链理论“提供了一幅情感在互动过程中如何转变的明细图画”（柯林斯，2009：156-157）。根据柯林斯的观点，人们在具体情境中通过际遇而形成的链条关系即为互动仪式链（见图 1.1）。互动仪式是人类最基本的活动，人通过互动体验而被社会化。互动仪式链运作的核心机制是高度的相互关注，即高度的互为主体性以及高度的情感连带。处于互动仪式链中的个体通过这种“情感上的共鸣形成与认知符号相关联的成员身份感”，同时也为每个互动仪式的参加者带来情感能量。

柯林斯（2009：160-161）指出，互动仪式链中的一个“启动要素是参与者分享共同的情感状态”。当互动场中的人“集中关注于

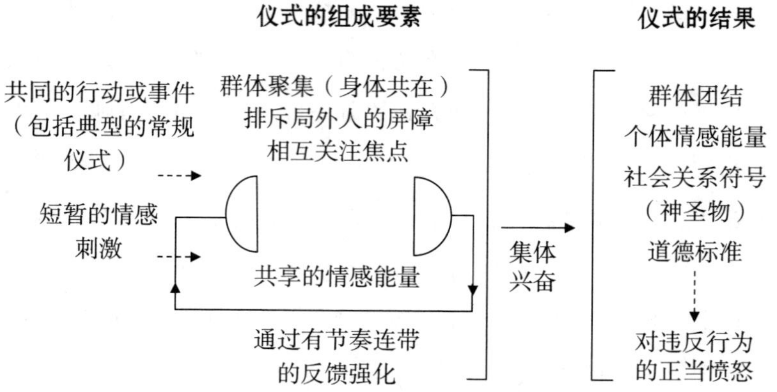

图 1.1　互动仪式链理论（柯林斯，2009：87）

同一件事情”，“相互意识到对方的焦点”，并且“焦点变得逐渐协调一致”的时候，便会创造出一种共同的情感状态。这种情感状态的意义在于“团结感”的产生，其长远的效果是“群体成员感”的形成，柯林斯将其称为“情感能量”。“它是一个连续统，从高端的自信、热情、自我感觉良好；到中间平淡的常态；再到末端的消沉、缺乏主动性与消极的自我感觉。”（柯林斯，2009：161）作为一种“驱力”，情感能量的高低可能增强或遏制一个人对群体的认同感。总而言之，共同关注焦点和共同情感能量之间存在一种相互依赖、相互强化的关系。在互动过程中，共同关注焦点的聚散、情感状态的强弱变化会随着互动双方在互动过程中的言语和行为表现而不断变化，最终导致个体对群体认同的亲疏。

综合行动科学理论和互动仪式链理论，我们得到的启发是：实习生与指导教师之间的互动不仅仅是一种认知活动，一种知识和技能方面的交流，更是一种情感活动。情感是认知活动发生的底色，有可能在很大程度上影响认知活动的效果和结果。实习生的情感体验在知识层面上可能会影响他们在学习教学过程中关注的内容和反思的层次，在身份认同层面上可能会影响他们对教师职业的理解和认识，并最终影响他们专业认同感的形成。

基于行动科学和互动仪式链理论带来的思考和启示，我们形成了研究的初步概念框架（见图 1.2）。我们将行动原则、行动策略、行动结果、共同关注焦点、共同情感能量这五个要素作为实习生与指导教师互动的关键因素。通过对这些因素的分析，呈现不同师徒互动模式的特点，以及这些模式对实习生的学习结果（知识转化、身份获得）所产生的影响。行动原则、行动策略和行动结果是分析师徒互动所创造的行为世界的三个基本要素，透过这三个要素，可以观察双方在互动中的行为方式和理论使用及其对实习生学习的影响。共同关注焦点和共同情感能量这两个要素描述师徒互动情境中认知和情感对实习生学习的影响，分析参与主体怎样形成相互关注的焦点，在多大程度上产生共享的情感体验，以及实习生如何在互动中理解和学习教师职业特有的观念和态度，并逐步获得教师身份感。这五个因素相互作用，构成各参与主体间的互动链，影响实习生的学习结果。

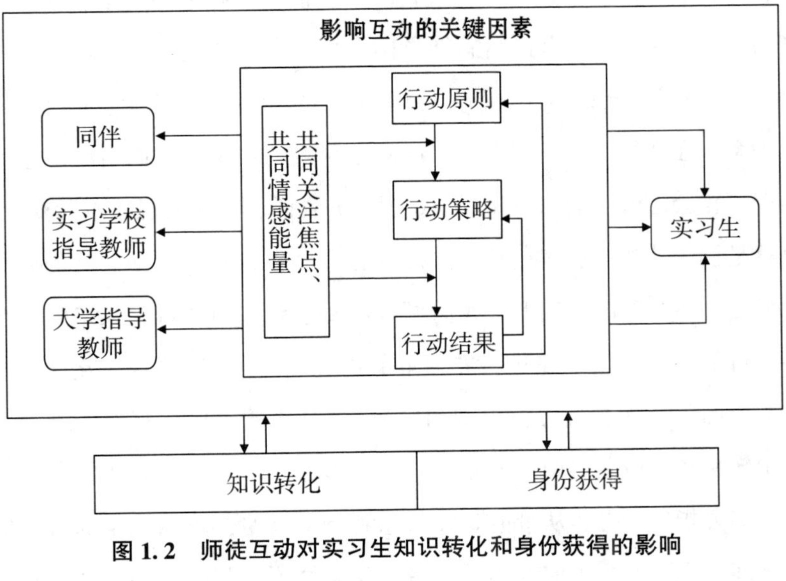

图 1.2　师徒互动对实习生知识转化和身份获得的影响

在该框架图中，研究者可以直接观察到的内容有三个：（1）实习生与指导教师互动时的行动策略；（2）双方在互动内容上共同关注焦点的聚散；（3）互动过程中双方共同情感能量的强弱。这三者互相影响，互相强化或减弱，构成了动态发展的互动“场”。同时，师徒双方在当下互动情境中所表现出来的行动策略，是由他们内在的价值观和信念在背后所主导的。因此，除了现场观察，我们还通过访谈来了解主导互动双方外在行为的内在想法，并最终落脚于对实习生后续行动的观察，探究在诸多内在信念驱动下、在各种行动策略作用下的师徒互动，究竟对实习生的知识转化和身份获得产生了何种影响。

在厘清上述核心概念的基础上，我们修改了最初的概念框架（见图 1. 2），提出了一个新的概念框架（见图 1. 3）。这个概念框架放大了实习生与指导教师的互动过程，细化了其中的核心要素。

首先，新的概念框架突出了师徒互动可观察的部分——行动策略、共同关注焦点和共同情感能量之间的关系。居于前景的是师徒互动过程，即我们在现场观察中可观察到的某个情境中师徒的行动策略，及其与共同关注焦点与共同情感能量两个部分之间的关系（中间大方框里的内容）。共同关注焦点和共同情感能量之间是相互依赖、相互强化的关系。在师徒互动过程中，共同关注焦点的聚散、共同情感能量的强弱变化会随着互动双方在互动过程中的言语、行为表现而不断变化。也就是说，共同关注焦点和共同情感能量会随着双方行动策略的变化而变化。在观察的基础上，我们可以往回推导出师徒行动策略背后可能的价值观和信念（左边大方框里的内容），再往后推导出互动对于实习生的影响（右边方框里的内容）。这种影响主要体现在实习生的知识转化和身份获得两个方面。

需要指出的是，从价值观和信念到行动策略，再到产生的行动结果之间并不是一个单向的因果关系，现实情形要复杂得多。每次师徒

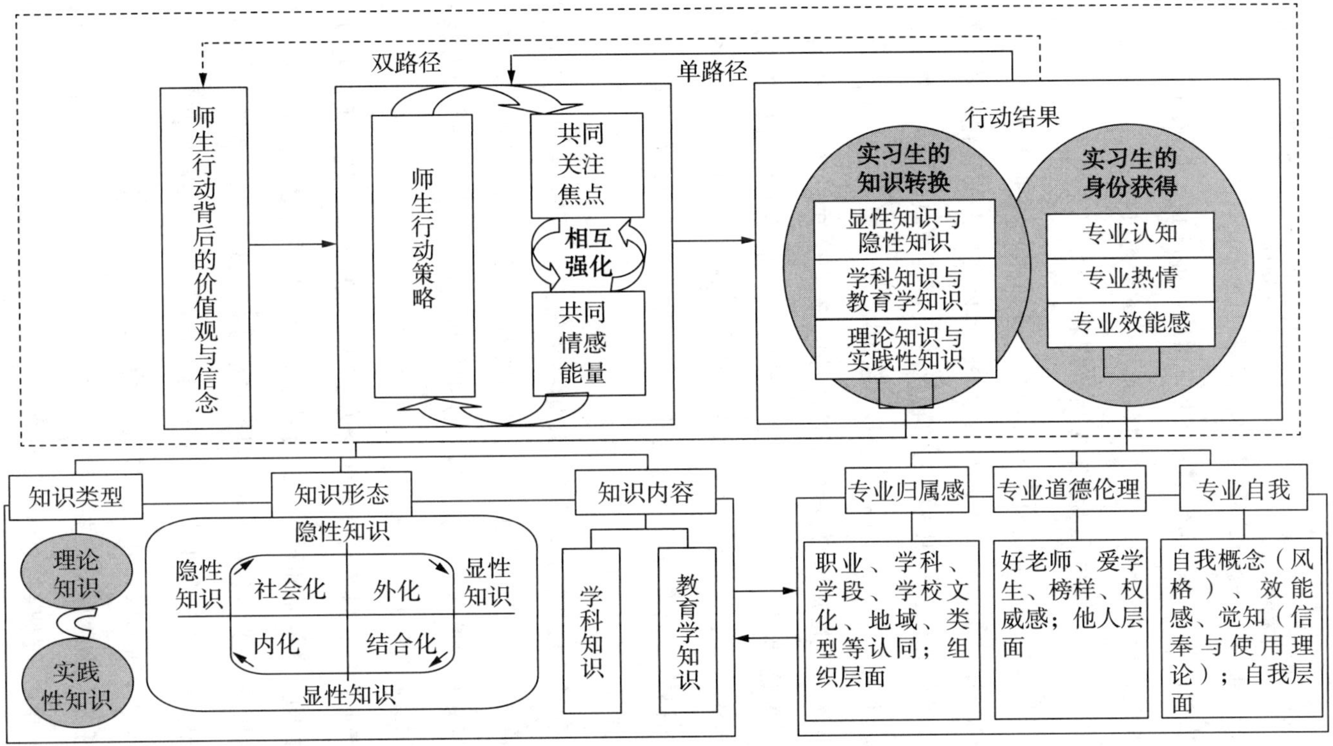

图1.3　师生互动对实习生影响研究概念图

之间的互动可能都会产生一个即时的后果，这个后果可能会马上反过来影响行动策略，形成单路径学习；有时候也会直接导致双方价值观和信念的改变，促成双路径学习。在即时的情境中，我们可能只能看到图中的部分关系。但若将实习生与指导教师的整个互动过程中的一个个情境进行关联分析，便可以构成互动的动态过程。

其次，新的概念框架将作为互动结果的“知识转化”和“身份获得”两个盒子打开了，细化了我们希望考察的具体维度和内容。“知识转化”维度细分为三个方面的内容：知识类型上的转化涉及理论知识与实践性知识，知识内容上的转化涉及学科知识与教育学知识，知识形态上的转化涉及显性知识与隐性知识，其中居于重要地位的是理论知识与实践性知识的转化。学科知识与教育学知识之间的转化在本质上是理论知识（即正式的学科知识和教育学知识）与教育实践结合，生成实习生个人独特的实践性知识（如学科教学知识）的问题。理论知识的表征形态通常为显性，而实践性知识的表征形态大多为隐性。

实习生的“身份获得”维度则细化为三个方面——专业归属感、专业道德伦理、专业自我。每个方面所涉及的核心问题分别是：“我如何理解教师和教学？”“我是否有从事教师职业的热情？”“我如何定位自己的教师身份？”

与此同时，以行动科学理论为基础，新的概念框架对师徒互动中参与者的行动策略和背后的主导要素进行了具体描述。如第一型使用理论中的主导要素包括：确定目标并且努力实现这些目标；尽可能赢，避免输；尽可能避免生产或者表达负面情绪；保持理性。其行动策略表现为单方面地设计并管理环境（劝说，提出更大目标），拥有并且控制任务（声称拥有任务，捍卫任务的目的和执行），单方面的自我保护，单方面地保护他人不受伤害。第二型使用理论的主导要素包括：有效的信息，自由而充分的选择，对选择的内在承诺及其执行过程的持续监督。其行动策略包括：参与者能够开始行动，并且能够体验包含高级的个人因果关系的情境或环境（心理成功）；共同控制任务；自我保护和对他人的双边保护。这些具体的描述为研究可观察的、流动的师徒互动过程提供了抓手，另一方面也为分析不可直接观察的师徒互动形式和过程因素提供了着力点。

我们以图 1.3 的概念框架为路线图，开始了质性观察和访谈。进入现场后却发现，这一来自西方理论的概念框架“水土不服”，不能很好地描述中国文化语境中师徒互动的交流方式和文化特点（陈向明，曲霞，张玉荣，2014）。例如，西方人交往中的“公开性”原则并不符合中国人习惯的交往方式。在中国人的交往中，“面子”是一个非常重要的影响因素。在有些案例中，指导教师和实习生都具有西方文化意义上的“开放性”，乐于检验和修正自己的使用理论，但为了维护自己或对方的“面子”，并不能向对方“公开”内心的不满、怀疑、焦虑等。如何扬弃西方的理论框架，立足于中国人的人际交往心理和行为特征，建构更具本土特色的互动模式分析框架，这成了摆在我们面前的一道难题。

通过对一个个案例的分析，我们意识到，中国人人际交往中公开性的缺乏既有外在形式（即礼貌）的原因，也有内在关怀（即为对方好）的考虑。这个思路引导我们回到儒家思想“仁”和“礼”这两个重要概念中，并尝试用这两个概念表征指导教师与实习生互动的内在实质和外在形式。我们以“不仁/仁”和“不礼/礼”两个维度相交构成的四个象限表征出四种互动模式（详见第三章）：“仁且礼”“仁而不礼”“不仁且不礼”“礼而不仁”。这个概念框架考虑了中国人的人际交往心理，并试图包纳实习生与指导教师互动的多种样态。但用此概念框架分析资料时，却出现了“主位”与“客位”错位的问题，我们研究者的意义阐释与被研究者的解释经常有所不同。例如，对于一些指导教师“简单粗暴”的指导风格，研究者认为可以归于“不礼”

的范畴，但是实习生们则认为这“没有关系”，因为指导教师比自己有经验，有资格对自己如此指导；只要指导教师出于好心（仁），态度（礼）好不好并不重要。此时，我们意识到，出于对被研究者意义解释的尊重，我们必须在更深入理解中国人人际交往理论的基础上，进一步完善研究的概念框架。

在进一步的理论学习中，我们发现了我国台湾本土心理学者黄曬莉的华人人际和谐与冲突理论。这一理论提出“和合化”与“分别化”辩证统一的原则，解释了中国人在人际交往中规避冲突的文化心理。这一原则帮助我们理解了实习生身在“仁而不礼”（指导教师心存好意但态度强势）和“不仁且不礼”（指导教师对实习生放任自流）两种互动模式中，但并不认为教师行为是无礼之举的深层原因。在该理论的基础上，我们勾勒了实习生与指导教师互动的类型，并对每一种类型包含的维度进行了细致的描述（详见第三章）。运用华人人际和谐与冲突理论分析资料，我们终于找到了在研究者与被研究者的行为世界和意义世界之间对话的接口。

从西方的行动科学理论和互动仪式链理论，到中国传统文化中“仁”与“礼”的观念，最后到华人人际和谐与冲突理论，经过几番循环往复、逐步聚焦，我们将对研究本土化诉求的满足向前推进了一大步。但新的问题又接踵而至。虽然黄曬莉提出的“实性和谐模式”和“虚性和谐模式”及六个子类能够很好地描述实习生与指导教师互动的状态和关系维系策略，但在分析师徒互动模式与互动结果（即知识转化和身份获得）之间的关系时力有不逮，而这却是我们致力于回答的关键问题。从教育的角度，我们需要找到与我们的研究问题更吻合的概念，并且接近师徒互动本身的类型、属性、功能和条件。

此时，我们又回到研究问题，重新梳理研究思路。实质上，我们研究的是一个关于“在时间序列中实习生的知识和身份发生变化”的问题，即在实习作为一项制度安排所构成的情境性条件下，指导教师与实习生以什么样的行动、互动或情感能量参与其中，并产生了怎样的学习结果（见图1.4）。从互动到结果之间必定有一些影响着实习生学习效果的干预性条件，这些干预性条件是什么呢？

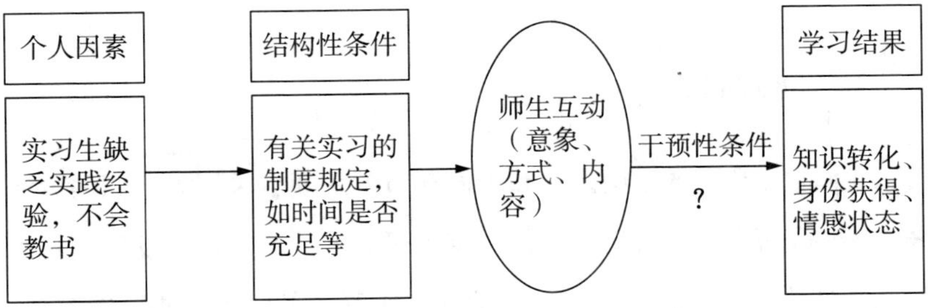

图1.4　师徒互动与实习生学习教学结果关系

循着这个思路，我们采用类属分析法对质性资料进行重新编码。结果，师徒互动模式被归为两大类——促进型互动和阻抑型互动。在前一种互动模式中，实习生的知识转化和身份获得效果较好，而在后一种模式中，效果较差。我们从案例中提取出一些重要编码来描述每种模式的重要属性，包括“有心”“负责”“理解”“尊重”“留面子”“共同关注焦点”“相投”“情感能量”等，并对属性的维度（如强弱、高低、深浅）进行了程度上的区分。在此基础上，我们结合师徒互动关系的性质及其对实习生知识转化和身份获得的影响，形成了四种互动类型：正向促进型、反向阻抑型、正向阻抑型、反向促进型（详见第三章）。

统观整个研究过程，我们在理论与资料之间来回穿梭，始终保持开放性，通过“拿-破-变-立”的循环，不断把出现的反例纳入我们的概念框架。“拿”是指先从行动理论和互动仪式链理论获取研究灵感，形成初步的概念框架；“破”指的是当发现西方理论建构起来的概念框架不好用时，我们打破原有的设计，转向中国文化传统寻求理论资源；“变”指的是借助中国文化“仁”“礼”观念的分析思路不足以涵盖被研究者的本土解释时，我们融合了华人人际和谐与冲突理论，形成了一个更具包容性的分析框架；“立”指的是在借鉴中西方各种理论的基础上，通过对我们收集到的资料进行深入分析，最终形成一个适切的概念框架。

三、资料情况

我们根据研究的不同内容和不同环节的需要，采用了不同的方法来收集和分析资料。我们首先使用定量研究的方法，通过发放问卷了解了实习过程中师徒互动的总体情况；接着，采用质性研究的方法，描述、解释和分析实习生与指导教师互动的过程和特征及其对实习生学习教学的影响。

在定量研究部分，为了保证研究的代表性，我们以实习生所在高校的性质（部属院校、地方院校）、实习生所在高校的所属地区（东部、中部、西部）、实习生的在读学历（专科、本科、研究生）等为抽样标准，选择了8所院校，发放问卷2000余份。有关抽样的详细过程和样本的人口学变量信息，参见本书第二章。

在质性研究部分的抽样中，我们选择了各类实习生，包括专科生、本科生和硕士生，不同性别的实习生，从事不同学科教学（如语言类、数理类、活动类）的实习生，在不同类型的实习学校（如幼儿园、小学、中学，城市与农村的学校，重点与一般学校）实习的实习生，以及实习生的大学指导教师和实习学校指导教师。通过熟人介绍和网络招募，在北京和河南两地，共联系到实习生46人，实习学校指导教师17人，大学指导教师5人，其中，实习生包括学前阶段实习生1人，小学阶段实习生15人，中学阶段实习生30人，学科涉及语文、数学、英语、心理、政治、科学、信息、音乐等（见表1.2）。

表 1.2 个案基本信息

<table>
<tr><th>学校所在地</th><th>学校类型</th><th>学科</th><th>学历</th><th>实习生人数（人）</th><th>实习学校指导教师人数（人）</th><th>大学指导教师人数（人）</th></tr>
<tr><td rowspan="16">北京</td><td rowspan="7">小学</td><td>心理</td><td>硕士</td><td>1</td><td>—</td><td>—</td></tr>
<tr><td>英语</td><td>硕士</td><td>3</td><td>—</td><td>—</td></tr>
<tr><td>语文</td><td>本科</td><td>6</td><td>—</td><td rowspan="5">1</td></tr>
<tr><td>数学</td><td>本科</td><td>2</td><td>—</td></tr>
<tr><td>科学</td><td>本科</td><td>1</td><td>—</td></tr>
<tr><td>信息</td><td>本科</td><td>1</td><td>—</td></tr>
<tr><td>音乐</td><td>本科</td><td>1</td><td>—</td></tr>
<tr><td rowspan="9">中学</td><td rowspan="3">英语</td><td>本科</td><td>4</td><td>3</td><td>—</td></tr>
<tr><td>本科</td><td>4</td><td>2</td><td>1</td></tr>
<tr><td>本科</td><td>1</td><td>1</td><td>—</td></tr>
<tr><td rowspan="6">语文</td><td>本科</td><td>5</td><td>2</td><td rowspan="2">1</td></tr>
<tr><td>本科</td><td>1</td><td>1</td></tr>
<tr><td>本科</td><td>1</td><td>—</td><td>—</td></tr>
<tr><td>硕士</td><td>1</td><td>—</td><td>—</td></tr>
<tr><td>硕士</td><td>3</td><td>2</td><td>—</td></tr>
<tr><td>硕士</td><td>1</td><td>—</td><td>—</td></tr>
<tr><td rowspan="5">河南</td><td rowspan="4">中学</td><td>英语</td><td>专科</td><td>3</td><td>1</td><td rowspan="2">1</td></tr>
<tr><td>政治</td><td>专科</td><td>2</td><td>2</td></tr>
<tr><td>语文</td><td>本科</td><td>3</td><td>1</td><td>1</td></tr>
<tr><td>数学</td><td>本科</td><td>1</td><td>1</td><td>—</td></tr>
<tr><td>幼儿园</td><td>—</td><td>—</td><td>1</td><td>1</td><td>—</td></tr>
<tr><td colspan="4">总计</td><td>46</td><td>17</td><td>5</td></tr>
</table>

在调研中，我们对实习生与指导教师在典型情境（如备课、说课、上课、评课、研讨等）中的对话进行录音、录像，并对实习生进行课

堂观察，了解师徒互动对其教学行为的影响。在观察的基础上，我们再对实习生和指导教师进行访谈，了解他们各自对师徒互动过程的理解。

与此同时，我们还收集了各类实物，包括实习生的教案、个人反思、案例、叙事等。此外，我们还运用了参与式方法，如邀请实习生与我们一起进行资料分析。这么做不仅为我们这些研究者创造了宝贵的学习机会，帮助我们进一步了解了对实习生具有特殊意义的互动场景、过程及影响，同时也使我们的分析视角与实习生的体验视角交汇在一起，在互动中实现视域融合，以保证解释和分析的效度与丰富性。

在资料分析的过程中，我们同时使用了类属分析与情境分析两种方法。前者指的是对原始资料进行编码和归类，形成基本主题，并探讨各主题之间的关系；后者指的是将主题下面有关的故事片段放回到具体的时空情境，对其来龙去脉进行历时性、情境化的勾勒。类属分析和情境分析是相辅相成的关系，分类的主题为研究结果搭起了一个基本的“骨架”，而故事情节则为每个主题提供了“血肉”。最后，在对 46 个案例深入分析的基础上，我们提炼出了 4 种互动类型：正向促进型、正向阻抑型、反向阻抑型、反向促进型。在具体的资料分析过程中，我们使用了多样化的分析策略和分析工具，主要包括画图表、写故事线、相互提问、问题翻转、写接触摘要单等（迈尔斯，休伯曼，2008）。

四、研究伦理

在研究过程中，我们注意对研究对象予以高度的尊重和保护。具体而言，我们遵从如下伦理原则：（1）研究对象参加本研究完全出于自愿，他们可以随时退出研究。（2）对研究对象的身份做匿名处理，并对他们提供的资料保密，不将其个人的一些观点与看法透露给其他人，特别是学校领导，以免造成对研究对象的不利。(3) 对访谈进行录音、录像之前，征得研究对象的同意。(4) 将从访谈等资料中得到的对于研究对象的推论反馈给研究对象，以获得他们的认可。

当然，我们在研究过程中也遇到了很多困难。例如：有些实习生不在北京，我们需要克服困难多次赴外地调研；研究之初，实习生对我们的研究组抱有警惕心理，部分实习生不愿意（或不方便）向我们吐露他们对指导教师的真实看法；还有部分实习生在接受了一次访谈后出于个人原因中断了实习，导致我们收集的资料无法使用。

面对这些困难，我们在整个研究中极其小心地维护着研究关系，特别是在与实习生的交流中，我们深知实习生们正处在困惑、焦虑、紧张的职业过渡期，因此我们尽量不因为调研的任务给他们带来压力，所有的访谈都是在实习生课间休息或周末开展的。同时，为了了解实习生与指导教师真实的互动关系，我们与实习生建立了信任关系，通过追踪式的长时间调研，实习生逐渐向我们打开心扉，讲述了他们与指导教师复杂的互动关系。

本章小结

本章重点介绍了研究的背景、研究问题的提出、概念框架的形成以及研究的方法和过程。本研究以实习生为研究对象，从社会-文化视角，探讨职前教师培养研究中的重要议题——理论与实践相分离的问题。我们的一个基本出发点是：教育实习是未来教师跨越理论与实践的鸿沟，从应用公共理论向创造个人知识，从依赖和模仿他人到独立做出有智识的教育教学决策，从学生身份向教师身份转变的过程。这期间，实习生与指导教师的互动是其实现知识与身份转变的重要媒介。

围绕师徒互动与实习生知识转化、身份获得的关系问题，我们最初以行动科学理论和互动仪式链理论为基础，构建了初步的概念框架。随着资料的增加和反例的出现，我们又引入中国传统文化中“仁”和“礼”的概念，后又用华人人际和谐与冲突理论改造了最初的概念框架。最后，出于对师徒互动与实习生学习效果关系的考虑，我们又回归原始资料，重新对资料进行编码，修订了概念框架。这个一波数折的演化过程不仅体现了本研究循环往返、逐步聚焦的动态生成特征，而且凸显了我们通过与国内外理论对话，希望形成具有本土特色理论的学理诉求。

第二章 勾勒教育实习的互动图景

为了回答“实习生在实习期间如何进行知识转化并深入理解教师专业性质”这个核心问题，我们首先需要从宏观角度对实习生的实习情况做出整体的呈现，并在此基础之上深入分析实习生与指导教师的互动行为及其意义。这里的“实习情况”主要关注实习生与指导教师的互动现状，因为它对实习生的知识转化及身份获得有直接的影响——这也是本书定量研究部分的基本假设之一。

本章运用定量研究方法，借助行动科学理论（见表 1.1）和互动仪式链理论（见图 1.1），编制了相关调查问卷（见附录 5），对我国多个省份的实习生在实习期间与其指导教师之间互动的基本情况进行了调研。通过大规模的问卷统计数据，我们呈现了实习生与指导教师互动的现状，并借助图表直观展现了实习生与指导教师的互动与其知识转化和身份获得的关系。与此同时，我们在互动仪式链理论和教师教育相关理论的基础上，对数据统计的结果进行了分析，初步提出了促进型与阻抑型两大互动类型，作为后续质性研究部分的基础。基于大规模数据的支持，我们希望从宏观视角把握当前我国实习生的学习现状，论证本研究的可能性与可行性，为后续深入分析提供背景和依据（魏戈，陈向明，2015）。

第一节　问卷调研设计与实施

我们在问卷调研部分严格按照定量研究的思路，首先拆解研究问题、提出研究假设，再基于变量和变量的关系设计调研问卷。我们采用分层随机抽样法，确保样本能够在最大程度上代表总体的情况。

一、研究假设

本书的定量研究部分主要回答以下 5 个问题。

1. 目前我国的实习生在实习期间与指导教师（大学指导教师和实习学校指导教师）的互动现状如何？

2. 目前我国的实习生在实习期间与指导教师（大学指导教师和实习学校指导教师）的互动效果如何？

3. 师徒互动中的哪些因素影响了实习生的知识转化和身份获得？

4. 实习生与大学指导教师之间的互动及其与实习学校指导教师之间的互动对于实习生的知识转化与身份获得的影响有何差异？

5. 不同人口学变量上的实习生与指导教师（大学指导教师和实习学校指导教师）的互动情况（互动的次数、时长、内容、方式、风格等）和效果（知识转化与身份获得）有何差异？

为了验证实习生与指导教师的互动对其实习效果的影响，我们建立了如下三个基本假设。

假设一：实习生的大学指导教师和实习学校指导教师对于实习生在实习期间的知识转化与身份获得起着重要作用。

假设二：实习生与大学指导教师和实习学校指导教师之间的互动模式有所不同。

假设三：实习生与大学指导教师以及实习生与实习学校指导教师之间不同的互动模式会对其实习效果产生不同的影响。

在研究实习生与指导教师互动的过程中，互动仪式链理论（柯林斯，2009）为我们提供了参考，并成为我们编制问卷的理论基础。该理论的核心观点是：人们通过身体共在与共同关注，在具体情境中形成互动链条，在互动仪式的情感体验中建立自己的身份符号，并达成社会化的效果。而实习生进入学校实习正是一个习得教学知识、教师文化和教师身份的过程，他们与指导教师在真实的教育情境中相遇，形成互动的链条，进而推进了自己的“次级社会化”。

从这个角度来讲，我们可以借用互动仪式链理论解释实习生与指导教师之间的互动。实习生与指导教师双方在互动过程中，通过高度的相互关注（即高度的互为主体性）和高度的情感连带，产生情感上的共鸣与成员身份感，进而推动了实习生的知识转化与身份获得。

二、问卷设计

我们基于互动仪式链理论，结合国内外已有相关研究的成果，编制了“实习生与指导教师互动模式研究”调查问卷（见附录5）。问卷分别围绕实习生与大学指导教师和实习学校指导教师的互动，设计了四个部分的封闭问题，包括：被调查对象的基本信息，在实习期间实习生与大学指导教师的互动情况，实习生与实习学校指导教师的互动情况，以及实习生在实习结束之后认知和情感上的变化。最后，我们还设计了一道开放式问题，通过“刺激回忆”的方法让实习生描绘一个印象最深的互动情景，希望捕捉实习生对于互动关系的独特体认。

在内容设计上，问卷的主要目的是了解实习生与大学指导教师和实习学校指导教师的互动情况，包括互动的次数、时长、内容等。同时，我们认为指导教师的风格、实习生与指导教师在互动中的投入程度、指导教师对于实习生的困惑的了解程度等，都将影响实习生在实习过程中的知识转化与身份获得，因此分别就这些情况设计了相关问题。

问卷的第一部分是基本信息，包括实习生的性别、年级、专业、实习学校类型、实习时长等，收集这些信息的目的是保证抽样的均衡，并将其作为后期差异分析的分组依据。

第二部分是实习生与大学指导教师的互动情况，具体包括：（1）交流次数，包括“一次也没有”“1—2 次”“3—4 次”“5 次以上（含 5 次）”四个选项，如果实习生选择了“一次也没有”或仅有“1—2 次”的互动，我们则要求实习生填写导致互动次数较少的可能原因；（2）平均每次交流的时长，包括“5 分钟以下”“5—10 分钟（含 5 分钟）”“10—30 分钟（含 10 分钟）”“30 分钟—1 小时（含 30 分钟）”“1 小时以上（含 1 小时）”四个选项；（3）交流情境，包括“集体指导”“自己备课过程中”“自己上完课后”“其他同学上完课后”“其他”；（4）交流内容，包括“班级管理”“学生情况”“学科知识”“教育学和心理学知识”“教学方法和策略”“人际关系”“师德问题”“其他”；（5）交流方式，包括指导教师对于实习生问题的反馈方式、谁主导了谈话的进程、谈话内容与实习生自己的关联程度等；（6）互动氛围，从“非常融洽”到“非常不融洽”，划分为五种类型；（7）实习生的投入程度，从“非常投入”到“非常不投入”，划分为五种类型；（8）指导教师的态度，从“非常认真”到“非常不认真”，划分为五种类型；（9）指导风格，包括“权威型”“放任型”“民主协商型”“其他”；（10）指导教师对实习生的困惑的了解程度；（11）实习生的问题的解决程度；（12）实习生自己感受到的收获。

第三部分是实习生与实习学校指导教师的互动情况，问题和选项的设计基本与第二部分一致。这样设计的目的是便于将实习生与大学指导教师和实习学校指导教师的互动行为做差异分析。

第四部分是实习生实习后发生的变化，集中关注实习生的知识转化与身份获得情况。具体问题包括大学期间学习的哪些知识对实习有帮助、自己是否更适合或更愿意从事教师职业等问题。

三、样本情况

2010 年 11 月底，我们赴河南某省属师范学院进行了小规模预调查，邀请该学院实习生对问卷进行了试填，并对个别实习生进行了访谈，请他们对问卷提出修改建议。根据初步调查结果，我们进一步修正了问卷，删除了无效题目，添加了原先未考虑到的题目，并进一步精确化了一些选项的文字表述。

在大范围发放正式问卷之前，我们对调查样本做了预估。为了使样本具有一定的代表性，我们以实习生所在高校所属地区和实习生的在读学历作为抽样标准。首先，考虑到我国目前地域经济发展不平衡，教学质量也相对不平衡的现状，我们按照我国经济区域划分的标准，分别在东、中、西部选取了部分高校进行调查。其次，调研组在河南进行预调研时发现，在此实习的主要是专科学生，他们似乎对实习学校指导教师和大学指导教师都没有太高的期待，很容易接受指导教师提出的要求，对教师的指导感到满意。而后来我们在北京的调研中则发现，该地区院校的本科生和研究生比较“挑剔”，对指导教师的要求比较高。因此，在进行大范围问卷调查时，我们增加了学历作为抽样标准，以了解学历层次的不同是否会对实习生的互动效果产生影响。由于师范生以本科生和专科生为主，在研究生阶段进行实习的师范类学生较少，因此我们将专科生、本科生和研究生的抽样比例设为 4∶5∶1，回收的问卷数量基本符合这个标准。

2011 年初，我们正式开始在全国范围内发放问卷。项目历时一年，先后在中国的东、中、西部多个省份抽样调查，包括北京、山东、河南、吉林、广西、云南、内蒙古等地。其中东部地区的院校主要包括北京师范大学、首都师范大学、东北师范大学、鲁东大学等，中部地区选取了河南新乡师范学院、内蒙古包头师范学院等，而西部地区以广西师范大学、云南师范大学为主。我们总计发放调查问卷 2000 余份，其中有效问卷 1978 份。下面，我们对样本的基本信息进行统计分析。

（一）性别比例

如图 2.1 所示，从性别比例来看，目前的实习生仍然以女性为主，占样本总人数的 82%，男性实习生仅占 18%。

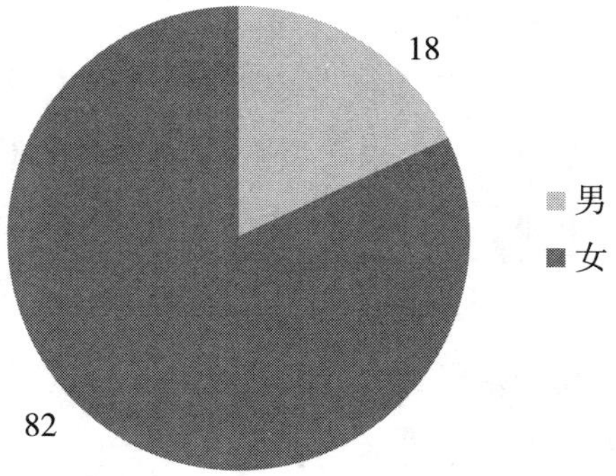

图 2.1　实习生男女比率（单位：%）

注：本书所涉及的数据均由原始数据四舍五入而来，本书中各分项和与总数之差均由此而来，下同。

（二）学历分布

依据《中国教育统计年鉴 2010》的数据，我们大致可以确定师范类本、专科生的数量之比为 2 ∶ 1；以教育学专业在校生人数为依据，研究生与本专科生的数量之比约为 1 ∶ 10。在此次调查中，我们依据此比例分别选择了本、专科院校进行问卷调查。如图 2.2 所示，样本中专科生占比 38%，本科生占比 52%，研究生占比 10%，基本符合抽样标准。从具体的年级分布可以看出，师范类专科学校的学生在专科二年级和三年级都有去学校实习的机会，本科生主要集中于本科四年级进行实习，研究生则集中于研究生二年级阶段。

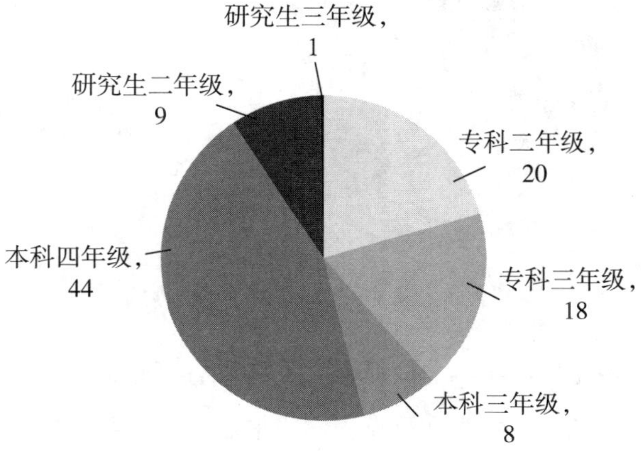

图 2.2 实习生学历分布情况（单位：%）

（三）实习学校类型

预调查发现，实习生所在的实习学校有不同类型，在访谈中，实习生表现出对学校类型的重视。例如，如果学校不是“好学校”，实习生似乎更容易对实习学校的指导教师不满，认为普通学校的指导教师水平一般。由此，我们在三个维度上划分了实习学校的类型：一是以学段将实习学校划分为幼儿园、小学和中学，二是看实习学校是或不是“重点学校”，三是将实习学校分为城市学校和农村学校。目前，我国的实习工作通常由实习生所在大学或者院系统一组织安排，因此实习生所分到的实习学校类型主要由学校或院系决定，实习生个人没有太大的选择空间。

如图 2.3 所示，本次调查中有 71% 的实习生在中学实习，其次是小学，在幼儿园实习的人数非常少，只有 104 人，仅占本次调查实习生总人数的 5%。这主要是因为调查对象包含了各个专业，而小学所需要的专业和学科相对中学较少。此外，在幼儿园实习的主要是幼儿师范的实习生，此类学生本身在师范类学生中所占的比例就很低。

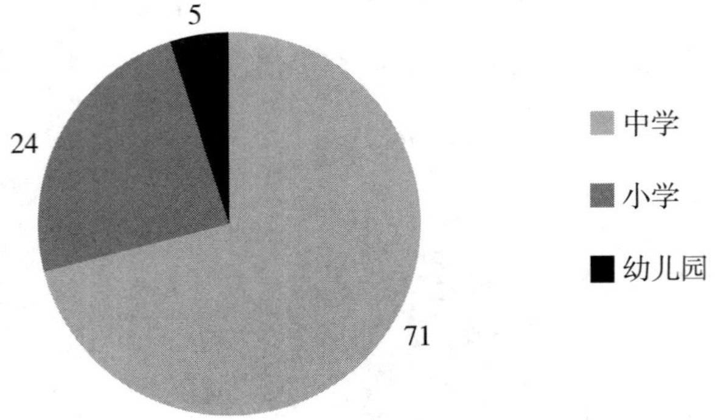

图 2.3　实习学校类型（单位：%）

目前，各地区的实习学校都有“重点”与“非重点”之分，抽取的样本中，有 55%的学生在重点中学或重点小学实习，其余 45%则在非重点学校实习，数据基本持平。由此可见，在实习学校是不是重点学校的选择和安排上，不同学校和院系之间并没有太大的差别。

除了实习学校的学段、重点与非重点之分，我们还调查了实习学校的城乡差异。如图 2.4 所示，实习学校主要在城市，只有 21%的实习生在农村学校实习。这主要是因为城市里的实习学校离大学较近，实习生往返方便，大学指导教师也方便前往实习学校提供指导。

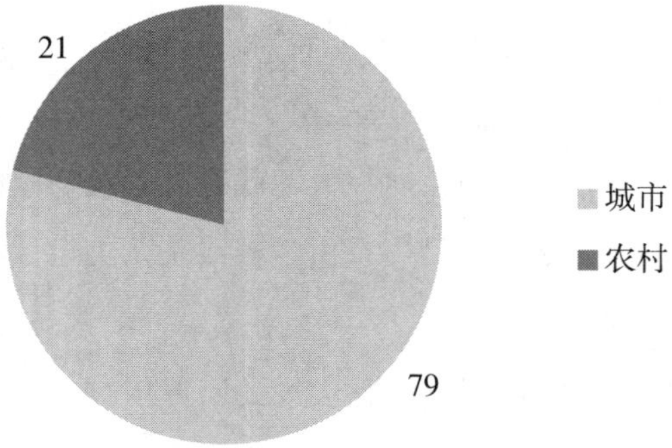

图 2.4　实习学校的城乡差异（单位：%）

第二节　实习生与指导教师互动概览

我们首先对问卷调查的结果进行最基本的描述性统计，帮助读者了解本次调研的整体样貌，主要包括实习生与指导教师的互动情况和互动效果两个板块。

一、实习生与指导教师的互动情况

实习生与指导教师互动的基本情况主要涉及问卷的第二部分和第三部分，即实习生分别与大学指导教师和实习学校指导教师的互动情况。这两部分问卷的设计围绕处于实习过程的中心主体实习生与指导教师的互动经历（包括对话和行动）展开。根据互动仪式链理论，我们将“互动模式”设计为多个可测量的指标，将其变得可操作化。接下来，我们从互动次数、互动时长、互动情境、互动内容、互动方式、互动氛围、互动的投入程度、指导教师的指导态度和指导风格、实习生心中指导教师对自己的了解程度等多个方面，呈现实习生与大学指导教师以及实习学校指导教师互动的基本情况。

（一）互动次数

调查发现，在实习期内，实习生与大学指导教师的平均交流次数较少。如图 2. 5 所示，有 12%的实习生未曾与大学指导教师有过任何交流，而有过交流的实习生中其交流次数大多（66%）也限于 5 次以下。在被问到为何“没有交流或者只有 1、2 次交流”时，实习生做出的解释主要是“大学指导教师较忙，且很少到实习学校进行现场辅导”，加之部分实习学校与就读的大学地理位置相距较远，实习生不便和大学指导教师直接交流。此外，还有几位实习生认为，大学指导教师并不能帮助自己解决实际教学问题。有受访者反映："大学指导教师不了解实际教学情况，只能做理论分析，无法给出具体指导。”

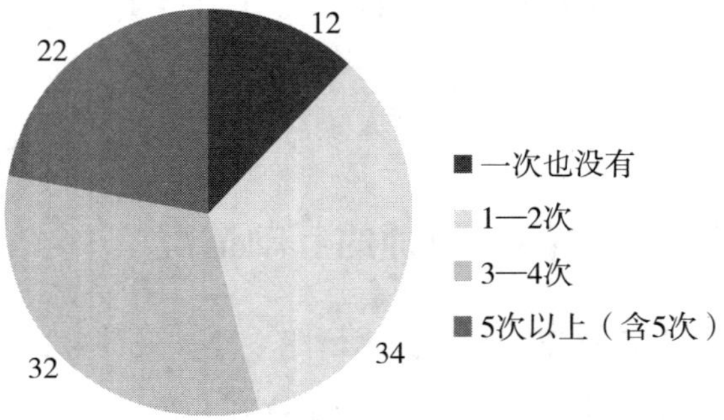

图 2.5　与大学指导教师的互动次数（单位：%）

与大学指导教师相比，实习生与实习学校指导教师的交流次数要更多一些。如图 2.6 所示，有 60%的学生与实习学校指导教师的交流次数不低于 5 次。相比之下，仅有 22%的实习生与他们的大学指导教师有 5 次及以上的交流。当然，我们也不能忽视实习生与实习学校指导教师交流次数较少的情况。数据显示，仍有 2%的实习生表示与实习学校指导教师从未有过交流。问及原因，实习生的回答除了“指导教师较忙”“时间紧”等客观因素外，也有少数实习生回答“没有大的问题需要指导”。似乎这些实习生习惯了指导教师的主动指导，不知道如何向指导教师请教。也有实习生认为“指导教师不太负责”或“水平有限”，不知如何指导。

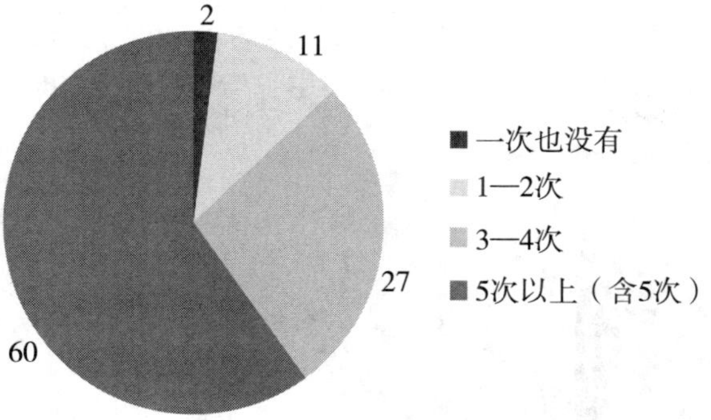

图 2.6　与实习学校指导教师的互动次数（单位：%）

（二）互动时长

如图 2.7 所示，在与大学指导教师有过交流的实习生当中，平均每次交流时长不超过 30 分钟的占到了 86%。绝大多数的实习生和大学指导教师的交流时长每次都在 10 分钟左右。我们进一步对实习生追问之后发现，其原因主要集中在两个方面：一方面是大学指导教师工作较繁忙，另一方面是实习生本身的学习主动性不够，导致他们与大学指导教师的交流时间比较短。

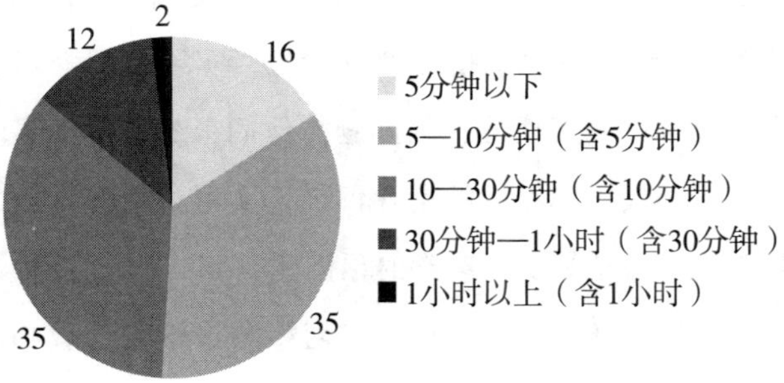

图 2.7　与大学指导教师的互动时长（单位：%）

类似地，实习生与实习学校指导教师的交流时长一般也较短，有 37%的实习生平均每次交流的时长为 5—10 分钟（含 5 分钟），有 43%的实习生平均每次交流的时长为 10—30 分钟（含 10 分钟），仅这两项就占了总人数的80%。13%的实习生平均每次交流的时长为30分钟—1小时（含30分钟），仅有2%的实习生平均每次交流的时长达到1小时及以上（见图2.8）。

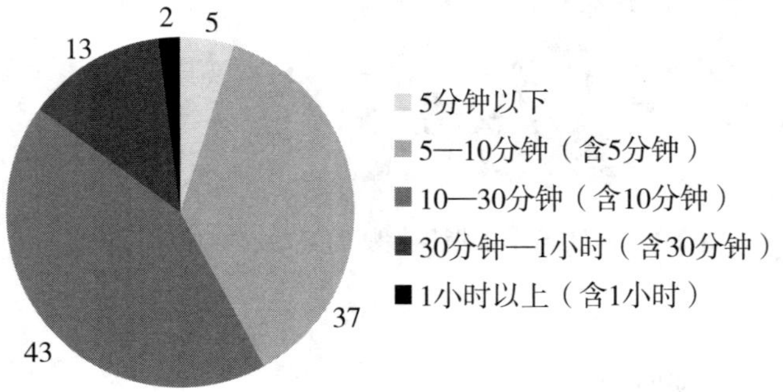

图2.8　与实习学校指导教师的互动时长（单位：%）

（三）互动情境

“互动情境”主要指的是实习生和指导教师进行交流的情境。问卷题目包括“集体指导”“自己备课过程中”“自己上完课后”“其他同伴上完课后”“其他”多个选项。调查发现，近半数的实习生（972人）是在自己上完课之后与大学指导教师进行交流，这样的交流往往是一种“事后指导”。在大学指导教师看来，实习期间实习生已交由实习学校负责，考虑到责任分工的问题，他们很少直接涉足学生的实习过程。因此，他们对实习生的指导仅限于实习生返回学校之后的那段时间，但是这种做法缺少了教学的预设性。

另外，调查数据还显示，有许多实习生与大学指导教师的交流在“集体指导”（929人）的情境下展开（见图2.9）。访谈也发现，大学指导教师与实习生的交流主要以集体指导为主，这导致他们的互动难以满足实习生的个性化需求，针对性不够强。

对比实习生与大学指导教师的交流情境，他们和实习学校指导教师的交流情境与前者差不多，实习生大多数都在自己上完课之后（1461

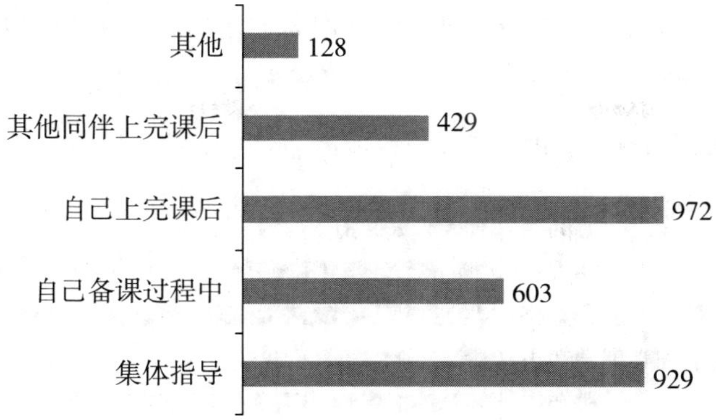

图 2.9　与大学指导教师的互动情境（单位：人）

人）和实习学校指导教师进行交流（见图 2.10），还有相当部分（1232 人）实习生在备课过程中与实习学校指导教师交流。这是因为当前我国的中小学和幼儿园对于新手教师的指导主要还是采用集体备课、听课、评课的模式。之所以如此，主要基于几个方面的考虑：其一，实习学校指导教师能够针对实习生之前在课堂教学中的表现提供指导，提供的观点和证据更加具体；其二，课后时间相对充裕，便于双方交流；其三，有时数位实习生一起观课，便于指导教师集体提供指导，可以节省时间。

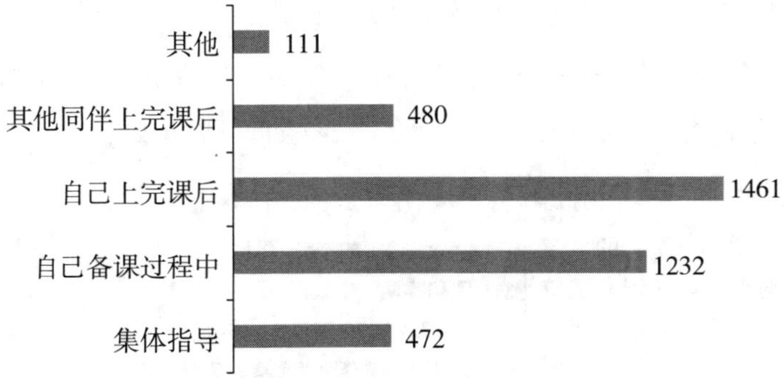

图 2.10　与实习学校指导教师的互动情境（单位：人）

（四）互动内容

我们设计了一道多选题来统计实习生与指导教师互动的内容，并将被选次数最多的几项罗列如下。如图 2. 11 所示，实习生与大学指导教师主要针对“教学方法和策略”“学科知识”“学生情况”“班级管理”等几方面进行交流。

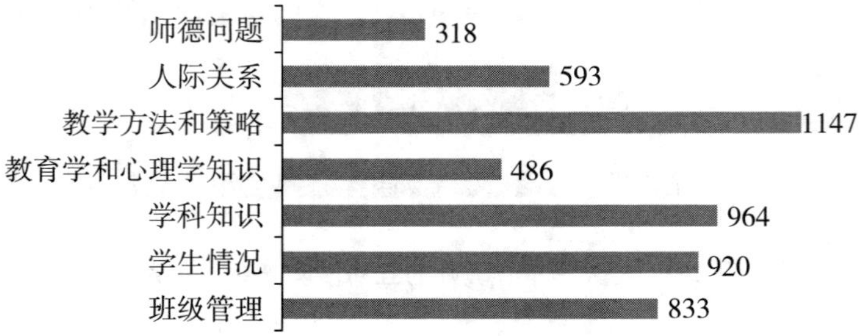

图 2. 11　与大学指导教师互动的内容（单位：人）

注：无人选“其他”选项。

实习生与实习学校指导教师交流的内容主要有：“教学方法和策略”“班级管理策略和方法”“学科知识”“对教师职业的认识”等（见图 2. 12）。对比分析发现，实习生与实习学校指导教师的交流内容和与大学指导教师的主要交流内容有重合之处，都很关注“教学方法和策略”以及“学科知识”，但在“对教师职业的认识”“对中小学实际的了解”方面有明显不同。实习学校指导教师更加关注教学的真实情境以及教师职业的现实境况，只要实习生在真实的教育情境中行动和思考，他们便能与实习学校指导教师针对教育教学的实践经验问题展开交流。

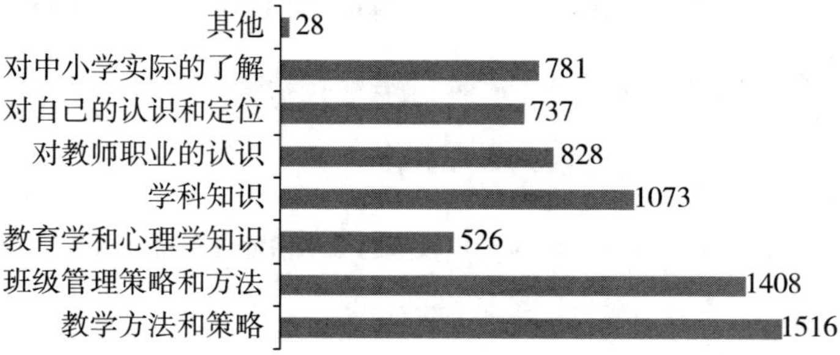

图 2. 12　与实习学校指导教师互动的内容（单位：人）

（五）互动方式

在实习生与指导教师的互动过程中，谁主导谈话的内容是本研究一项重要的考察指标。因为“话语主动权”的把握常常象征着主动性和积极性，甚至是一种权力地位的体现。如图 2. 13 所示，在实习生与大学指导教师的互动过程中，通常是大学指导教师（62%）主导谈话的内容。需要指出的是，大学指导教师的指导大多是建立在了解学生困惑的基础之上的，绝大多数实习生（94%）反映，大学指导教师都是先了解实习生的困惑，再针对问题进行指导。

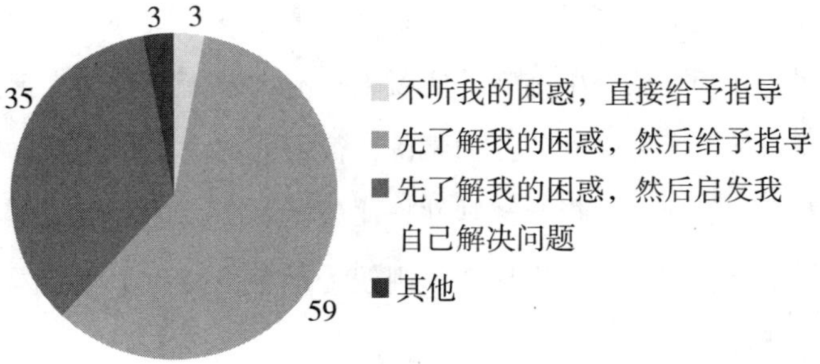

图 2. 13　大学指导教师的指导方式（单位：%）

如图 2. 14 所示，在实习生与实习学校指导教师的互动过程中，通常也是后者主导谈话的内容。当实习生遇到问题向实习学校指导教师求助时，有 59%的实习生认为，指导教师会先了解自己的困惑，然后给予指导；有 33%的实习生认为，指导教师会在了解自己的困惑后进行启发，让实习生自己寻找答案，而不是直接告知实习生该怎么做。

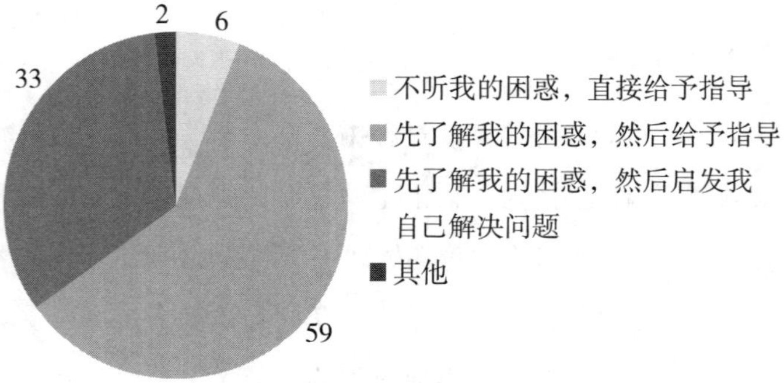

图 2.14　实习学校指导教师的指导方式（单位：%）

（六）互动氛围

对师徒互动的氛围进行研究，最好是通过现场观察。但由于条件有限，我们在问卷调查中询问了实习生在与大学指导教师交流过后的主观感受。他们所感受到的互动氛围，很可能与大学指导教师的个人魅力有关系。有些大学指导教师性格比较随和，会让学生感觉交流的氛围比较融洽；有些大学指导教师则较为严苛，会让学生感觉交流的氛围比较严肃。

在问卷调查中，大多数实习生表示自己与大学指导教师的交流氛围“比较融洽”，只有 2% 的实习生认为互动的氛围“不太融洽”或“非常不融洽”，如图 2. 15 所示。

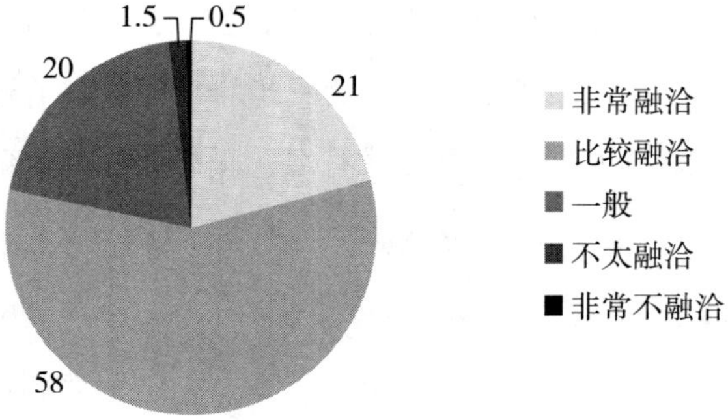

图 2. 15　与大学指导教师互动时的氛围（单位：%）

在实习生与实习学校指导教师的交流过程中，大多数实习生（58%）认为互动交流的氛围“比较融洽”，还有28%的实习生表示交流氛围“非常融洽”。有13%的实习生表示交流氛围“一般”，仅有1%的实习生认为这种交流的氛围“不太融洽”（见图2.16）。

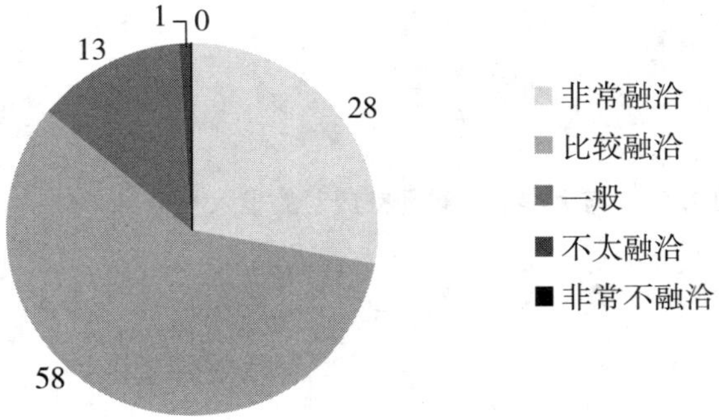

图2.16 与实习学校指导教师互动时的氛围（单位：%）

这表明，大多数实习生都能够与大学指导教师和实习学校指导教师和睦相处，并能够比较顺利地参与到教学实践当中。这在很大程度上为实习生从指导教师那里学到真实的、有价值的教育教学经验提供了必要的条件。

（七）互动的投入程度

互动的投入程度高的实习生在与指导教师互动时，能够做到全身心投入，并保证自己有所收获。如图2.17所示，绝大多数（82%）的实习生都能够投入到与大学指导教师的交流中，其中，实习生在互动中“非常投入”的占25%，“比较投入”的占57%。

在“您与实习学校指导教师互动时，自己的投入程度如何”这一问题上，如图2.18所示，有33%的实习生表示能够在很大程度上投入、参与互动。有56%的实习生表示能够“比较投入”地与实习学校指导教师进行交流。仅有1%的实习生表示自己完全没有投入到与实习

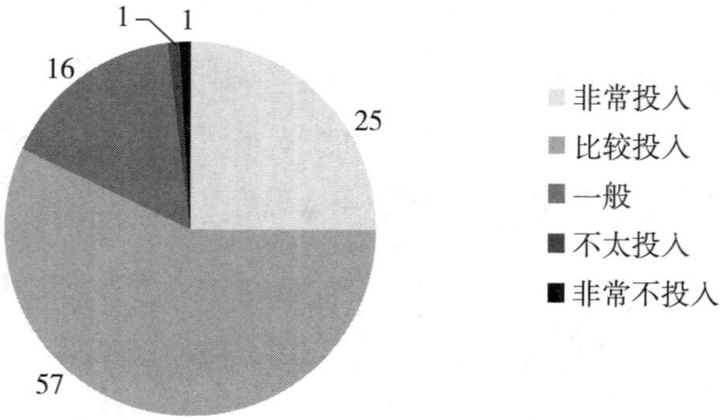

图 2.17　与大学指导教师交流时的投入程度（单位:%）

学校指导教师的交流互动中去。这些数据表明，大多数的实习生很重视实习工作，并且很重视与实习学校指导教师的交流。

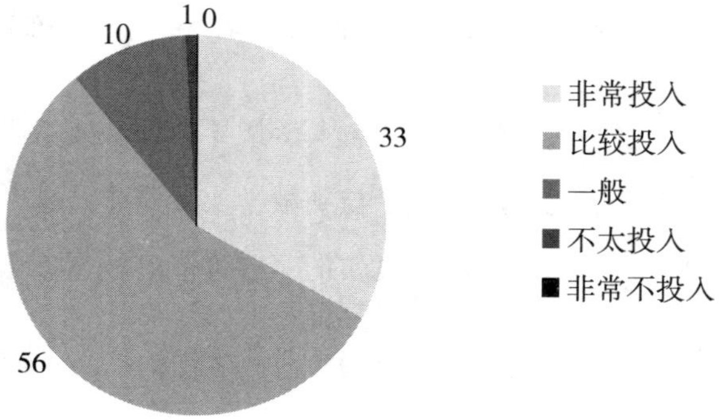

图 2.18　与实习学校指导教师交流时的投入程度（单位:%）

（八）指导教师的指导态度

除了实习生的投入程度以外，指导教师自身的态度也很重要。通过问卷调查我们获得的是实习生对指导教师态度的感知，它就像是一种“信号”，影响并引领着师徒互动的延展。如图 2.19 所示，大部分实习生都认为大学指导教师能够认真负责地对自己进行指导。其中，认为大学指导教师指导态度“非常认真”的达到了 34%、“比较认真”的达到了 50%，仅这两项就占到了总数的 84%。

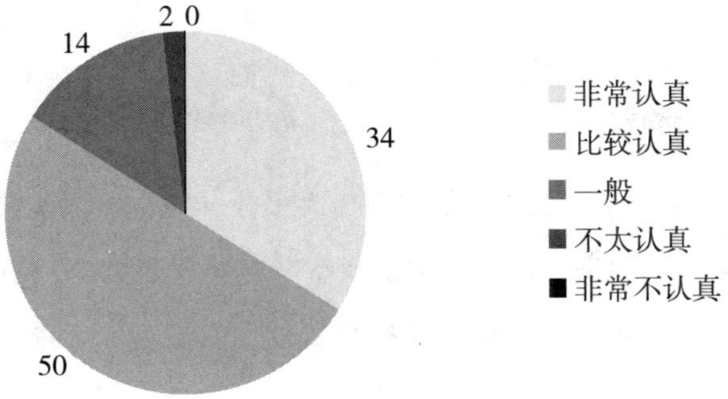

图 2.19 大学指导教师的指导态度（单位：%）

如图 2.20 所示，实习学校指导教师的指导态度绝大多数也是认真的。有 36%的实习生认为实习学校指导教师的指导态度“非常认真”，有 51%的实习生认为实习学校指导教师的指导态度“比较认真”。只有很少的一部分实习生反映实习学校指导教师的指导态度“不太认真”，仅占 1%。这说明总体来看，实习生认为实习学校指导教师比较重视实习工作和实习生的培养。

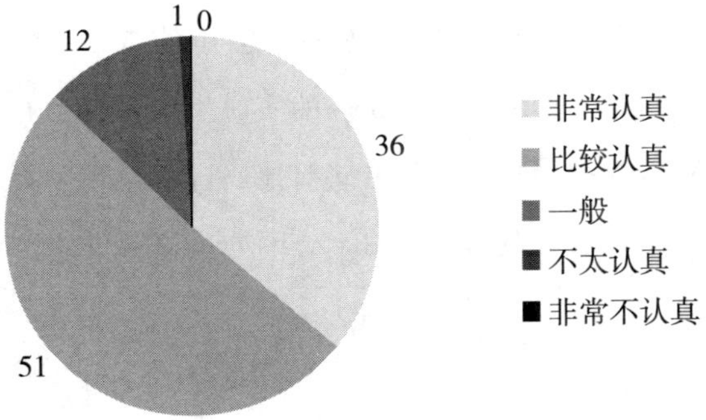

图 2.20 实习学校指导教师的指导态度（单位：%）

（九）指导教师的指导风格

良好的指导风格体现了指导教师的个人特质，它能够帮助实习生轻松且专注地进入实习状态。指导风格过于严格或者过于放任，都不利于实习生主体性的发挥。民主协商的指导风格有助于实习生和指导教师的互动，一个和谐、安全的氛围更能够帮助实习生倾诉自己的困惑，正视自己的问题，从而实现自己在实习期的专业成长。

如图 2. 21 所示，被调查的实习生大多数（72%）都认为自己的大学指导教师采用的是一种“民主协商型”的指导风格，只有很少一部分的实习生认为自己的大学指导教师属于“权威型”（12%）或“放任型”（14%）。

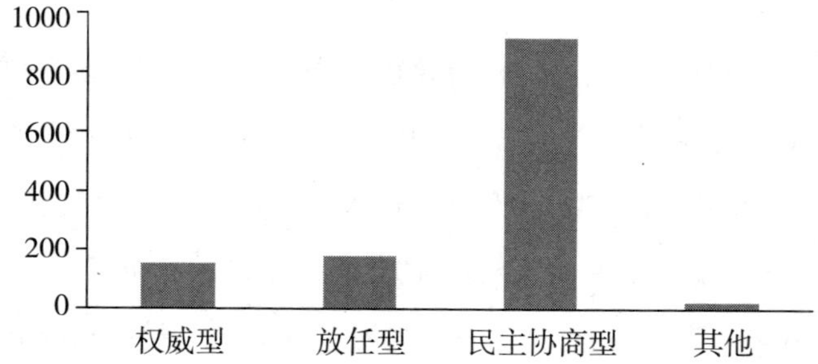

图 2. 21　大学指导教师的指导风格（单位：人）

与大学指导教师相比，实习学校指导教师的指导风格也是“民主协商型”占据主导。据统计，有 66%的实习生认为自己所在实习学校的指导教师采用“民主协商型”方式对他们进行指导，而采用“权威型”和“放任型”方式的各占 18%和 14%（见图 2. 22）。

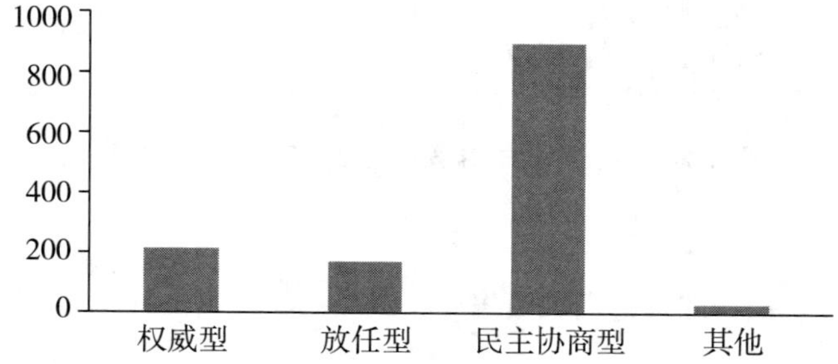

图 2. 22　实习学校指导教师的指导风格（单位：人）

上述结果反映的是实习生从问卷所提供的三种选项“权威型”、

“放任型”、“民主协商型”和“其他”中所做的选择，至于他们自己到底是如何理解诸如“民主协商”之内涵的，仅仅通过问卷调查其实难以了解透彻。本书第三章在讨论不同师徒互动类型对实习生学做教师的影响时，还会涉及类似议题。

（十）了解程度

有效的师徒互动需要以了解实习生的需要为前提。“了解程度”这个指标主要考察实习生对指导教师是否了解自己的困惑和面临的困难的感知。指导教师对于实习生的困惑和困难的了解，是实习生获得问题解决和个人收获的前提。

如图 2. 23 所示，认为大学指导教师“非常了解”（6%）和“不了解”（2%）实习生的困惑和困难的，都占少数。大部分的实习生认为自己的大学指导教师“比较了解”（48%）和“一般了解”（37%）自己实习期间的困惑。由此看来，这一项调查的数据整体呈“梭形分布”，即中间多两头少，这表明要大学指导教师达到对实习学生的充分了解还有难度。而现实中大学指导教师对实习生困惑了解程度居中的现象，很可能是出于实习生与大学指导教师交流的次数少、时间短、针对性不强等原因，这与我们前面的调查结果相互呼应。

大多数实习生认为实习学校指导教师与大学指导教师一样，对于实习生困惑的了解情况也仅处于“比较了解”（55%）的程度。但也有少部分实习生认为实习学校指导教师（10%）“非常了解”自己的困难，这个比例相比于大学指导教师要高（6%）。如图 2. 24 所示，仅有 4%和 1%的实习生认为实习学校指导教师对自己的困惑“了解很少”或“不了解”。

上述分析表明，实习生与大学指导教师互动的情况集中体现出如下特征：次数少、时间短，内容以教育教学理论为基础，实习生认为双方互动氛围融洽，教师指导风格比较民主开放。相较而言，实习生

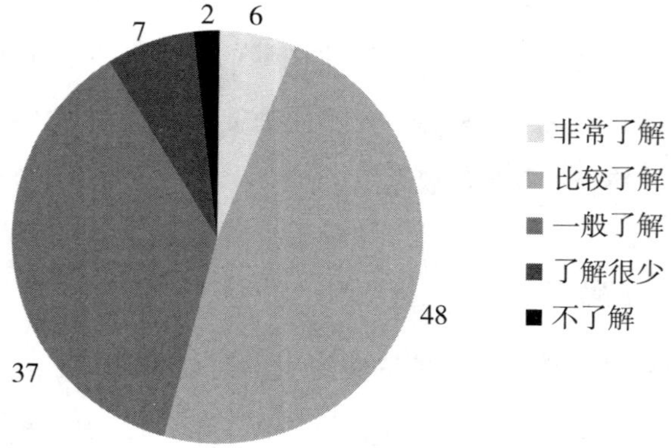

图 2.23 大学指导教师对于实习生困惑和困难的了解（单位：%）

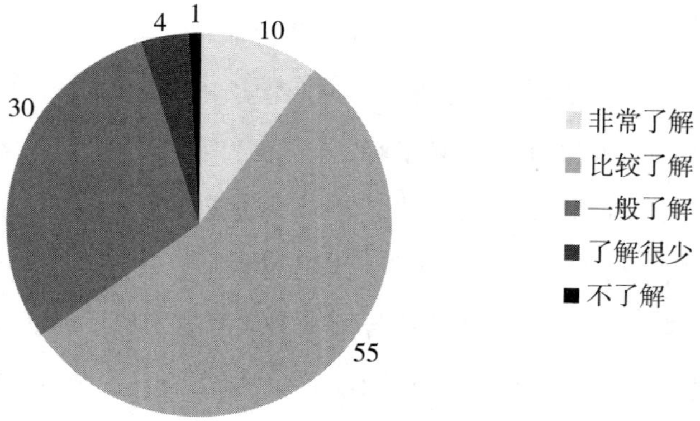

图 2.24 实习学校指导教师对于实习生困惑和困难的了解（单位：%）

与实习学校指导教师的互动次数略多，每次互动的时间也略长，特别是在互动的内容上，与实习学校指导教师的互动更多涉及真实教育情境以及教师职业特性。

二、实习生与指导教师的互动效果

如前所述，我们将“师徒互动”作为实习生知识转化与身份获得的媒介。我们认为，实习生与指导教师的互动次数、时长、方式、内容、氛围、投入状况，以及指导教师的指导态度、对实习生的了解程度等，对于实习生的问题解决和整体收获均有影响，这些影响会在实习期内乃至此后作用于他们的知识转化与身份获得。基于该理论假设，我们将师徒互动次数、时长、方式、内容、氛围，以及实习生的投入状况、指导教师的指导态度、指导教师对学生的了解程度等视为可能的“影响因素”。

那么，需要问的问题是：经过一个阶段的实习，实习生的实习效果究竟如何？按照研究假设和预先设定的问卷，我们重点关注实习生与指导教师互动后所发生的变化。这些变化被统称为“互动效果”，分成两个层次：“浅层结果”和“深层结果”。接下来，我们从这两个层面来分析实习生与指导教师的互动效果。

（一）浅层结果

“浅层结果”指的是指导教师对实习生困惑的解答，以及实习生自己主观感觉到的整体收获，它们是实习生与指导教师互动之后最直接获得的效果。

1. 问题解决

实习生与指导教师进行交流之后最显著的成效，直接表现为自己的问题和困惑能够得到解答。问题在多大程度上得到解决，也是双方互动情况的一个反映，良好的互动有可能达到良好的效果。

如图 2.25 所示，与大学指导教师交流后，64%的实习生认为自己的困惑“全部能解决”或得到“大部分解决”。只有 8%的实习生认为自己的问题没能得到解决或仅仅有少部分得到解决。

同样地，与实习学校指导教师交流之后，总计有 76%的实习生认为自己的困惑能够得到“全部”或者“大部分”解决；有 20%的实习生表示实习学校指导教师对于他们问题解决的帮助程度“一般”；仅有 4%的实习生表示实习学校指导教师能够“少部分解决”他们的问题（见图 2.26）。

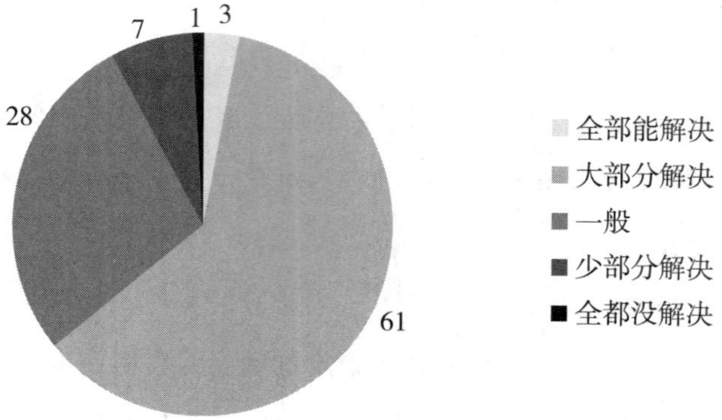

图 2.25　与大学指导教师交流后困惑和问题是否得到解决（单位：%）

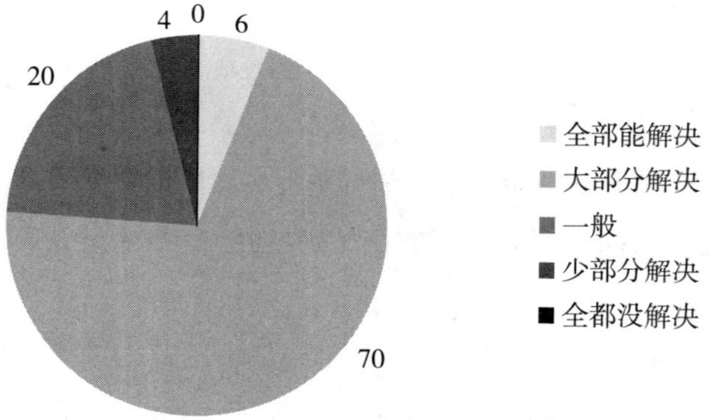

图 2.26　与实习学校指导教师交流后困惑和问题是否得到解决（单位：%）

2. 整体收获

实习生在与指导教师交流之后是否感觉到有所收获？这涉及反映浅层互动结果的另一道题目，我们意在从整体感知上探寻实习生对于自己与指导教师互动效果的评价。这里所说的“收获”可以是理论知识方面的，也可以是教育教学实践经验方面的；可以是情感支持方面的，也可以是教师身份获得方面的；还可以是多方面的综合。

如图 2.27 所示，绝大部分实习生表示自己在与大学指导教师互动后有所收获。其中 17%的实习生表示自己“非常有收获”，64%的实习生表示自己“比较有收获”。可见，大学指导教师在大多数实习生的实习工作中发挥了一定的作用。

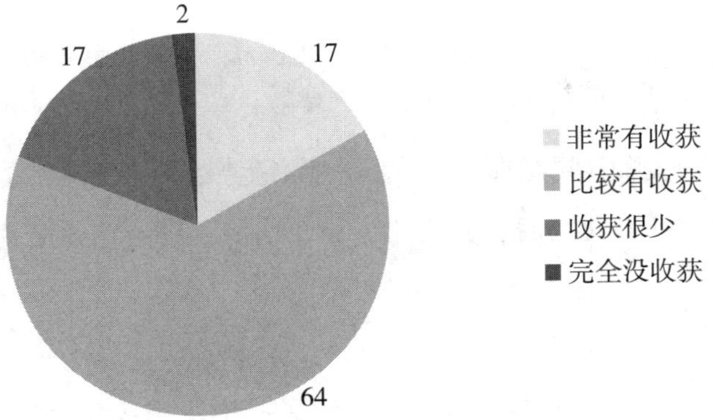

图 2.27　与大学指导教师交流后的收获（单位:%）

有关实习生与实习学校指导教师互动之后的整体收获，如图 2.28 所示，一部分（25%）实习生认为自己与实习学校指导教师交流之后“非常有收获”，大部分的实习生（62%）认为自己经历了一个阶段的实习之后“比较有收获”。两者之和的比例（87%）略高于大学指导教师带给他们“收获感”的比例（81%）。

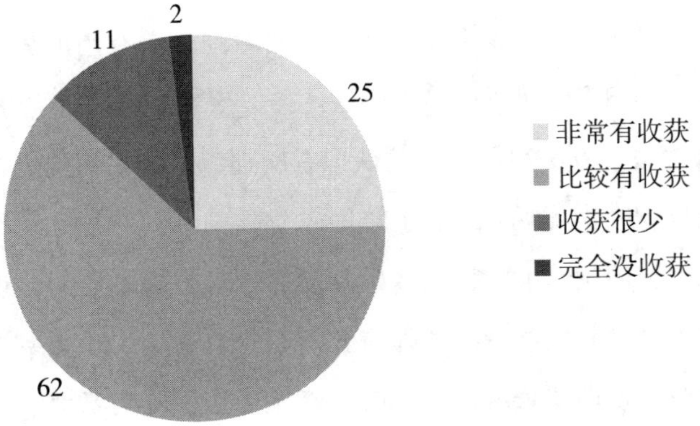

图 2.28　与实习学校指导教师交流后的收获（单位:%）

需要明确的是，实习生心目中的“收获”具体所指是什么，仅仅通过问卷调查仍旧难以明了，需要辅以深度访谈才有可能获知。为了了解实习生学习效果的具体情形，读者可以结合本书后面各章的内容进行比对和深入探究。

（二）深层结果

师徒互动的浅层结果会进一步对实习生产生深层影响，这体现在实习生的知识转化与身份获得上，故我们将这种影响命名为“深层结果”。

1. 实习后的知识转化

我们首先分析了大学指导教师对实习生知识转化方面的影响。本书中的“知识转化”，主要指的是实习生将理论知识转化为实践性知识的过程，如果实习生的理论知识能够有效指导实践并应用于实践，我们就认为实习生的知识类型发生了转化。用实习生的话来讲，这种知识“最能有效指导教育教学实践”，即“有用”等同于“转化”。

在实习之前，师范生已在大学里学习了诸多关于师范教育的课程，然而并不是所有的知识都能够运用于实习实践。在调查中，实习生们认为，在大学里所学的诸多知识中，在实习现场最有用的分别是教学法知识和学科知识。如图 2.29 所示，实习生在与大学指导教师互动后，对于“教学方法和策略”的认识有所加深。这说明他们在大学学到的此类知识在实习现场得到了转化。

其次，实习生与大学指导教师互动后，对教师职业的认识有所深化。虽然前文提到大学指导教师在教师职业道德和人际关系方面提供的指导较少，但即便是这样少量的交流互动，也使实习生觉得格外有用。我们推测，实习生在大学期间对教师职业缺少直观的认识，经过实习期间的亲身体验，在该维度上遇到的现实冲击导致了他们知识内容上更明显的变化。从这一点来看，实习生关于教育教学的知识已经不仅仅包括书本上的理论知识，而且涉及自我、专业、发展等命题，而这恰恰就是教师实践性知识的重要组成部分。

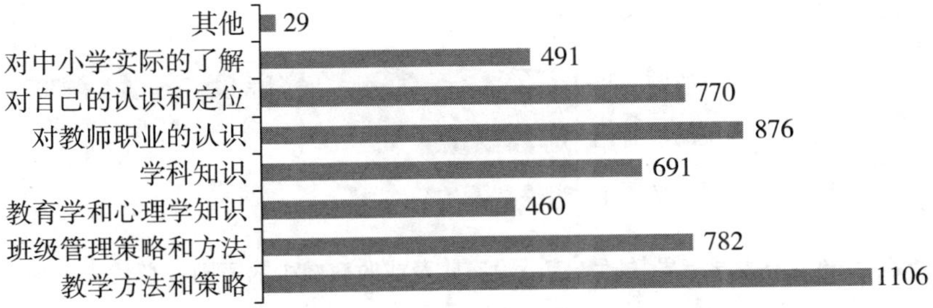

图 2.29　与大学指导教师交流后收获的知识（单位：人）

同时，也有部分学生（19%）反映，自己在与大学指导教师的互动中收获较少。我们进一步探究了导致这种结果的原因，并在问卷中设置了追问性题目。如图 2.30 所示，我们发现有两点原因较为突出。首先，由于客观原因的限制（如一名大学指导教师一个人带队指导 200 多位实习生，但自己并不住在实习学校，而且缺乏实习生所具有的学科教学背景），大学指导教师对于实习生的指导时间短、次数少，限制了实习生与指导教师的深入沟通。我们通过对被访实习生意见的统计发现，多数实习生认为“平均交流时间太短”是限制师徒互动的主要原因。

其次，部分实习生认为“指导教师说的没有用”。这是一个比较有意思的发现。为什么实习生会认为大学指导教师说的“没有用”？这在一定程度上解释了教育理论知识和教师实践性知识之间的差异。当实习生在实习期真正走入教学现场时，原有的教育学、心理学和学科教学法的理论就显得比较单薄，只有经过多年积累的教师实践性知识才能在教学一线派上用场。这也从另一个角度说明，大学的教师教育者对一线教师的实践性知识关注不够，才导致了自己理论与实践的脱节，也才导致了实习生认为大学指导教师“说的没有用”这一尴尬局面。

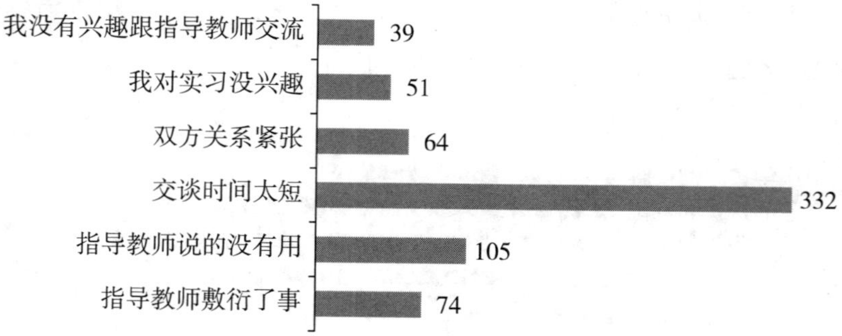

图 2.30　与大学指导教师交流后没有收获或收获较少的原因（单位：人）

注：无人选“其他”选项。

如图 2.31 所示，实习生与实习学校指导教师互动中的知识转化与其和大学指导教师互动中的知识转化相类似，均是以“教学方法和策略”为主，不同的是，“班级管理策略和方法”次之。实习生对于教师职业及自己的认识和定位也是其知识获得的一个重要方面。

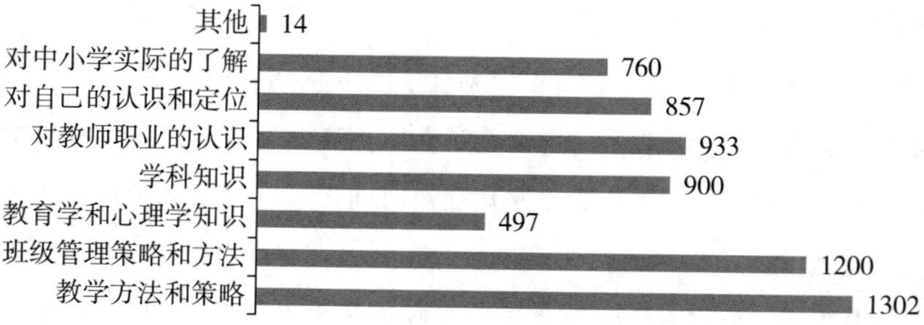

图 2.31　与实习学校指导教师交流后收获的知识（单位：人）

不过，如图 2.28 所示，也有很少一部分实习生表示，与实习学校指导教师的互动收获较少。我们同样通过在问卷中设计题目进行追问，对比此前与大学指导教师的互动情况，得到了有趣的发现。如图 2.32 所示，被调查的实习生认为，自己与实习学校指导教师互动收获较少的主要原因是交流时间太短，认为“指导教师说的没有用”的不占多数。与大学指导教师相比，实习学校指导教师对于实习生的影响更为“实用”，更突出了一线教师实践性知识这一独特知识类型的价值。

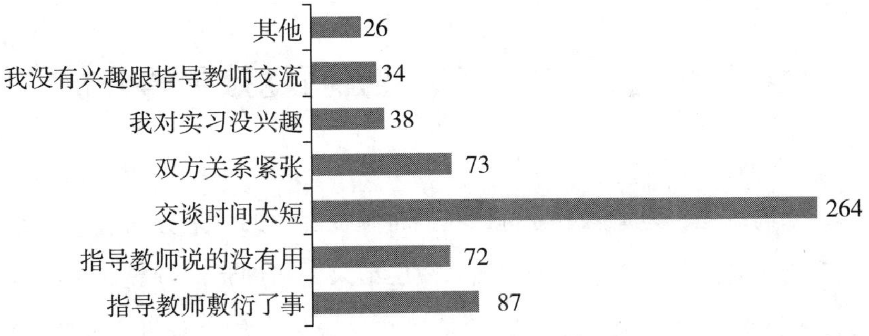

图 2.32　与实习学校指导教师交流后没有收获或收获较少的原因（单位：人）

2. *实习后的身份获得*

经过短暂的实习之后，实习生或多或少对教师职业有了更深一层的了解。实习生实习后的身份获得主要反映在他们对自己是否适合从事教师职业以及他们是否愿意继续从事教师工作这两个问题的回答上。

在自己是否适合从事教师职业方面，实习后，37%的实习生认为自己更适合当教师了，还有 33%的实习生认为自己一直都很适合当教师，实习与否都不会改变他们的自信，但也有 18%的人在实习后反而认为自己不适合当教师了。

而对于实习后是否愿意继续当教师这个问题，有 33%的实习生表示没有变化，还是喜欢当教师；有 31%的实习生表示原来喜欢，现在更喜欢了；而有 14.2%的实习生表示原来不喜欢，现在喜欢了；仅有 5%的实习生觉得实习使得他们今后不想从事教师职业。

实习生通过与指导教师互动而得到的“深层结果”借助于“知识转化”与“身份获得”两个方面得以体现。至于师徒互动是如何作用于这两个方面的，实习生又是如何逐步实现知识转化和身份获得的，实习生的知识转化与身份获得之间是什么关系，它们如何共同与师徒互动发生关联，这些问题很难用量化指标进行测量。我们在此处仅提出师徒互动对实习生的知识转化和身份获得产生了作用，后续章节会通过多个真实案例对其进行深度剖析。

第三节　实习生与指导教师互动效果再分析

如前所述，为了便于分析，我们将师徒互动的效果分为“浅层结果”与“深层结果”两个部分。“浅层结果”指的是“问题解决”与“整体收获”，“深层结果”指的是“知识转化”与“身份获得”。这样我们就得到了四组关系，即问题解决与知识转化、整体收获与知识转化、问题解决与身份获得、整体收获与身份获得。

一、问题解决与知识转化

在问卷中有关实习生“知识转化”的部分，我们设计了一道题目：“实习期间，您觉得在大学期间学习的哪些知识最有用?”通过问卷的形式，我们可以通过实习生认识上的变化来分析他们知识类型的转化。在这里，我们认为实习生能够“用得上”的知识就发生了从理论性向实践性的转化。

由于知识的类型是类别变量，不是等级变量，无法赋予数值，因此我们无法计算出知识类型与“问题解决”之间的相关系数。但是，我们依然可以通过对称度量分析，得出两者之间的相关趋势。

如表 2. 1 和表 2. 2 所示，与指导教师交流之后，认为问题能够完全解决的实习生，主要的知识支持来源于学科知识和教学法知识。首先，受我国基础教育分科教学传统的影响，学科知识是实习生的立身之本；其次，与学科知识、教育学知识和心理学知识相比，教学法知识的实践取向更加明显，更可谓是一种需要“做出来”的对教育教学的认识，是教师实践性知识的典型代表。

表 2.1 实习生与大学指导教师交流后问题解决及其知识转化的相关

		与大学指导教师互动后，您的困惑和问题解决了吗？				
		全部能解决	大部分解决	一般	少部分解决	全都没解决
学科知识	计数（人）	38	691	275	71	11
	百分比(%)	3.5	63.7	25.3	6.5	1.0
教学法知识	计数（人）	47	802	345	79	11
	百分比(%)	3.7	62.5	26.9	6.2	0.9
教育学知识	计数（人）	29	595	235	60	7
	百分比(%)	3.1	64.3	25.4	6.5	0.8
心理学知识	计数（人）	30	573	220	54	5
	百分比(%)	3.4	65.0	24.9	6.1	0.6
其他	计数（人）	6	50	25	8	2
	百分比(%)	6.6	54.9	27.5	8.8	2.2

表 2.2 实习生与实习学校指导教师交流后问题解决及其知识转化的相关

		与实习学校指导教师互动后，您的困惑和问题解决了吗？				
		全部能解决	大部分解决	一般	少部分解决	全都没解决
学科知识	计数（人）	77	823	176	37	3
	百分比(%)	6.9	73.7	15.8	3.3	0.3
教学法知识	计数（人）	79	935	243	48	1
	百分比(%)	6.0	71.6	18.6	3.7	0.1
教育学知识	计数（人）	52	692	173	31	1
	百分比(%)	5.5	72.9	18.2	3.3	0.1

续表

		与实习学校指导教师互动后，您的困惑和问题解决了吗？				
		全部能解决	大部分解决	一般	少部分解决	全都没解决
心理学知识	计数（人）	43	674	154	31	0
	百分比(%)	4.8	74.7	17.1	3.4	0.0
其他	计数（人）	7	64	21	4	0
	百分比(%)	7.3	66.7	21.9	4.2	0.0

与此同时，我们并不否认理论知识在实习生“学做教师”中的重要性。实习生会有意识或无意识地将自己积累的理论知识与新的教学经验融合在一起，生发出对教与学的重新理解，形成属于自己的实践性知识。虽然实习生在师范课程学习中累积了大量的理论知识，但由于缺乏教育实践经验，他们很难有效运用所学的理论知识。但是，如果他们把理论知识纳入自己的知识图式，并存储在记忆系统中，一旦进行教育教学实践活动，这些存储的理论知识就会对他们产生影响，最终产生从理论知识到实践性知识的转化。因此，实习生的知识转化要在真实的教育情境中发生。一方面，实习生的理论知识对其实践性知识的产生有积极作用；另一方面，只有在教育教学实践中，他们才可能真正发现理论知识的价值所在。

二、整体收获与知识转化

实习生“整体收获”与“知识转化”的相关如表 2.3 和表 2.4 所示，与指导教师互动后“整体收获较大”的实习生，对“教学法知识”在教学中的重要性感受更强。

同时，我们也不能忽视，“学科知识”在实习生心目中依然占据着相当重要的分量。这是因为，中小学教师对于学科的依赖性很强，教师的教学一定是基于具体学科内容的（Shulman，1987）。因此，在实习生看来，学科知识仍十分重要。

此外，也有不少“整体收获较大”的实习生认为，自己所学的“教育学知识”较有价值。这些实习生已经逐渐超越了“学科问题”而更多关注到了“教育问题”，这体现了实习生在知识的内容维度上从学科知识向教育学知识的转化。

表 2.3 实习生与大学指导教师交流后的整体收获及其知识转化的相关

		您与大学指导教师交流后，感觉有收获吗？			
		非常有收获	比较有收获	收获很少	完全没收获
学科知识	计数（人）	221	691	154	18
	百分比（%）	20.4	63.7	14.2	1.7
教学法知识	计数（人）	237	833	185	22
	百分比（%）	18.6	65.2	14.5	1.7
教育学知识	计数（人）	172	606	129	15
	百分比（%）	18.7	65.7	14.0	1.6
心理学知识	计数（人）	166	588	117	11
	百分比（%）	18.8	66.7	13.3	1.2
其他	计数（人）	16	58	13	3
	百分比（%）	17.8	64.4	14.4	3.3

表 2.4 实习生与实习学校指导教师交流后的整体收获及其知识转化的相关

		您与实习学校指导教师交流后，感觉有收获吗？			
		非常有收获	比较有收获	收获很少	完全没收获
学科知识	计数（人）	310	680	105	9
	百分比（%）	28.1	61.6	9.5	0.8

续表

		您与实习学校指导教师交流后，感觉有收获吗？			
		非常有收获	比较有收获	收获很少	完全没收获
教学法知识	计数（人）	333	805	132	21
	百分比（%）	25.8	62.4	10.2	1.6
教育学知识	计数（人）	236	603	86	13
	百分比（%）	25.2	64.3	9.2	1.4
心理学知识	计数（人）	230	580	76	9
	百分比（%）	25.7	64.8	8.5	1.0
其他	计数（人）	27	53	14	1
	百分比（%）	28.4	55.8	14.7	1.1

在此需要说明的是，实习生的“知识转化”通常是内隐的，我们通过问卷得到的实习生自己认为重要的知识类型，只是他们的“信奉理论”（阿吉里斯，舍恩，2008）。此处，我们只是验证实习生的“问题解决”与“整体收获”对其“知识转化”的影响，至于实习生究竟是如何“使用”他们的“理论”的，我们会在第四章通过案例的方式进行深度分析。

三、问题解决与身份获得

实习生的“身份获得”主要指的是实习生对于教师专业身份的认识和认同。在问卷的设计上，有两道题涉及实习生的身份获得：“实习后，您当老师的愿望有变化吗”以及“实习后，您觉得自己更适合当老师了吗”。我们将这两道题分别命名为“身份 1”和“身份 2”，列举了两个问题所有可能出现的情况，并在分析时将选项划分为正影响、负影响、没有影响三个等级，将其与实习生互动效果的浅层结果做相关分析。

如图 2.33 和图 2.34 所示，与大学指导教师交流之后，问题“大部分解决”的实习生在教师的“身份获得”上产生了更多的正向变化。

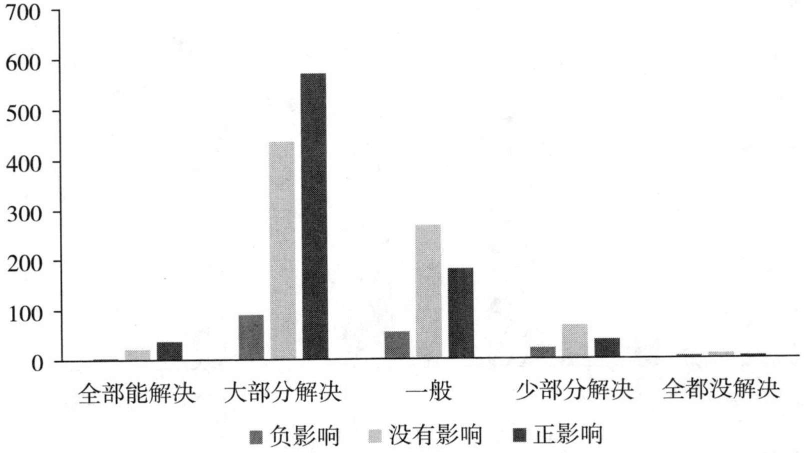

图 2.33 与大学指导教师互动后问题解决与“身份 1”的相关（单位：人）

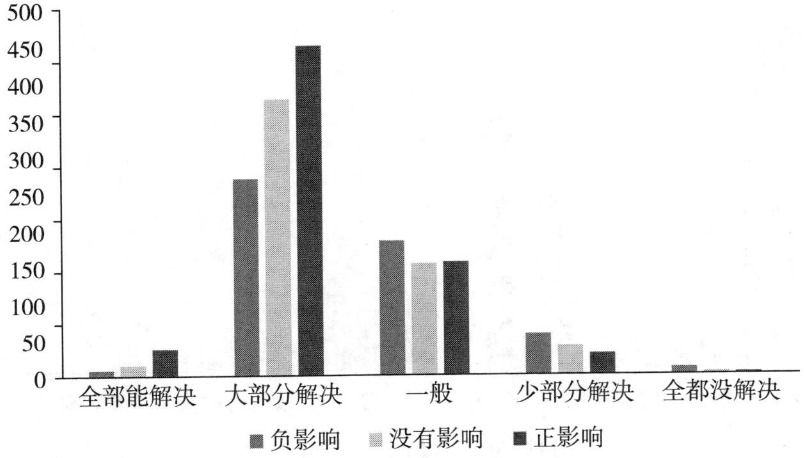

图 2.34 与大学指导教师互动后问题解决与“身份 2”的相关（单位：人）

同样地，与实习学校指导教师交流时，大部分问题能够得到解决的实习生更加认同自己的教师身份（见图 2.35 和图 2.36）。用心理学的观点能很好地理解这一研究结果：当实习生在实习期间的困惑和问题大部分能够得到解决时，他们就会对自己的工作充满信心，成功克服困难产生的成就感能够带给他们激励。他们对自己的工作越有信心，他们自我实现的水平就会越高，自然也就会更加坚定地致力于从事教师职业。

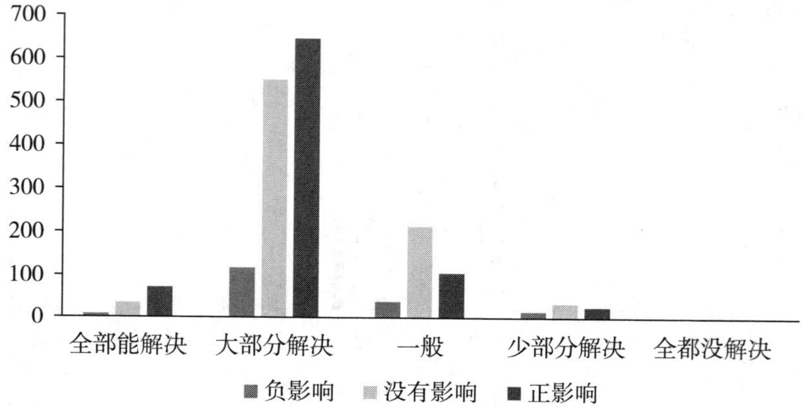

图 2.35　与实习学校指导教师互动后问题解决与“身份 1”的相关（单位：人）

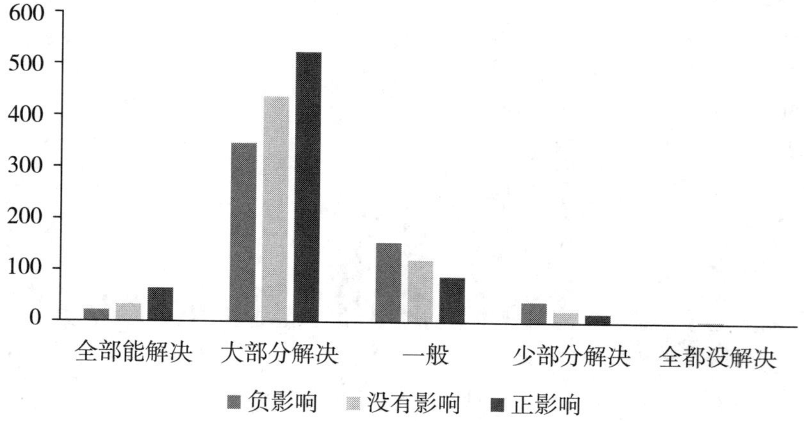

图 2.36　与实习学校指导教师互动后问题解决与“身份 2”的相关（单位：人）

四、整体收获与身份获得

我们认为，实习生对自我身份的获得来源于他们与周围环境的互动，互动过程如果产生更多的满意度和自我效能感，他们就会在人际互动中产生更多的情感能量（柯林斯，2009：153），“情感”也会成为他们身份获得的重要来源。实习生在实习期间的“整体收获”来自他们自己的主观评价，实习生与大学指导教师和实习学校指导教师互动后的整体收获越多，他们就越认为自己适合当教师，会更加坚定自己从事教育事业的决心。“整体收获”越多，他们对实习工作就越满意，也就对教师的工作有更多的认同，对教师身份获得自然就产生了正向的促进作用。

五、促进和阻抑：两种互动类型

综上所述，对实习生而言，知识转化与身份获得是在互动场域中实现的。与指导教师一起开展教育教学实践活动（如备课、上课、听课、说课、研讨等），在一定程度上会对实习生的学习产生影响。通过上述分析可以发现，与指导教师互动的若干基本元素影响了实习生的知识转化与身份获得。具体而言，互动次数多、互动时间长、互动内容聚焦学生关心的问题、互动氛围和谐融洽、实习生投入程度高、指导教师指导态度良好以及指导教师对实习生困惑了解程度高等，都对实习生的知识转化与身份获得起到“促进”作用；相应地，在这些维度上表现相反的元素则会起到“阻抑”的作用。

据此，我们对促进和阻抑实习生知识转化与身份获得的互动因素进行了区分（见表 2. 5），并将问卷中涉及的互动指标作为定义“促进型”与“阻抑型”的基本维度。在后续章节中，我们将沿用这两种互动类型的划分，对案例实习生的实习效果进行深度探讨。

表 2.5　促进和阻抑实习生知识转化与身份获得的互动因素

	促进型←————→阻抑型
互动次数	多←————→少
互动时间	长←————→短
互动内容	实习生关心的←————→实习生不关心的
互动氛围	融洽←————→不融洽
实习生的投入程度	投入←————→不投入
指导教师的态度	认真←————→不认真
指导教师了解实习生的程度	高←————→低

需要说明的是，促进型与阻抑型并不是两种绝对对立的互动类型，两者之间是一个连续体。而且，我们在质性研究部分发现，实习生与指导教师的互动关系与其学习效果之间，其实存在非常复杂的关系。有时，彼此的互动关系是正向的，但实习生的学习效果却是被阻抑的；而有时，师徒互动关系是反向的，实习生的学习效果却是被促进的。当然，通过简单的定量研究难以揭示如此复杂的关系，我们在后续章节中将通过案例来阐述这些扑朔迷离的情形。

第四节　问卷分析的结论与解释

在一年多的时间里，我们在全国七个省份进行了大规模的问卷调查，针对实习生与指导教师互动及其对实习生知识转化和身份获得的影响做出了分析。本节对问卷调查的主要发现进行总结，并结合互动仪式链理论，重点探讨实习生与指导教师互动的物理条件（身体共在）和心理条件（情感状态）的相互作用机制及其产生的结果。

一、互动中的身体共在

本问卷调查首先要回答的问题是：实习生与指导教师互动的基本情况如何？我们通过描述性统计发现，大部分实习生在实习期间与指导教师的互动次数都比较少。一个实习阶段结束后，许多实习生与大学指导教师的互动次数不超过3次，与实习学校指导教师的互动次数不超过5次。另外，实习生与指导教师每次交流的时长也很短，基本上不超过30分钟。在如此少的交流次数、如此短暂的交流时间之内，实习生从指导教师身上汲取的经验是有限的。这种现状需要引起我们的重视，因为互动仪式链理论告诉我们，互动发生的前提是“共同的行动和事件”以及“身体共在”。

互动仪式链理论中的“互动仪式”，可以是正式的典礼，如宗教仪式、政治仪式；也可以是没有模式化程序的自然仪式，比如谈话、肢体的触碰等。不论形式如何，互动发生的前提条件一定是“共同的行动和事件”以及“身体共在”。柯林斯（2009：93-106）在互动仪式链理论中，特别强调了身体参与的重要性。他认为，个体在互动中不仅是在接收一种共有的情感体验，更重要的是需要倾诉自己对于这份情感体验的感受。这是一种“想说”的欲望。其中，身体接触，例如击掌、抚摸、拥抱是重要的情感分享机制。柯林斯在《互动仪式链》一书中，列举了很多有关亲身在场增强认同感的例子，如观看音乐会与听唱片、看现场球赛与看电视转播等之间的差异。该理论也提出了一个预测，即人类的社会活动越是通过远程媒介、以强度较低的互动仪式来开展，人们就越会觉得缺少团结感，也越会缺乏对共同符号物的尊重，以“情感能量”形式表现的热情和个人动机也会越少（柯林斯，2009：105）。因此，物理空间和时间上的“身体共在”，是产生良好互动效果的基本保证，也是本研究提出的促进型互动的基本特征之一。

在本研究中，实习生与指导教师之间共同的活动是备课、上课、评课、研讨等等。我们关注实习生与指导教师交流的次数、时长等因素，就是要突出在这些活动中双方身体共在的频率对实习生的影响。我们认为，增强实习生与指导教师互动的次数、时长，是实习生学有所得的首要前提。如何为实习生创造更多的互动机会，以便汲取指导教师的实践经验，实现自身的知识转化与身份获得？这是我们需要特别关注的问题。

二、互动中的情感状态

在互动仪式链理论看来，互动链条建立的核心机制是“高度的相互关注”，即高度的互为主体性与高度的情感连带，从而形成与认知符号相关联的成员身份感。虽然交流的时间和次数都有限，但是大多数实习生反映，不论是大学指导教师还是实习学校指导教师，其指导态度都“很好”，指导教师的指导风格多为“民主协商型”，实习生自己良好的投入状态也保障了其有所收获。

不仅表层的互动行为对实习生的知识转化与身份获得有显著影响，互动双方深层次的互动态度、情感、投入状态等，也对实习生的实习效果产生了明显的作用。这样的互动同时也为每个参与者带来了情感能量，使他们感到有信心、热情和愿望去从事他们认为道德上容许的活动（柯林斯，2009：79）。从这个角度来看，互动所产生的“情感能量”并非心理学意义上的“情感”，它是一种对参与社会互动与获得成员身份的渴求，带有明显的社会取向。对个体而言，对情感能量的追求虽是一种自我满足的行为，却在客观上有利于促成群体的团结（王鹏，林聚任，2006）。这也就能说明，为什么良好的互动氛围和指导风格能够帮助实习生尽快获得对自我的认同和群体的接纳。

因此，实习生与指导教师的互动也是一种情感能量的创造，在高度的情感共享状态下，指导教师帮助实习生在互动中有所收获，达到知识转化与身份获得的目的。指导教师营造的和谐互动氛围，形成的良好指导风格，对于实习生的实习收效至关重要。特别是在中国特有的社会-文化环境之下，不同的互动氛围和人际关系，对于实习生的学习结果有不同的影响，在接下来的章节中，我们将从黄曬莉（2007）的研究入手，对两种互动类型做进一步的细分，更加关注微观人际互动在其中的作用机制。

在这里，我们可以借鉴人本主义心理学家罗杰斯的观点。罗杰斯建议，教师应从学习者的角度去理解其思想、情感及对客观世界的态度，不对学生做定性评价，而只表示同情、理解和尊重。这种理解能拉近师生间的心理距离，并促使学生积极学习（方展画，1990）。该观点进一步印证了行动科学关于安全氛围有助于学习发生（阿吉里斯，帕特南，史密斯，2012：252-257）的论点。阿吉里斯等指出，如果我们要在“社会实践的社群”中创造“知识探究的社群”，就需要营造一个安全的氛围，打破个体的心理防御机制，促进学习的发生。实习实质上是实习生在工作场域的专业学习，他们不仅在尝试将大学所学到的教育教学理论应用于实践，同时也在实际境遇中推动着新的学习的发生，最终导向我们所期望的知识转化与身份获得。我们关注实习生与指导教师的互动氛围，正是要说明，在这个蜕变的过程中，实习生与指导教师良好的情感互动状态对其知识转化与身份获得至关重要。

三、互动与实践智慧

至此，我们从物理条件与心理条件两个方面论证了社会互动对于实习生知识转化与身份获得的影响。为了促进实习生的成长，指导教师不仅需要采取恰当的指导方式和方法，还需要在情感态度、氛围营造方面有所投入。指导教师与实习生互动的意义在于：帮助实习生感知具体的教育情境，让他们有更多的切身体验，同时促使他们结合自己在大学所学到的理论知识，对自己的感知和体验进行反思，形成与教育情境相关的实践性知识。因此，在师徒互动中，实习生真正需要积累的是“实践智慧”，是对实践的个性化认知与感悟。正如卡萨尔斯和柯萨根（Kessels，Korthagen，2001）所言，教师教育者的任务就是要帮助实习生探索并提炼他们自己的感知，最终将“大写的理论”（THEORY，即理论知识）与“小写的理论”（theory，即实践性知识）连接起来。

然而，令人不安的是，本问卷调查的数据表明，实习生与大学指导教师的互动内容主要集中于“教学方法和策略”以及“学科知识”等；实习生与实习学校指导教师的互动虽然涉及了对教师职业的认识，但是“教学方法和策略”方面的互动仍然占较大比例。在我国的教师教育课程中，学科知识和教学策略知识都偏重理论思辨，提供的往往是脱离具体教学情境和问题情境的原理性说明。虽然在中国注重学科知识的教育传统之下，实习生认为学科知识与教学策略知识对于指导自己的教学实习更为有用，但是从更长远的角度来看，学科知识占据互动内容的主导地位，并不利于实习生实践智慧的生成。如果职前教师教育项目能够提供更多贴近实践的课程，那么实习生的知识转化过程就会更快，对教育教学工作的适应也会更顺畅。

此外，不论是大学指导教师还是实习学校指导教师，其指导形式均以集体指导为主。在集体指导的情境下，指导教师一个人面对多名实习生，指导缺少个体针对性。很显然，这种方式也不利于指导教师针对实习生的个人需要和能力，发掘和培养他们的实践智慧。

当前，我国师范教育面临的一个严峻问题是：为什么师范生学了教育学理论还是不会教书？从我们调查的数据来看，大多数指导教师对实习生的指导还是停留在理论层面，很难对实习生实践性知识的生成有所助益。施瓦布告诉我们，与理论相一致的教学常常不能体现实践的特征，他将“理论样式”的失败归因于理论和实践之间的脱节及行为科学自身的理论特点（韦斯特伯里，威尔科夫，2008：263）。实习生在教育现场的实习，并不是一个把现成的理论知识直接运用于教育实践的过程，而是一个将他们的知识和经验与教育情境交互作用，通过个人独立反思和集体合作审议，解决真实复杂的教育实践问题，进而形成个人实践智慧的过程。

实习生的培养是职前教师教育的重要一环，实习生的指导教师需要从理论性思维转向实践性思维，更加重视实习生在工作现场的专业学习，结合真实的教育教学情境对实习生展开有针对性的指导，并促进他们自主反思能力的提升。只有真正走向教师实践智慧的培养，方能让他们学会在复杂的教育情境中游刃有余地教学。

实习生的指导教师还需要认识到，教师的实践智慧不是被塑造的，而是自我理解、自主变革和自我发展的结果。因此，实习生与指导教师的互动，并不是一个简单的线性流程，而需要指导教师在互动的隐形场域中推进实习生的个人反思，创造他们在未来从教之路上持续进行专业发展的可能性。

本章小结

通过大规模问卷调查，本章呈现了实习生与指导教师互动的基本情况及其对实习生知识转化与身份获得的影响，验证了“互动”作为职前教师专业发展重要中介的假设。问卷调查的结果表明，在我国当前指导教师与实习生“指导-被指导”的互动关系中，各种客观与主观的因素（例如互动的频率、时长、内容、氛围、投入程度等）构成了“促进”与“阻抑”的双重力量。据此，我们借助社会学和教师教育的相关理论，对研究结果做出了学理层面的探讨。在问卷调查结果的基础上，我们建议指导教师增加与实习生的互动次数与时长、营造和谐的互动氛围以保证互动效果的达成，并努力从理论性思维转向实践性思维，帮助实习生养成实践智慧。

但是，在这些可观察、可测量的指标背后，我们还需要看到两种互动类型的内隐机制，将“互动”作为焦点，进一步探究实习生与指导教师互动的内在机理，例如：实习生与指导教师究竟采用了何种互动模式？实习生和指导教师对于互动行为是怎么解释的？指导教师是如何帮助实习生完成知识转化与身份获得的？如何进一步规范教育实习，引导大学理论学习与教育实习的衔接？这些问题还需要我们在个案研究中深度挖掘，这也是后续章节将呈现的内容。

第三章 识别教育实习的互动模式

在采用定量研究方法，总体呈现师徒互动的基本情况及其对实习生学做教师的影响后，本章采用质性研究方法，归纳出师徒互动的基本模式，并分析这些模式对实习生知识转化和身份获得的影响。在呈现典型案例以及与有关理论对话的基础上，本章还分析了中国社会-文化语境下影响实习生与指导教师互动模式建构的主要因素。

第一节 互动模式分析框架的探索

质性研究是以研究者本人作为研究工具，在自然情境下，采用多种资料收集方法（访谈、观察、实物分析），对研究现象进行深入的整体性探究，从原始资料中形成结论和理论，通过与研究对象互动，对其行为和意义建构获得解释性理解的一种活动（陈向明，2000：12）。在这个过程中，研究者既要向研究对象“投降”，真实地再现研究对象的行为世界及其自身的意义理解，又要承担解释者的角色，“进行推理、提出见解、赋予意义、升华理解、得出结论及推断寓意”（哈奇，2007：181），用新的视角对司空见惯的经验世界做出有意义的诠释。

实习生与指导教师互动模式分析框架，就是在研究者的意义世界与研究对象的行为和意义世界互动、对话的基础上逐步生成的。其形成过程充分体现了质性研究设计循环往返、不断演进、不断聚焦的动态生成性，在步步逼近师徒互动的真实状态的同时，也越来越明确地回应了本研究所关注的核心问题。

一、行动科学理论下的互动模式

我们借助阿吉里斯和舍恩的第一型使用理论和第二型使用理论（见表 1.1）分析实习生与指导教师的互动状态，并初步提出了Ⅰ型互动和Ⅱ型互动两种模式。

处于Ⅰ型互动模式下的实习生和指导教师通常表现出如下特点（阿吉里斯，舍恩，2008：69-72）。（1）指导教师单方面地设计并管理环境，拥有并且控制任务，不注重了解实习生设计教案以及采用某种教学方式的理由，而是直接提出改进意见，并要求实习生按照自己的建议去做。（2）指导教师采用单方面自我保护策略，不向实习生明言自己面对这种问题时的困惑、无奈，而是装出对这种问题的处理很有经验、胸有成竹的样子；或者为了维护自己的利益，向实习生隐瞒真实情况和信息，不全力提供帮助。（3）指导教师表现出单方面保护他人的行动策略，碍于面子，不明言实习生的不足，或者虽对实习生有种种不满，却压抑自己，貌似和气地与之相处。

而在Ⅱ型互动模式下，指导教师首先会努力“使设计和管理环境成为双边任务”（阿吉里斯，舍恩，2008：89），注意充分听取、了解实习生设计和组织教学的理由，在尊重实习生意见和想法的基础上，与其交流自己的想法和意见，双方共同设计教学目标和教学过程。其次，指导教师能够以促进双方成长为目的，真实地向实习生展示自己的困惑或不足，最大限度地向实习生提供有效信息，虚心接受实习生对自己教学的意见或建议。同时，指导教师也能开诚布公地表达对实习生的真实看法，与之交换意见。此外，指导教师和实习生能够公开交流各自的想法，而不是私下里揣摩，暗地里评判。

这两种互动模式的根本区别在于两点。

第一，开放性：互动双方是否乐意以开放的态度改变自己的行为。如果一方想当然地认为自己的使用理论是对的，不需要改变，就必然认为自己有权“单方面设计并管理环境”，“拥有并控制任务”，“尽可能赢，避免输”，使自己确定的目标得以实现，而不考虑对方的需要和目标，更不会根据对方的情况做出必要的改变。相反，如果互动双方能以开放的态度对待自己的使用理论，“坚信自己的使用理论（因为能够形成对使用理论的内在承诺），但同样乐意检测并且验证这些理论”（阿吉里斯，舍恩，2008：90），必要时修正它们，那么双方就会乐意听取对方的意见，乐意共同设计和控制任务，从而走向Ⅱ型互动。

第二，公开性：互动双方是否愿意公开检验假设。如果双方只是私下里偷偷地进行主观归因和推测，不以可直接观察的行为为依据，或者不给对方质疑自己假设的机会，那么双方就会单方面地自我保护或保护对方，走向Ⅰ型互动。相反，如果双方公开检验自己的假设，真实地向对方展现自己的想法，就会努力“使自我保护或保护他人成为一种合作行为”（阿吉里斯，舍恩，2008：89），达到促进双方共同成长的目的。

因此，在Ⅰ型互动模式下，实习生通常只能进行单路径学习（见图1.2），学到一些教学技术、策略和方法。如果这些技术、策略或方法运用成功，实习生的教师身份感就会增强，反之则会削弱。而在Ⅱ型互动模式下，互动双方的开放性和公开性会使实习生既可能进行单路径学习，也可能进行双路径学习，即开始审视并反思支配自己行动的内在信念。而这种对自己行为进行深层反思的能力，会给实习生的知识转化和身份获得带来实质性的变化。

虽然我们在研究设计之初精心勾勒出上述研究框架，但进入研究现场后我们很快发现，这一来自西方的研究框架，不足以充分体现中国式师徒互动的交流方式和文化特点。我们的预研究发现，在真实的教育实习场景中，实习生与指导教师的互动几乎都是Ⅰ型，很少有Ⅱ型。

分析个中原因，首先，我们在研究设计之初没有充分考虑到Ⅱ型互动在现实社会生活中很难自然发生，行动科学几十年的研究已发现“第一型的普遍性”。无论对个人而言，还是对组织而言，大多数人都习惯于第一型行为（阿吉里斯，舍恩，2008：xxii）。如果没有强有力的组织干预和学习的话，Ⅱ型互动是很难发生的。

其次，我们发现，Ⅱ型互动所要求的“公开性”不符合中国人所习惯的交往方式。很多时候，中国人采取单方面自我保护或保护他人的行为，通常不是为了单方面控制任务，也不是为了掩藏有价值的信息，而仅仅是为维护自己或对方的面子。因此，在有些案例中，我们发现，实习生和指导教师在互动中都具有足够的开放性，乐于检验并修正自己的使用理论，但很难做到公开，即当面向对方真实坦露自己的不满或怀疑。因此，我们认为，有必要扬弃最初这一来自西方学者的理论分析框架，立足于中国人的人际交往心理和行为特征，建构更具本土特色的互动模式分析框架，以便在与西方学者的对话中深刻理解中国式师徒互动的基本特点及影响。

二、“仁-礼”框架下的互动模式

中国人人际互动中缺乏公开性既可能是一种“礼”的外在要

求——对人要有礼貌，也可能出自一种“仁”的内在关怀——为了对方好，不要伤害别人。[①] 中国人在人际互动中特别关注两点。（1）互动的外在形式是否守“礼”，讲究礼貌，合乎礼仪，遵守礼节。通常，互动双方的关系越远，互动中“礼”的成分就越高。（2）互动的内在指向是否发自“仁”，互动的出发点是否确实是为了对方好、为对方着想。在互动双方关系较近的情况中，“仁”的价值特别明显。比如，在建立起充分信任关系的师徒互动中，即使指导教师的行为方式比较强势，但只要实习生由衷地认可其互动目的中所包含的“仁”，也会认真听取指导教师的建议。

由此，我们决定用“仁”和“礼”来表征实习生与指导教师互动情境的内在实质和外在形式，用二者相交构成的四个象限表征出四种互动模式（见图 3.1）。在具体描述这四种互动模式时，我们呈现了指导教师面对实习生的基本行为表现。

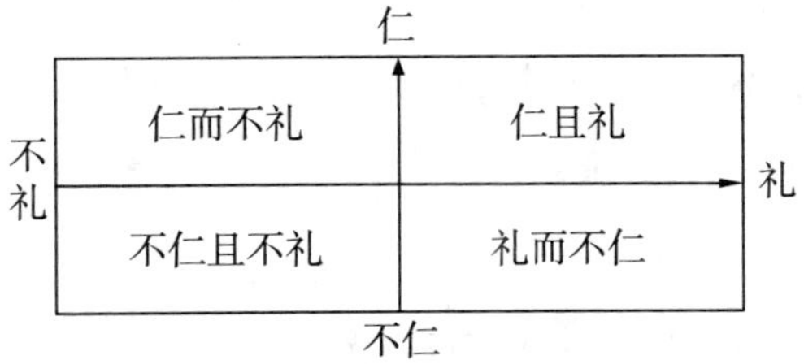

图 3.1 “仁”与“礼”框架下的互动模式

仁且礼。儒家传统讲究人际互动要依于“仁”、成于“礼”，“礼”的精神实质就是为了行“仁”。在这种指导状态下，指导教师表里如一，表现出如下特点：以一切为了实习生好、使其在实习中有最大收获为互动目的；采用实习生喜欢的方式方法提供指导，让实习生接受、采纳自己的建议；通过启发、鼓励、引导或欣赏等方式发挥实习生的

---

① 仁和礼的分析框架的提出最初主要受江涛的启发，后在大家的共同努力下不断丰富、完善。

潜能。

仁而不礼。在这种指导状态下，指导教师主观上能以一切为了实习生好、使其在实习中有最大收获为互动目的，但在方式方法上比较生硬。比如，对待实习生的态度简单、强势，强制性地要求实习生按照自己的意见办，不考虑实习生的想法和感受。

礼而不仁。在这种指导状态下，指导教师主观上仅把实习当作一项“公事公办”的制度安排，以完成基本任务为目的指导实习生，并不关心实习生到底有无收获。但在方式方法上，指导教师能够做到谦和有礼，让实习生感觉与其相处融洽。比如，根据需要给予实习生建议，但并不强制性地要求对方接受；注意肯定实习生的长处，让对方感觉得到被认可。

不仁且不礼。在这种指导状态下，指导教师主观上仅把实习看作一项“公事公办”的制度安排，以完成基本任务为目的指导实习生，并不关心实习生到底有无收获。教师对实习生的工作没有必要的要求，放任自流，不管不问。在方式方法上，这类教师态度简单、强势，只强制性地要求实习生按照自己的意见办，并不考虑实习生的想法和感受。

我们在建构上述互动模式分析框架时，考虑了中国人的人际交往心理，并试图涵盖实习现场师徒互动的多种可能性（陈向明，曲霞，张玉荣，2014）。但用此框架分析资料时，我们明显感觉到一些话语被赋予的意义与被研究者（特别是实习生）的解释有所不同。例如，指导教师的一些在我们看来“不礼”的行为，比如对待实习生方式简单、态度强势，不尊重实习生的意见等，在相当一部分实习生看来是很正常的现象：“毕竟她教学这么多年，她比我有经验，她说的比我对”，而自己“要经验没经验，要能力没能力”，所以，“自然要多听指导老师的”。可见，在实习生眼里，指导教师对待他们的方式都不是无“礼”之举，只是有些方式是他们非常喜欢、感觉“很舒服”的，有些方式让他们感觉“不太舒服”而已。因此，出于对被研究者的意义解释的尊重，我们决定在深入学习中国人人际交往理论的基础上，进一步调整和完善研究的分析框架。

三、华人人际关系理论下的互动模式

此时，黄曬莉的“华人人际和谐与冲突理论”进入了我们的视野。黄曬莉（2007：9）综合考察国内外学者关于中国人的冲突心理的研究后得出结论，与西方人正视冲突的心态不同，中国人的人际关系则在和合化与分别化的辩证之下，以“和”为最高的指导原则与理想境界。因此，中国人的人际交往中有一种规避冲突的心态，互动双方即使对对方有很强的不满，通常也不会“撕破脸”走向冲突，而是会维持一种貌似和谐的状态。我们认为，正是这样一种规避冲突的文化心理，使大多数实习生不认为指导教师的放任自流或简单强势是无法容忍的无礼之举。加之，在当前的实习制度安排下，实习生和指导教师的关系本身就是一种因应制度需要、短暂松散的关系，大家在这短短的几个月里，会尽量维持一种表面和谐顺畅的关系，不会与对方撕破脸，发生直接冲突。因此，从实习生的视角看，他们与指导教师的互动关系基本上属于“仁且礼”或“礼而不仁”的状态就是完全可以理解的了。换言之，我们之前设计的四种互动模式中，“仁而不礼”和“不仁且不礼”在实习生眼中基本不存在。

黄曬莉（2007：95-96）进一步将华人的人际和谐策略分为“实性和谐”与“虚性和谐”两大类。“所谓‘实性和谐’系指两人（或两成分、两单位、两力、两团体等）之间统合无间、和合如一的和谐状态”，“但是，这样的和谐终究只是一种理想的状态，在世俗中是难能可贵的”。因此，更多的实性和谐是“实中带虚”的和谐，即“和谐中潜藏着可能导致不和的因子，只是尚未被察觉或触动而已”。“虚性和谐”是指：“表面上维持和谐，台面下却暗藏着不和。”这时互动的双方已经触动或察觉到一些不和的因子，但没有将其公开化，而是“运用各种和谐化解方式”，“试图化解不和，以转化为实性（带虚）和谐，或扩大不和之容忍力，以维持表面上之和谐”。因此，这种和谐也是一种虚中带实的和谐，具有转化为实性和谐（带虚）的可能性。

总之，在黄曬莉看来，“实性和谐”和“虚性和谐”的区别主要在于人际交往中的“不和”因子是否被察觉或触动。而决定“不和”因子是否被察觉或触动的根本要素，是互动中一方对另一方互动目的——仁与不仁——的判断。如果一方认为对方与自己互动的目的指向仁——“为我好”或是出于某种正当的目的，那么即使察觉到了“不和”，他们也会认为这是可以理解的，而不愿去触动它。相反，如果认为对方与自己互动的目的“不仁”，如对方自私自利、另有所图，但自己又不想将不满公开化，便会用基本的相处之“礼”与之交往，维持表面上的和谐。在这种虚性和谐状态下，如果出现了某种转机，让一方发现了另一方的好（仁），那么这种虚性和谐就有向实性和谐发展的可能。相反，一方如果对另一方的不满一再累加，到了不想容忍的地步，就会采取不“礼”的方式将不满公开化，走向冲突。至此，我们在原有的“仁”和“礼”框架与黄曬莉的“华人人际和谐与冲突理论”之间找到了结合点，并使“礼”的含义最大化地体现出被研究者的本土理解。

黄曬莉还进一步将实性和谐区分为投契式和谐、亲和式和谐和合模式和谐，将虚性和谐区分为区隔式和谐、疏离式和谐和隐抑式和谐。我们认为，这六种互动类型与“仁-礼”互动模式框架下“仁且礼”和“礼而不仁”两个象限内的具体互动形态有所类似（见图 3.2）。

“投契式和谐”，是一种君子之交淡如水式的互动。黄曬莉（2007：169）认为，这一和谐类型容易发生在朋友之间，双方没有利害关系，地位相对平等，相处时以分享为主，在分享中没有批评、挑

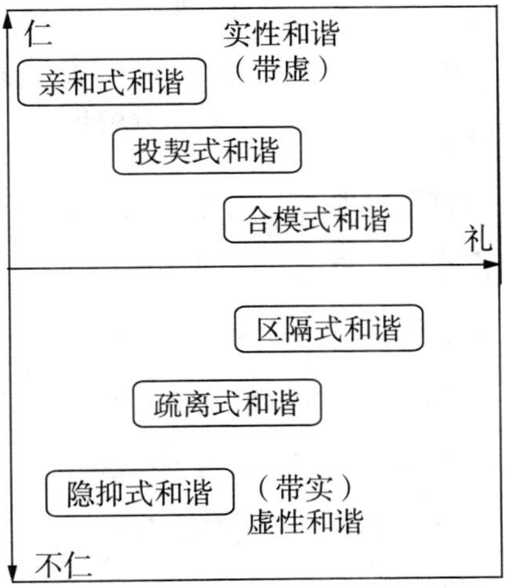

图 3.2　华人人际和谐与冲突理论下的互动模式

别，彼此真诚以待并且互相尊重。在这种和谐状态下，互动双方的主要情绪感受特征是“自由自在、轻松自然、没有束缚、没有压力，又有相知相契、意气相投、投缘之感”。

“亲和式和谐”主要发生在亲人或拟似亲人之间，“彼此相处时是以情义为取向，主动地付出，关心对方，体贴对方，甚至迁就对方，顺其情、顺其意，目的就是让对方开心、满意，必要时也可以自我牺牲”。在这种和谐类型下，互动的双方“在情绪感受上的主要特性是温暖、温馨亲和、亲切、融洽、和乐融融、甜蜜喜悦之感”。（黄曬莉，2007：173-174）

“合模式和谐”不是出于本真的情趣相投，也不是出于血缘亲情，而是“因‘后天’的某种目的而发生”。互动中“双方有固定的名分与角色关系”，“为了确保角色功能运作顺遂，也都会遵循角色的礼节规矩，借以约束个人，使自己行为合宜，以维护关系的和谐与行事顺利”。同时，在合模式互动中，双方除依角色和名分行事的“理性考量”外，也会“添加部分的情分考量，亦即除了遵循礼数规矩之外，以‘人情’为润滑剂”。因此，这种互动状态下，双方虽没有“投契式和谐”的轻松自然，也没有“亲和式和谐”的和乐融融，但“大都经历着理性、平和、安定、踏实、配合良顺、情理兼顾的感受”。（黄囇莉，2007：181-186）

在三种“虚性和谐”类型中，“区隔式和谐”与“合模式和谐”相对应，也多发生在有明确角色分际的关系中，是指互动双方已感觉到某些“不和”因素，因此限定了互动的范围，“只有部分范畴是依合模式和谐的顺适取向而行，以维护和谐，其他范畴则在唯恐不利和谐之维护或预知将有所不和之下，事先予以区隔化，并排除在互动领域之外”。比如，“亲兄弟明算账”“公事公办”等说法都是在区隔开各种关系，以求得当下互动中的和谐。互动中“双方各守阵地、相互尊重、互动时依一定游戏规则行事。故而在情绪感受上是：理性冷静、戒慎恐惧、防卫阻隔或平淡乏味等”。（黄囇莉，2007：190-194）在这种部分区隔的互动状态中，双方仍旧很看重该有的“礼”，对对方“不仁”的不满不是很强烈，还是会维持好职分之内该有的互动。

“疏离式和谐”则是指“当事人面对价值观不合的人，或赋予负面评价（如不喜欢、不欣赏、不服气或看不顺眼）的人，为了避免发生冲突，则以保持距离的方式，给自己一个舒活的空间，以面对自己的真实感受与评价，并保有一个悠然自在的自我。在不得已又必须有所碰触时，则以形式化的礼仪行为维系一个淡然的和合关系”（黄囇莉，2007：202）。可见，在疏离式和谐下，双方对彼此的不满更深一些，并因此尽量减少接触的机会，以便更少受“礼”的约束。

“隐抑式和谐”则是通过努力地隐忍、压抑，控制住自己的负面情绪来维持住表面和谐。当互动双方中，一方感觉自己努力为对方好，无条件地为对方付出“诚”与“义”，但并没有得到对方相应的回应，“诚意受歪曲、情义受阻挫”时，就容易走向“隐抑式和谐”。此时双方的“和合性已遭破坏，但双方的社会性关系（如亲友关系、工作关系）却又无法断绝，或是双方必得保持接触的情况下，当事者只好将对对方的不满或敌意等负面情绪强行压制下来，代之以一般性的礼仪式社会互动”。（黄曬莉，2007：204-211）由于“隐抑式和谐”中，一方往往判定另一方的“诚意”与“情义”对自己造成了伤害，所以不满最明显，“礼”的成分也最低。

我们用这6种互动类型分析资料时欣喜地发现，我们重点观察和追踪访谈的38个案例都可以归属于这6种互动类型，还有两个案例呈现出了从区隔式和谐向合模式和谐转化的样态（见表3.1）。

表3.1 实习生与指导教师互动类型总表

互动类型	基本特征	实习生（化名）	合计
亲和式互动。彼此相处时以情义为取向，主动付出，关心对方，体贴对方，甚至迁就对方，顺其情、顺其意。	1. 访谈中的情绪表露：访谈中没有流露出对对方的任何不满。 2. 互动中的基本状态：指导教师高度认可实习生的积极态度，对待实习生愿意主动付出，帮助其成长；而实习生也会积极配合指导教师，真诚感激其主动付出。 3. 互动中的心理关系：两者的上下级关系清晰，实习生视指导教师为长辈，真诚尊重并服从他。指导教师视实习生为非常值得教育的晚辈，乐于承担指导教师的责任。	园园 祈琪 陈中南 李可 杨颖 媛媛	6人
投契式互动。双方地位相对平等，相处时以分享为主，在分享中没有批评、挑剔，彼此真诚以待，并且互相尊重。	1. 访谈中的情绪表露：访谈中没有流露出对对方的任何不满。 2. 互动中的基本状态：指导教师欣赏实习生的才华、能力，或感觉性格相合。实习生也能感觉到指导教师对自己的喜欢，双方在一起感觉很投缘，颇能聊得来。 3. 互动中的心理关系：双方虽名为师徒，但相处时的心理感受更像朋友。	陆斌 盛夏 刘兰 唐筠 罗盈	5人

续表

互动类型	基本特征	实习生（化名）	合计
合模式互动。 双方为了确保角色功能运作顺遂，都会遵循角色的礼节规矩，借以约束个人，使自己行为合宜，也会添加部分的情分考量，亦即除了遵循礼数规矩之外，以“人情”为润滑剂。	1. 访谈中的情绪表露：基本没有表露对对方的不满，偶尔提到不和，也会认为很正常，可以忽视。 2. 互动中的基本状态：实习生注意积极主动地扮演好实习生角色，把指导教师当成自己学习的榜样，乖巧听话地向其学习。而且实习生的积极主动、乖巧听话得到了指导教师的喜欢，使其愿意扮演好指导教师的角色。 3. 互动中的心理关系：双方的上下级关系很明显，实习生由衷地把指导教师当作自己的老师来尊重，指导教师则会把他们当成表现很好的学生，在职责范围内认真帮助他们，但不像亲和式和谐下的指导教师那样把实习生当晚辈来关心、提携，额外付出情义。	菁菁 林夕 张丽* 朱晓琴 胡珺 方舒* 俊俊 小韩 史琴 陈勇 赵青青	11 人（张丽和方舒与指导教师的关系在实习期间表现出了从区隔式和谐、隐抑式和谐向合模式和谐的转化）
区隔式互动。 双方均按照自己认定的应尽职责和应有礼仪进行有礼有节的互动，同时有意识地悬置或弱化对交往中不和谐因素产生的负面影响的判断，以便在双方默认的重要互动范畴中保持和谐、顺畅的交往。	1. 访谈中的情绪表露：访谈中表现出对对方有些不满。虽然这种不满不是很强烈，但也还是有些介意。 2. 互动中的基本状态：双方都会干好自己这个角色该干的事儿，但在与对方相处时也会有一些顾虑、防范，不会真诚袒露自己的想法。 3. 互动中的心理关系：双方可能表现为上下级关系，也可能是平等关系，比如实习生感觉指导教师是自己的老师，得按照对待教师的礼节对待他，指导老师感觉实习生是大人了，不能像对待自己的学生那样直接批评教育。但不管什么关系，双方都各自按照自己划好的清晰边界，有礼有节地与对方互动。	穆蕊 昌义 张丽* 王芬 李彤 应欣	6 人（张丽与指导教师的关系在实习期间表现出了从区隔式和谐向合模式和谐的转化）

续表

互动类型	基本特征	实习生（化名）	合计
疏离式互动。 当事人面对价值观不合的人或赋予负面评价的人时，为了避免发生冲突，以保持距离的方式，给自己一个舒活的空间，以面对自己的真实感受与评价，并保持一个悠然自在的自我。在不得已又必须有所接触时，双方则以一种形式化的礼仪维系一个淡然的和合关系。	1. 访谈中的情绪表露：访谈中表现出对对方教育理念、能力、人品、做事方法等的强烈不满。 2. 互动中的基本状态：互动时会流露出不满，也因此尽量减少职责范围内本该有的接触，只在不得已必须接触时，才按照最基本的礼节做最基本的交流，这样双方各自行事的空间都比较大，不会给对方造成压力。 3. 互动中的心理关系：平等的互动心理，实习生不认为指导教师有资格多管自己，指导教师也不认为自己有责任多管实习生。	兰馨 小江 小王 高原 佩佩 小燕	6人
隐抑式互动。 和合性已遭破坏，但双方的社会性关系（如亲友关系、工作关系）却又无法断绝，或是双方必得保持接触，当事者在此情况下只好将对对方的不满或敌意等负面情绪强行压制下来，代之以一般性的礼仪式社会互动。	1. 访谈中的情绪表露：在访谈中表现出对对方对待实习的态度或对待自己的方式等的强烈不满。 2. 互动中的基本状态：双方面对面互动时会努力压抑这种不满，依然是各尽其职的感觉，但双方并不亲近，而且在背后会对第三者直言不讳地表达自己的不满。 3. 互动中的心理关系：互动中的心理关系是上下级关系。实习生认为对方是老师，得表现出尊重，但内心并不信服。指导教师会认为自己是老师，尽管实习生确实不令他满意，但自己还得尽职尽责地把指导教师该做的事做好。	顾新 林琳 小齐 小秦 钱蔚 方舒*	6人（方舒与指导教师的关系在实习期间表现出从隐抑式和谐向合模式和谐的转化）

四、对互动模式的再提炼

虽然借助黄囇莉的华人人际和谐与冲突理论，我们找到了一个本土化的、能较好地描述中国社会文化语境下实习生与指导教师互动关系的框架，但是这一框架本身并不能很好地回应我们关注的研究问题。黄囇莉的研究旨在揭示中国人貌似和谐的互动关系的实质及其维系策略，并不关心这种互动关系对个体成长造成的影响。而本书的核心恰恰在于揭示实习生与指导教师的互动对其知识转化或身份获得造成的影响。

（一）互动关系对实习生学习效果的影响

通常情况下，“实性和谐”下的互动关系应该比“虚性和谐”下的互动关系更有利于促进实习生的知识转化和身份获得，因为它能使实习生有更强烈的向指导教师学习的愿望，进而享有更多的学习机会。但是，实习生和指导教师之间进行的是一种以“学会教学”为指向的特殊的人际互动，因此，和谐良好的互动关系并不是帮助实习生“学会教学”、获得教师身份感的充分条件。如果师徒之间只是保持一种和谐顺畅的交往关系，实习生本人没有强烈的学习愿望和意识，或者指导教师不能针对实习生真正的困难与需要提供有针对性的指导，这种互动关系就不一定能带来实习生知识实质性的转化，并加速其教师身份的获得。

因此，我们针对实习生在互动中的学习效果，再次对案例进行深入分析。结果表明，实习生的学习效果至少表现为两种状态——浅层学习和深层学习。前者是指实习生在互动中部分解决了自己的问题，对自己适不适合当老师有了一些模糊的认识，初步认识到了自己在教学实践上的一些不足，也学到了一些具体的教学或班级管理的方法、技巧，但并不清楚这些方法或技巧为什么奏效、在什么情况下会奏效。后者则是指实习生不仅学会了一些具体的教学或班级管理的方法与技巧，而且能够在一定程度上认识到这些方法与技巧同自己以前所学的理论、自己的教育信念、学生特点、学科内容、班级情境等之间的联系。获得深层学习效果的实习生，往往更能整体地考虑方法与技巧的效用和价值，从而表现出某种形式上的知识转化，并在专业认知、专业热情、专业效能感和专业归属感等方面形成更为清晰的认识。这部分研究结果与前述问卷调查的结果有类似之处（见第二章）。

进一步分析案例中实习生的学习效果与师徒互动的关系后，我们发现，二者实际上表现出四种组合模式：实性和谐关系导致的深层学习、实性和谐关系导致的浅层学习、虚性和谐关系导致的深层学习、虚性和谐关系导致的浅层学习。我们将这四种组合模式所对应的互动关系分别命名为正向促进型、正向阻抑型、反向促进型和反向阻抑型，从而形成了一个新的统合互动关系与互动效果的分析框架（见图 3.3）。

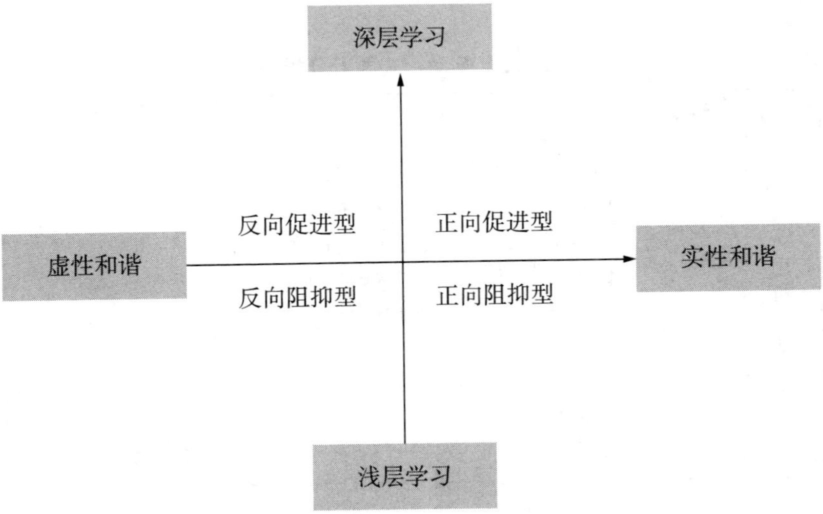

图 3.3　统合互动关系与互动效果的分析框架

这一新的分析框架是从我们所掌握的诸多案例在互动关系和学习效果上的实际情况出发，自下而上进行总结与提升的结果，完全不同于此前的研究思路，即从已有理论出发，设定互动模式分析框架，自上而下对案例进行描述和解释。这一分析框架的提出，迫使我们不得不进一步深入具体案例中去探究：到底有哪些要素形塑了实习生与指导教师的互动关系？这种互动关系又受哪些要素的影响，使相同的互动关系产生了不同的学习效果？这种影响的范围怎样、程度如何？等等。因此，我们暂时搁置此前理论演绎式的研究思路，采用质性研究自下而上的编码范式对手头的案例进行再提炼和再分析。

（二）提炼互动模式中的诸要素

我们首先对案例进行逐字逐句的编码，以“互动关系”和“学习效果”作为分析每种互动模式的两大类属，并在这两大类属下进一步区分次级类属以及每一次级类属的属性和维度，从而形成了一个互动模式要素分析表（见表 3.2）。

表 3.2 互动模式要素分析表

类属	次级类属	属性	维度
互动关系	关系特征	1. 指导教师对实习生能力的认可度 2. 指导教师对实习生态度的认可度 3. 实习生对指导教师能力的认可度 4. 实习生对指导教师态度的认可度 5. 实习生对指导教师指导方式的认可度	低—高 低—高 低—高 低—高 低—高
	行动策略	1. 分享 2. 求教	被动—主动 被动—主动

续表

类属	次级类属	属性	维度
学习效果	知识转化	1. 理论知识与实践性知识的转化 2. 学科知识与教育学知识的转化 3. 显性知识与隐性知识的转化	不明显—明显 不明显—明显 不明显—明显
	身份获得	1. 专业认知 2. 专业热情 3. 专业效能感 4. 专业归属感	低—高 低—高 低—高 低—高

如表3.2所示，我们将“互动关系”类属进一步区分为“关系特征”和“行动策略”两个次级类属，以表征不同互动关系下实习生与指导教师的认知、情感和行动状态。

在“关系特征”类属下，我们从实习生和指导教师两方面区分了五种属性，包括指导教师对实习生实习态度和能力的认可度，以及实习生对指导教师指导能力、态度与指导方式的认可度，每一方面的认可度又从低到高分成不同的维度。正是师徒双方对彼此不同属性认可度的高低，决定了二人互动关系特征上的虚实及虚实的强度。在“行动策略”类属下，我们将实习生的基本行动分成表达自己想法的分享行动和寻求指导教师帮助的求教行动，并将两大行动从被动到主动区分为不同的维度。可以说，在不同的互动关系氛围下，实习生分享与求教的主动性是不同的，这种不同又反过来强化了其与指导教师互动关系的虚实。因此，我们把“关系特征”和“行动策略”共同归于“互动关系”这一类属。

在“学习效果”方面，我们从“知识转化”和“身份获得”两大次级类属来分析实习生的学习效果。在“知识转化”方面，我们重点从三个属性分析了每个案例的知识转化情况：理论知识与实践性知识的转化、学科知识与教育学知识的转化以及显性知识与隐性知识的转化，每一方面的转化都有从不明显到明显的维度变化。而“身份获得”这一次级类属包含专业认知、专业热情、专业效能感、专业归属感四种属性，每一属性下均包括了从低到高的维度变化。根据实习生在“知识转化”和“身份获得”各个属性上的维度变化情况，我们可以判断其学习效果的深浅及程度。

接着，我们带着上述互动要素重新阅读资料，发现在40个案例中，实习情境、实习生、指导教师三大类因素对师徒互动产生了重要影响。

1. 实习情境的因素

实习情境因素包括实习类型，即师范教育常规制度性安排下的毕业实习、实习生出于想当教师的渴望自己联系的实习，以及实习生到有意就业的学校进行的考核性质的实习。这些不同性质的实习会对实习生的学习动机、师徒互动关系及学习效果产生较大的影响。一般来说，出于制度安排而参加实习的实习生，学习心态可能是积极的也可能是消极的，其与指导教师的互动关系与学习效果很大程度上取决于指导教师的态度与能力。自己联系实习学校的实习生在学习态度上通常表现得更为积极，不管指导教师的态度与能力如何，他们都能在自己积极主动的参与中获得较大收获。而在以就业为目的的考核性质的实习中，实习生虽然学习心态通常也很积极，但对实习学校的期望值会更高一些，与指导教师相处时的心理压力也更大一些。因此，师徒之间一般难以建立起轻松、自然、融洽的互动关系，其学习效果也会因此受到负面影响。

实习情境因素还包括任务类型。实习生在教育实习中会面临不同的实习任务，如备课、听课、批改作业、参加教研活动、组织主题班会、负责学生日常事务管理等等。在不同的任务情境下，实习生与指导教师互动、学习教学的方式是不同的。比如，我们的案例显示，在听课、批改作业、参加教研活动时，实习生通常没有很强的问题意识，或者并不认为这些活动很重要。因此，在互动中，他们大多处于独自观察的状态，参与讨论或向指导教师主动求教的愿望不高。他们更关注的是如何完成上课、班级管理等直接面向学生的任务，认为这方面的问题比较棘手，因此向指导教师求教的意愿也更强一些。

另外一类情境因素涉及实习学校的类型及校园文化，即实习学校是重点学校还是普通学校，是中学、小学还是幼儿园，是城市学校还是农村学校，学校的教师文化是合作型的还是孤立型的，学校的教学文化是传统管制型的还是现代民主型的。这些文化特征都会对实习生的学习效果产生明显的影响，但其影响会因实习生的教育信念、性格、对自我能力的判断等因素而有所不同。

2. 实习生的个人因素

实习生的实习心态和性格（特别是在指导教师眼中他们所呈现的心态和性格）、学历水平和以往的教学实践经历，都会影响他们与指导教师的互动关系和学习效果。

访谈中我们发现，指导教师通常会在心中将实习生区分为“主动型”和“被动型”两大类。所谓“主动型”的实习生，通常就是那种“有眼力”、愿意帮老师“干杂活”的学生。他们不仅能做好指导教师吩咐的工作，对于指导教师没有要求他们做的事情也会用心做好。对于这样的实习生，指导教师往往表现出更强的指导意愿，愿意在他们身上花费更多心思与精力。而对“被动型”的实习生，指导教师通常不会明言对他们的不满，更不会批评教育他们，而会在貌似和气的虚性和谐关系下，有意放松对他们的指导。

此外，我们还发现，实习生以往教学实践经历丰富与否也会对他们的学习效果产生明显的影响。相对而言，实践经历更丰富一些的硕士生会比本科生和专科生更加地主动与指导教师接触，更加积极地寻求指导。此外，他们也表现出更强的反思意识，对大学所学理论的认可度更高，也更容易实现理论知识与实践性知识之间的转化（曲霞，

2012)。

3. 指导教师的因素

指导教师的态度、能力和指导方式（特别是实习生所感知到的指导教师在这些方面的表现)，也会影响他们与实习生的互动。当实习生感觉到指导教师很负责任、愿意用心指导自己时，就容易和指导教师建立起良好的实性和谐关系；反之，如果实习生感觉指导教师不太负责任，并不用心指导自己，只是让自己来替他（她）干“杂活”时，二者的互动关系通常会处于虚性和谐状态。

不过有趣的是，在有的案例中，虽然师徒二人的互动关系处于明显的虚性和谐状态，但实习生最终的学习效果仍旧比较令人满意。而在有些案例中，实习生虽然和指导教师建立起了良好的互动关系，其在知识转化或身份获得方面的改变却并不明显。深入分析这些案例后，一个非常重要的类属浮现了出来，那就是“反思”。反思在“互动关系-学习效果”的联结中发挥了重要的中介作用。已有的个体和组织学习理论也表明，反思确实在知识的转化和专业实践能力的提升方面具有非常重要的作用。在竹内弘高和野中郁次郎（2006）的知识创造螺旋理论中，个体和组织正是借助反思使自身具备的隐性知识转化为显性知识，从而具有了改造和更新的可能。在舍恩（2007）的实践认识论中，专业实践者也正是借助反思保持了行动中的开放性和敏感性，使自己始终以一种开放的心态觉察情境的独特性，并随时根据情境，以一种探索性的态度，灵活地调整，甚至改变自己已有的知识和经验，从而顺利解决问题、提高专业效能。

当然，反思也是有层次区别的。阿吉里斯和舍恩（2008：16-17）的行动科学理论表明，当反思仅仅关注技术层面的问题时，个体只可能进行单路径学习，止步于掌握更多的行动策略与方法。而当反思超越了策略与方法本身，深入到自己行为背后的各种主导变量时，个体就开启了双路径学习的旅程。在双路径学习中，实习生不仅能学到更多教学方法与策略，还能更整体地理解这些策略和方法与课堂情境、学科、教师的教育哲学等方面的关联。因此，正是反思程度的深浅影响着实习生的学习效果。如果师徒互动没有促成实习生的深度反思，即使实习生与指导教师建立起良好的互动关系，可以经常向指导教师求教，实习生的学习效果也只能停留于浅层，止步于获得一些当下可用的教学策略与方法。反之，即使实习生和指导教师的关系并不好，实习生甚至拒绝接受指导教师的意见，但当这种暗含敌意的互动促成了实习生的深度反思，使其更整体地理解了教学方法与策略的境脉依存性时，其也会为实习生带来良好的学习效果。

综合以上分析，我们认为，正是不同的实习情境因素及实习生和指导教师身上表现出的各种干预性因素，使实习生与指导教师建立起不同的互动关系。师徒在互动中采用不同的行动策略，引发实习生不同程度的反思，进而为他们带来了不同的学习效果。这些因素直接影响了实习生与指导教师“互动关系”的建构，包括师徒二人互动“关系特征”的虚实，以及“行动策略”的主动与被动。不同的互动关系和行动策略显然会影响实习生的学习效果，但这种影响并不是直接发生的，实习生的反思意识和能力在其中发挥了非常重要的中介作用。换言之，在同样的互动关系和学校环境下，实习生反思的深度不同，其学习效果也会不同。因此，“条件”“互动关系”“反思”“学习效果”彼此联系，层层推进，构成了互动模式发展的故事线。

第二节　师徒互动模式的类型及影响

我们将首先借助典型案例，呈现每种互动模式下实习生学做教师、成长磨砺的过程，然后总结不同互动模式的基本要素，分析促成该互动模式的条件，最后总结四大模式的基本特征。每一类属下不同属性及维度的组合将实习生与指导教师的互动导向不同的状态，形成了正向促进型、正向阻抑型、反向促进型和反向阻抑型四种不同的互动模式（陈向明，曲霞，2021）。

一、正向促进型

正向促进型是实习生在良好的师徒互动关系影响下产生深层学习的互动类型。所谓“正向”，是指实习生与指导教师的互动关系所具有的实性特征；所谓“促进”，则是指实习生最终在知识转化和（或）身份获得方面有明显提高。华北某市师范大学中文系汉语言文学教育专业的硕士生陆斌与实习学校指导教师杜老师的互动就属于典型的正向促进型。

在陆斌的成长中，其实习学校指导教师杜老师发挥了非常重要的促进作用，正是在杜老师的欣赏、鼓励和启发下，陆斌才获得了做“好教师”的自信，并学会了深层次反思问题。陆斌与杜老师在互动中各尽其职、相得益彰，共同谱写出一首实习生快乐成长的协奏曲。这里，我们将首先呈现陆斌与杜老师互动的具体案例，然后分析构成该类互动的基本要素，总结促成该类互动的各方面条件。

（一）愉悦的协奏曲

陆斌虽然是某全国重点师范大学汉语言文学教育专业的硕士研究生，但实习前他其实并不想当老师。一方面，这是因为他从自己当老师的父亲和姑姑身上切身感受到“当老师过得不是那么好”，“挣钱太少又辛苦”，而且“每天都是那个样子，没意思”。另一方面，这是因为他在本科毕业前确定保研以后，曾去四川一个贫困山区进行过为期2个月的支教。2个月下来，虽然和学生结下了深厚的感情，“走的时候我和学生都哭惨了”，但是，他对自己的教学能力很不自信，“发现自己教学能力还很低”，“当时上课经常失望而归，成果一般，有时候还挺郁闷的”。

因此，第一次与我们见面时，陆斌就开诚布公地说将来不会当老师，但也请我们放心，他不会因此而不认真对待实习。他说：“今天的访谈之所以来迟了，就是因为刚刚参加完实习学校学生文学社团的课外活动，这个活动一直搞到晚上 8 点才结束。”当我们问他“既然不想当老师，为什么实习还这么投入”时，他的回答是：“因为实习对我来说不是一种任务，而是一段生活，这段生活怎么过完全取决于自己。所以我愿意快快乐乐、高高兴兴地去享受这段生活。尽管每天披星戴月、早出晚归很辛苦，但我要让自己的这段生活过得开开心心的，所以每天回到宿舍，我都很 high（兴奋）。”他说这些话时自然流露出的那种欢欣，让我们不得不相信，他确实很享受这段实习的时光。

而提及其实习学校指导教师杜老师时，陆斌更是毫不掩饰与师傅相处的愉悦之情，并有点小得意地向我们展示了杜老师针对他下午所上的古诗词吟唱课发来的短信：“今天的学唱环节互动效果很好啊，效果不错，才华横溢哦。”这种亲切的短信交流，当时就让我们感觉他似乎和杜老师私交不错。陆斌也承认：“我和师傅是有些交集的”，“我们都是长沙人”，“我们都是××师大毕业的”，“我现在的硕导就是我师傅当年的班主任”。这些“交集”让陆斌与杜老师第一次见面就“感觉特别有缘”。

不过，陆斌也认为这些都“不足以成为师傅那么看好我的原因”。自己和杜老师的良好关系主要得益于“我们性格里有些东西很像”，“都比较浪漫、有情怀”。他认为自己与杜老师的日常交往“更像是无话不谈的朋友，文学、电影、音乐、人生、教学、唱歌等等各个方面我们都聊，我告诉她我的成长、我的性格、我的缺点，我也告诉她我的大学、我的写作、我的歌唱。通过这些，她应该渐渐相信，她带的这个徒弟是充满激情、充满情感的一个人，一个充满理想的歌唱者，也是一个充满希望的守望者”。

这种意气相投的安全感使陆斌非常愿意跟杜老师交流，只要有时间，他就会主动向杜老师请教。“我会在每一节课后跟她聊，请教一些教学的问题，比如：散文怎么教、怎么和学生交流、怎么引导学生等等。有的时候我还会提出一些自己的想法，她会鼓励我。这是我特别欣慰的。”对于杜老师的指导风格，陆斌认为其最大特点是“教学上，她把我当成老师，给我自信”，“她在指导我的过程中总会把觉得适合我教学风格的建议给我，比如那种比较自由、充满情感的讲授方式，还有和学生讨论”。“我谢谢我师傅，她是个特棒的人。”

我们还观察了一次杜老师指导陆斌备课的过程。陆斌要讲的是古文《阿房宫赋》，这算是他实习期间第一次讲授语文的正课。因此，陆斌提前一周多就开始准备教学材料，甚至还专门读了《杜牧传》，并提前两天写好了教案，做好了幻灯片。那天下午，杜老师对陆斌的指导主要以他的幻灯片设计为基础展开。我们对这个指导过程的分析显示：陆斌的谈话占了三分之二以上的时间，杜老师很注意了解他的教学设计流程及设计理由。在陆斌陈述的过程中，杜老师偶尔会问几个问题，主要是提醒陆斌在整体上把握教学的各个环节，如不同环节之间是否有重合、是否有梯度性，问题难度是否合适，要达成什么目标，这个目标和前面的教学有什么联系，对本班学生来说是否合适，并不时反馈“不错”“挺好”“这个环节有创意”。同时，为了赶教学进度，杜老师要求陆斌把两课时的教学内容压缩在一节课内完成。因此，她最后的指导主要集中在如何删减、合并教学环节以节省教学时间上。整个指导基本上是在陆斌已有设计基础上的简单调整与完善。

第二天授课时，陆斌没有在一课时内完成教学任务。课间休息时，陆斌有些歉意地走向杜老师。杜老师马上说：“没关系，拖一点儿没关系。我的要求本来也高了些，让你一堂课内把那么多内容讲完。”并当即表示下节课可以再给陆斌 15 分钟时间，把课讲完整。后来，杜老师对我们说，其实她早想到可能要拖堂，因为陆斌教学前半段对杜牧的介绍太多了。但她又觉得，陆斌“文学素养很深厚”，“这块儿准备得格外用心，介绍得也确实不错，删掉了有些可惜”，而且“让学生多了解点有关杜牧的资料，对他们以后的学习也挺好的”，所以决定让他保留下来。

总之，从陆斌的描述以及我们对他们师徒互动情况的观察看，陆斌与杜老师的互动表现出实性和谐关系下投契式和谐的典型特征——双方相互欣赏、相互尊重，轻松相处，颇有“相知相契、意气相投、投缘之感”（黄曬莉，2007）。这种情趣相投的融洽关系，让陆斌表现出很强的求教愿望；而杜老师在指导中对陆斌才华和性情的欣赏、肯定与鼓励，也让他很受用，明显改变了他的自我效能感和对教师职业的认识。

在实习结束后的一次 QQ 聊天中，陆斌饱含深情地将自己实习的收获总结为以下三点。

(1) 习惯了一段生活，习惯了这段生活中的种种，包括时间作息、生活质量、生命质量、教学工作、教学相长等等。

(2) 遇到了一帮可爱的人——老师和同学。他们突然走进了我的生命，也在这段我已经习惯的生活中陪伴着我，让我觉得这个寒冷的冬天非常温暖。老师会悉心地指导我的工作，学生会天真地和我交流，让我觉得年轻了很多。

(3) 我发现自己又进步了。有时候可能感到很无聊，有时候听课也可能会睡觉，但是在一段时间后，我发现自己的能力、自信心以及心理素质都得到了很好的提升。我发现自己已经成了他们中的一员，我会开始关注有关这个学校、这个群体的所有消息，包括学生在网络上发布的状态。我也会很自豪地跟同学、朋友、家人说，我在这个重点中学实习！我觉得这种感觉是好久没有过的，我慢慢喜欢上了这个地方，我爱上了这个充满自由和温馨的环境，我发现自己变了，变得更加自信，变得更加从容，变得更加有魅力。

可见，愉悦的师徒相处、充实的实习生活，让陆斌越来越融入实习学校的共同体文化中，越来越能与实习学校师生互相理解，知道他们在干什么，以及他们的所作所为在他们的生活中意味着什么，对共同体的意义是什么（莱夫，温格，2004）。他不仅更好地了解了教师职业的基本常规，也更深切地感受到了这一职业的温情暖意，还找到了不断进步的成就感，变得越来越自信。这一切最终带来了陆斌职业选择上的重大变化——从最初并不想当教师，到毕业时和实习的这所重点高中签约了。陆斌承认这种变化背后有很多客观原因，但实习期间的愉快经历是其中一个重要因素。因为这次实习改变了他之前对教师职业简单乏味、没有意思的认识。他觉得在这所学校教书“生活质量很高，生命质量也很高”，因为这里的学生“水平高、能力强、追求高、素质高”，“我师傅说过，跟好学生打交道，自己要时刻进步，要不然跟不上”。

在知识转化方面，陆斌坦言“可能由于实习的时间太短了吧”，自己“很难确定在知识方面到底有什么收获”，也很难具体说出师傅给了自己什么印象深刻的指导，因为他觉得“很多东西是潜移默化、自然而然的”。但他承认，经过实习，自己“教学时想得更多了”。比如，实习期间，他曾在语文拓展课上成功地上了一堂古诗词吟唱课，还被杜老师推荐给别的语文老师，到其他几个班级里重复上过好几次。陆斌在享受成功喜悦的同时，也进一步反思自己当时的不足——“只注意了教学方式的设计，却没有考虑教学评估”，没有关注活跃的课堂气氛背后“教学是否真的有效果了，学生的能力是否真的提高了”。“另外，即使学生课堂上有了很好的表现，我又怎么能证明这是我教学的成果，而不是他们自身素质本来就很高的表现呢？”

陆斌这种能够超越表象、深层次反思成功的内在原因及自身不足的能力与杜老师的指导风格是分不开的。分析杜老师指导陆斌备课的资料时我们发现，杜老师的指导语言虽然不多，但特别注意提示陆斌关注教学内容的前后联系、教学环节的相互依托、教学目标与任务设计同学生已有能力之间的关系。这种点拨与提示实际上是一种超越方法与策略层面的深层关注。而从对陆斌的访谈中我们发现，杜老师在指导陆斌时会有意无意地强调基于教师个人特质的教学方法的使用以及教师个人教学风格的形成。她与陆斌在“文学、电影、音乐、人生、教学、唱歌”等方面“无话不谈”，她建议陆斌采用“比较自由、充满情感的讲授方式”以及“多和学生讨论”的教学方式，这都引导陆斌更深层地意识到，教学方法与策略实际上是和教师的个人修养、信念及性情分不开的。而在谈及为什么没舍得让陆斌删掉杜牧的生平介绍时可以看出，杜老师这一看似简单的决策，实际上是在综合考虑陆斌的能力与特点、教学内容本身的价值以及学生的后期学习需要等各方面因素后才做出来的。可见，杜老师的教学具有很强的整体性与深度，这都会在潜移默化中影响陆斌对教学的认识，提高他的反思能力。因此，我们有理由相信，是陆斌与杜老师双方的相得益彰，形塑了二者融洽的互动关系，并使陆斌的实习取得了良好的效果。

（二）正向促进型互动模式的基本要素

结合陆斌的案例，我们分析了正向促进型互动模式在各次级类属、属性和维度上的基本表现（见表 3.3）。

表 3.3　正向促进型互动模式要素分析

次级类属	属性	维度	案例中的表现	相关本土概念
关系特征	1. 指导教师对实习生能力的认可度 2. 指导教师对实习生态度的认可度 3. 实习生对指导教师能力的认可度 4. 实习生对指导教师态度的认可度 5. 实习生对指导教师指导方式的认可度	低—高 低—高 低—高 低—高 低—高	高 高 高 高 高	“才华横溢” “文学素养很深厚” “格外用心” “特棒的人” “看好我” “特别欣慰”
行动策略	1. 分享 2. 求教	被动—主动 被动—主动	主动 主动	“无话不谈” “每一节课后跟她聊，请教一些教学的问题”
知识转化	1. 理论知识与实践性知识的转化 2. 学科知识与教育学知识的转化 3. 显性知识与隐性知识的转化	不明显—明显 不明显—明显 不明显—明显	较明显 较明显 不明显	“没有考虑教学评估” “适合我教学风格” “教学时想得更多了” “潜移默化自然而然的”
身份获得	1. 专业认知 2. 专业热情 3. 专业效能感 4. 专业归属感	低—高 低—高 低—高 低—高	高 高 高 高	“要时刻进步” “很 high” “温暖” “自信” “从容” “有魅力” “成了他们中的一员”

从表 3.3 可以看出，在正向促进型互动中，实习生与指导教师双方对彼此的认可度都比较高。访谈中，他们都用了感情色彩强烈的程

度副词，如“格外”“特别”“很”，来表达对对方的喜欢，他们互动的关系特征表现为程度较高的实性和谐关系。而在行动策略上，实习生的“分享”和“求教”都非常“主动”，甚至用了“无话不谈”来形容自己与指导教师的交流状态。从前面实习生满含诗意的自我描述中也可以看出，他们的交流确实比较深、比较广。

在知识转化方面，陆斌实习后初步获得了理论知识向实践性知识转化、学科知识向教育学知识转化的意识。比如，反思自己成功的古诗词吟唱课时，陆斌意识到自己当时只考虑了教学设计，没有将读硕士期间学到的“教学评估”理论应用到教学中，所以无法客观评估自己的教学效果。他对这一不足的认识，可以看作其理论知识向实践性知识转化的萌芽。此外，访谈中陆斌多次提到教学方式的设计应该同教师个人的特质、学生已有的素质和能力水平相适应。可见，在杜老师的启发下，陆斌已经初步感受到了知识的境脉依存性，初步形成了一定的学科教学法知识。而在知识形态方面，陆斌感觉自己在潜移默化中学到了很多东西，但并不能言明这些变化，可见实习期间他还没有完成隐性知识和显性知识的相互转化。

在身份获得方面，陆斌的变化非常明显。在对专业的认识方面，他改变了最初教师工作“没意思”的想法，开始认识到教师职业也是一个“要时刻进步”的、具有挑战性的职业。在专业热情方面，他始终以一种“很兴奋”的状态对待实习，并越来越强烈地感觉到教师职业的“温暖”。同样地，从陆斌实习后的总结中，我们也能明显感觉到他专业效能感的提升，以及对实习学校归属感的形成。

总体而言，正向促进型互动模式的基本特征是：在互动关系特征上，师徒双方对彼此的能力、态度、工作方式等的认可度均比较高；在行动策略上，实习生表现出了积极主动的分享与求教行为，双方的交流自然、公开；在学习效果上，实习生在知识转化与身份获得的某些方面表现出了比较明显的变化。那么，到底有哪些因素促成了正向促进型互动模式上述特征的出现呢？下面，我们结合陆斌的案例进行深入分析。

（三）正向促进型互动模式的形成条件

我们将影响实习生与指导教师互动关系及其学习效果的条件性因素分为实习情境、实习生和指导教师三个方面，并指出与师徒互动关系相伴随的实习生反思程度影响着实习生最终学习程度的深浅。下面，我们将结合陆斌的案例，从这四个方面总结形成正向促进型互动模式的条件。

1. 实习情境满足了实习生的期望

就实习类型看，陆斌的实习属于教师教育常规制度安排下的实习。但不同于一般的师范生，陆斌是该全国知名师范大学“4+2 学士后”教师教育项目所培养出的硕士生。作为该大学教师培养模式的创新试点，该项目特别重视毕业生的教育实习，其毕业生全部被安排进重点中学实习。大学还安排专人定期到实习学校了解实习生的表现及校方的有关意见和建议，以进一步完善该项目。而实习学校对这批实习生也格外优待，用陆斌的话说，“给我们配的老师都是各个学科里数一数二的”。可以说，各方的高度重视为陆斌的学习创造了很好的条件，也强化了他对实习的重视程度。

就实习中完成的任务类型看，如前所述，课堂教学是实习生最看重的锻炼机会，而陆斌在短短的两个月内，就在杜老师的精心安排下获得了三次上课的机会。可以说，对任何一名实习生而言，能够很快在一所重点高中获得这么多锻炼机会、承担这么重要的实习任务都是一件非常荣幸、自豪的事情。较多的上课机会满足了陆斌对实习的期待。

从实习学校的文化氛围看，可以说，陆斌的成功转型与他在一所全国知名的重点高中实习有很大的关系。在这所重点中学的实习，从各个方面满足了陆斌对理想教育状态的期待，让他感觉很“自豪”。

首先，这里的学生“水平高、能力强、追求高、素质高”。陆斌说自己特别喜欢跟这里的学生聊天，感觉“X中的学生读书真多，他们读的书很多我都没看过”，也特别喜欢参加他们的各种活动，感觉能被这里的学生“信任”，“跟他们交上朋友”，“很开心”。

其次，这里的合作型教师文化给了陆斌更大的锻炼空间。杜老师告诉我们，他们“年级组会经常一起备课，讨论学生课堂上提出的一些新的问题该怎么处理”。也正是因为有了这种日常的交流与合作，她才能顺利地把陆斌的课推荐给别的老师。能够被这样一个高素质的、关系融洽的教师团体欣赏、认可，极大地提升了陆斌的自信心。

最后，由于实习学校学生自主学习能力强、教学文化比较民主，杜老师才能够建议陆斌采用“比较自由的、充满激情的讲授方式”，并且多“和学生讨论”。这样的教学方式，在陆斌看来是非常符合自己个性的，是他喜欢并认为自己有能力驾驭的。

2. 实习生具有高度投入的心态

陆斌能够赢得实习学校师生的喜爱与尊重，除了因为他在实习中表现出的出众才华，还因为他一直在用一种不怕辛苦、开开心心的积极心态享受实习。陆斌一直觉得，实习对他而言不是在完成一项任务，而是在创造一段生活。所以，他很珍惜能够和学生在一起的每个机会。尽管学校并不要求实习生参加学生的课外活动，陆斌却经常参加这样的活动，比如学生的篮球比赛训练、科技节的小组活动、文学社团的各种沙龙等，甚至为了参加这些活动披星戴月、早出晚归，很辛苦，但陆斌觉得这一切都“很值得”，让他“很开心”。

可见，陆斌确实在以一种高度投入的心态对待实习，全身心地专注于当下的实习生活，而且从这种专注中获得了一种内在的收获感和幸福感。开心地投入、教学上格外用心，与师傅相处时主动交流、积极请教，再加上他“才华横溢”“文学素养很深厚”，使他赢得了实习学校师生的普遍认可。

3. 教师的指导能力

除了情境因素和个人心态，在陆斌的成长中，杜老师确实发挥了非常重要的引导作用。首先，在指导态度上，杜老师表现出很负责任的态度和较高的指导意愿。她并没有把指导陆斌看作额外的负担，也没有担心实习生上不好课会影响自己的教学成绩。相反，为了提高陆斌的教学自信心，她有意识地为陆斌增加锻炼的机会。虽然大学的实习只要求实习生上两节语文正课，但在陆斌讲授语文正课之前，杜老师特意先安排他上了一堂作文讲评课，讲评学生的随笔。陆斌说，这是因为杜老师觉得“讲随笔相对简单一些，可以让我更好地熟悉学生”，而且，“我喜欢写随笔，讲随笔更适合我”。在陆斌成功地上了古诗词吟唱课后，杜老师还把这堂课推荐到其他的班级。她充分信任实习生、主动为其创造教学机会的做法难能可贵。

其次，在指导方式上，杜老师不以“过来人”自居。在她眼里，陆斌更像一个经验不足但很有才华的青年教师，因此她尽可能地尊重陆斌的想法，给他展示自己优势的机会，鼓励他形成自己的教学风格。她特别善于发现陆斌的优点，注意根据他的优点推荐合适的教学方式，并提供锻炼机会让他尝试这些教学方式。因此，与那种听完课后泛泛地指出实习生的优点，罗列一大堆不足，让实习生日后扬长补短的惯常指导相比，这种指导更有针对性，更能提高实习生的教学能力和教学自信心。她对陆斌的真诚欣赏、平等相待，也赢得了陆斌对她的信任和赞赏，所以陆斌能对她敞开心扉，真实地坦露自己的想法，包括自己的优点与不足。

再次，就指导能力而言，杜老师不仅善于整体、深层次地思考教学问题，而且能在尊重陆斌思考的基础上，巧妙地把自己对问题整体、深层次的思考展现出来。这无疑潜移默化地影响了陆斌对教学的认识，特别是他的元认知和能力，也在很大程度上提高了他的教学反思能力。

需要指出的是，我们并不认为杜老师的指导方式适合所有的实习生。我们收集到的案例也显示，有些实习生格外渴望指导教师多向他们传授自己的教学经验，多指出他们的不足。对这种实习生来说，指导教师对他们意见或想法的肯定，可能被他们视为一种礼貌性的客气或指导不够尽心的表现。但对颇具才情的陆斌来说，指导教师尊重他的想法、营造宽松的学习空间的做法是非常合适的。

4. 师徒互动促成了实习生的深度反思

分析陆斌的访谈记录可以发现，虽然他自述会经常向杜老师请教“散文怎么教、怎么和学生交流、怎么引导学生等等”，但在总结实习收获时，陆斌并没有谈自己究竟学会了什么具体有效的教学或班级管理的策略与方法。相反，他只是感觉自己“在教学中想得更多了”，会更多地考虑教学方法与学生的能力是否相当、与自己的个性是否相合。

由此我们判断，通过这次实习，陆斌已初步感受到了教学策略与方法的境脉依存性，对自己教学的反思达到了一定的深度。他的这种反思深度的形成与杜老师在指导他时表现出的整体、深层次地思考教学问题的能力是分不开的。换言之，正是在杜老师潜移默化的影响下，陆斌开始表现出深层反思教学的意识与能力。

二、正向阻抑型

陆斌的案例显示，融洽和谐的互动关系可以明显促进实习生的学习。在我们收集的案例中，也有一些实习生虽然与指导教师建立起了非常融洽的互动关系，但为了维系这种融洽关系，实习生压抑了自己的想法，致使其实习之后在知识转化和身份获得方面都没有明显的变化。我们把这种互动模式称为“正向阻抑型”。所谓“正向”指的是互动中师徒关系是良好的、融洽的，表现出实性和谐的关系特征。所谓“阻抑”，则是指实习生在互动中过多关注良好关系的维护，没能对自己或指导教师的教学形成深度反思，阻抑了学习效果。中部某市一地方学院学前教育专业的专科实习生园园与其指导教师的互动就属于这一类型。

实习期间，园园与指导教师牛老师的关系令其他实习生羡慕不已，称她们为“像母女一样”的师徒。牛老师对园园呵护有加，园园对牛老师感激不尽，二人的互动有情有义、和乐融融，表现为典型的亲和式实性和谐关系。但是仔细分析二人的互动可以发现，不同于陆斌与指导教师的平等交流、相互尊重，园园与牛老师貌似非常合拍，实际上却以牛老师的期望为主导。为了迎合牛老师的期望，园园有意识地压抑自己的声音，以营造二人和谐的表象。所以，我们将她与指导教师的互动命名为“和谐的幻想曲”。接下来，我们将在呈现并分析二人互动案例的基础上，总结促成正向阻抑型互动模式的条件。

（一）和谐的幻想曲

一进入实习现场，我们就感受到了园园与牛老师互动关系的与众不同。在幼儿园的集体备课室里，实习生和指导教师一般都是隔桌对坐，各忙各的，偶尔就备课内容进行交流。只有园园和牛老师，总是肩并肩坐在一起，一边做手工一边聊天。她们聊学生、聊生活、聊理想，有说有笑。观察发现，牛老师指导园园备课时，并不是简单看看园园的教案，提提意见，而是让她模拟授课。年轻的园园有板有眼地讲课，而年过40的牛老师则模仿孩子假装幼稚地回答园园的问题，看得我们都有些忍俊不禁，但她们全然不顾，乐在其中。

访谈时，我们发现牛老师特别喜欢用“这孩子”来称呼园园，并告诉了我们一个她“偷偷”听课的小秘密。

有次上完阅读，因为我班里面有事忙，另外一部分孩子没人看，我就去看这部分孩子了，偶尔出来听听她的课。我发现这孩子比我在的时候讲得效果更好，更放得开，对孩子的掌控能力更好。

牛老师分析，这可能是因为自己在场给园园造成了压力，所以牛老师决定“星期四、星期五偷偷地听，观察孩子们的反应，让她别注意到我的存在，这样她更放松，更有主控性，发挥的余地更大”。

可见，为了让园园更快成长，牛老师可谓用心良苦。这是因为牛老师认为，当一名幼儿园老师“是一个人一生的选择，我们老教师都希望竭尽全力让他们看清楚这是一份什么样的工作，看清楚今后要走的路，能帮多少就帮多少”。同时，她也深知“实习生的难”。“我跟你说，从学生到一个教师之间的转变，特别是就几周的时间，你要不做好她的思想工作，她会觉得很崩溃。”所以，“作为指导教师，肯定得对人家负责任，把知道的或者是了解的能跟她们说多少就说多少”。“我们平时交流得很多，包括私人的、工作的、孩子的，都涉及。……还会聊将来工作会怎么样，在工作上会碰到什么样的事情，……还有，在这段实习时间哪儿还需要我再指导、再帮助，或者是觉得哪一点不太顺心了。特别要关注人家的心情。”可以说，正是这种“老教师”的身份感、“指导教师”的责任感，让牛老师相信自己有能力，也有责任帮助园园尽快成长。

而园园的表现也没让牛老师失望。访谈中，牛老师经常拿园园与别的实习生对比，表达对园园的赞赏：“园园是我最近带的实习生里非常喜欢的一个。因为她来这儿的目标很明确，就是来学东西的，根本不怕辛苦，也不在乎得到什么。就是说不计较得失，做事情很主动。”“我老问园园，我说，园园，太累了，你休息一会儿。她就说：‘我不累。’其实真的累了，她也不见得会对你说。只能说这孩子内心有一个目标，有一种动力。用她自己的话来说就是，她特别要强。这样的话，鼓励她往前走就会更容易一些。”可见，园园的不怕辛苦、任劳任怨进一步加强了牛老师对她的偏爱以及指导她的意愿。

加之，园园“很善于学习、吸收，或者说聪明，点过一次第二次就不会再出现同样的错误了”。这种立竿见影的指导效果，让牛老师更乐于指导园园（“这么好的孩子快要走了，我甚至都有点舍不得她”），也更自信于自己指导园园的能力和方法（“我们毕竟是老教师，都得有相当的依据和经验才会这么指导，所以她们一般都非常乐意接受”）。

从园园这边来看，访谈中，她一方面表达了对牛老师的真诚感激（“打心底感觉挺庆幸的，庆幸自己碰到这么一位心肠很好的指导老师”）；另一方面，她也多次强调实习生和指导教师相处时要“有眼色”。她认为她的很多同学进入实习学校后还总把自己当“学生”，不“主动去问，等着老师来教”，这是不对的。“从他们（指导教师）的角度我认为，他们肯定不会把你当学生看，也不会把你当成他们的同事，所以有时候你的眼色还有你的态度就很重要。”因此，当有些同学反映指导教师不尽心指导时，她认为“问题还在于我们学生”，“我们学生，感觉就是站在那里都不吭声，都不说话，不主动和指导教师交流。试想一下，换一个角度，你是指导教师肯定也会那样”。反之，如果“实习生会讨好点，跟老师搞好一点关系，她可能也会理解你，感觉你来实习挺不容易的，你以后肯定是要当老师的，她就会让你多听一点课，多指导你一些”。

可见，园园与牛老师亲密关系的建立，在很大程度上得益于她自己对实习生特殊角色的定位，得益于她对指导教师心理的揣摩与迎合。所以，在处理师生矛盾时，她很注意维护牛老师的立场。有一次，一个园园很喜欢的孩子受到了牛老师的批评，园园说：“小家伙知道我疼他，就抹着泪跑过来。我问他怎么了，当时不知道怎么回事，他抱着我脖子趴在我怀里就开始哭了。”但园园态度坚定地选择了与牛老师站在一起，说“你做错事情，老师就不能帮你了”。对此园园的解释是：“班主任老师很严肃地批评了这个孩子，你在旁边却把这个孩子叫过来给他擦擦眼泪，哄他不哭了，有可能以后他再犯了错误还会找你，他就认识不到自己的错误。”

对牛老师提供的指导意见，园园其实也不是完全接受的。但她并不打算把自己的不同意见告诉牛老师。

我做事比较有自己的主见，但不全说，不表达。一般来说，我感觉她教给我的东西就是她经历好多年总结下来的经验，对于我来说都是可以接受的，我很谦虚地接受。毕竟碰上一个好的指导教师也不容易。她愿意教你，愿意给你讲这些经验，愿意给你说，只能感谢，很庆幸。

可见，在园园和牛老师的互动中，牛老师的热心、责任心和对园园的喜欢，营造了她们亲如母女的互动氛围，奠定了二人和乐融融的互动基调。而园园的有主见、有眼色、懂分寸，对指导教师心理的揣摩与迎合，则进一步烘托了这一基调，使二人的互动走向实性成分极高的“亲和式和谐”关系。

从实习后的学习效果看，在知识转化方面，园园自我感觉在教学方法方面“收获挺大的”。她认为，通过这次实习知道了“怎么跟小孩交流”，“作为一个老师应该以什么样的心态去对待儿童，还学到了管理儿童和组织儿童的办法”。她还意识到，教学方法应该“灵活一些”，比如，“在园内找不到的物品可以用其他物品代替”“提问时要是感觉幼儿表达不出来，可以换一种方式”“没必要完全按照教案上写的来”等。但在总结大学所学理论知识的作用时，尽管园园从道理上认为，“把书上的知识转化一下，应该可以用到幼儿身上”，但经过实习，她还是觉得理论和实践是两码事。“也不知道是我们没有经验，还是说理论就是说说的，跟实际完全不是一回事。”

而在身份获得方面，园园几乎没有任何变化。虽然，牛老师认为从学生到教师的过渡很困难，自己应该竭尽所能地帮助园园，但实际上园园感觉幼儿教师的生活“跟我想象中出入不是太大，基本上差不多”，“除了上课，主要就是伺候小孩子的活”。虽然园园知道牛老师很看好自己，“说我不出几年就能干个差不多，估计以后也是骨干”，但园园并没有因此想留在幼儿园。她还是更想当小学老师，因为小学老师的“工作可能会比幼儿园的稍微轻松一点，工资方面应该也高一点”。所以，园园决定拿到学前教育证书后，继续考小学教师资格证书。

通过分析园园的案例可以发现，同陆斌的指导教师杜老师喜欢陆斌一样，牛老师也很喜欢园园，很看好她，但是她对园园的喜欢不同于杜老师对陆斌的喜欢。杜老师更多是基于陆斌的才情与能力而欣赏他，这种才情与能力实际上是一种一般实习生难以具备的、成为优秀教师的重要内在禀赋。所以，杜老师对陆斌才情与能力的欣赏可以唤起陆斌的自信心，让他敢于更多地展现自己的意见和想法，以更好地证明自己出众的才能。

而牛老师喜欢园园的原因主要是她懂事、听话、不怕辛苦、聪明、“点过一次第二次就不会再出现同样的错误”。这些其实都是“好孩子”“好学生”的典型外在特征。牛老师对园园这些特征的欣赏并不能真正帮助她确立教学效能感和自信心。相反，这会引导园园在实习中更关注这些外在表现性特征，尽可能地“讨好”指导教师，甚至会因为担心破坏指导教师对自己的喜欢，而刻意压抑自己的意见和想法。所以，园园和牛老师貌似和谐的协奏，实际上是以牛老师的意见和好恶为主旋律的，园园不过是这场演奏中的和声。

这种由指导教师单方主导的协奏对实习生的影响是双重的。一方面，它让牛老师的付出得到了更高的情感回报，园园也因此得到了更多的学习机会。情感回报是人类互动的重要报偿机制，人们就像在市场交易中一样，总是力图从互动中获取更多的情感回报。如果一种互动不能带来多于付出的情感回报，人们就会选择离开或敷衍，并继续寻找有更高回报的互动（柯林斯，2009）。园园近乎讨好的听话、乖巧、言听计从，让牛老师从这种互动中得到了很高的情感回报，因而愿意更加尽心尽力地帮助她，给她提供更多的学习机会。

同时，这种由指导教师单方主导的协奏，诱使园园在互动中隐藏了很多有用的信息。牛老师不知道园园其实对她的指导建议有自己的想法，她也没有发现园园根本不存在从学生到教师角色转换的困难，她甚至不知道园园其实根本不想当幼儿园老师。这种互动中公开性的缺乏大大削弱了牛老师的指导效果。因此，尽管牛老师指导得尽心尽力，园园也表现得勤奋认真，但从互动结果看，园园在知识转化和身份获得上都只进行了浅层学习，并没有发生实质性的改变。

（二）正向阻抑型互动模式的基本要素

结合园园的案例，我们归纳出了正向阻抑型互动模式在各次级类属、属性和维度上的基本表现（见表 3.4）。

表 3.4　正向阻抑型互动模式要素分析

次级类属	属性	维度	案例中的表现	相关本土概念
关系特征	1. 指导教师对实习生能力的认可度 2. 指导教师对实习生态度的认可度 3. 实习生对指导教师能力的认可度 4. 实习生对指导教师态度的认可度 5. 实习生对指导教师指导方式的认可度	低—高 低—高 低—高 低—高 低—高	高 高 中 高 中	“聪明” “点过一次第二次就不会再出现同样的错误” “不怕辛苦” “做事情很主动” “她教给我的东西就是她经历好多年总结下来的经验” “心肠很好” “庆幸” “不全说” “不表达”

续表

次级类属	属性	维度	案例中的表现	相关本土概念
行动策略	1. 分享 2. 求教	被动—主动 被动—主动	较主动 主动	“不全说” “主动去问” “会讨好点”
知识转化	1. 理论知识与实践性知识的转化 2. 学科知识与教育学知识的转化 3. 显性知识与隐性知识的转化	不明显—明显 不明显—明显 不明显—明显	不明显 不明显 不明显	“跟实际完全不是一回事”
身份获得	1. 专业认知 2. 专业热情 3. 专业效能感 4. 专业归属感	低—高 低—高 低—高 低—高	低 低 高 低	“跟我想象中出入不是太大” “伺候小孩子的活” “以后也是骨干”

表3.4显示，在正向阻抑型互动中，指导教师对实习生的满意度是比较高的，因此愿意以高度负责任的态度、更多的心思与精力指导实习生。相应地，实习生对指导教师的指导态度也是高度认可的，这是二人实性和谐关系建立的基础。但是，相对于指导教师的指导态度而言，实习生对指导教师教学能力和指导方式的认可度要低一些。访谈中，园园坦言，自己从牛老师身上学到了很多，“包括她对待工作的态度，还有她的人格、对人生的态度，还有每天能保持乐观的心态，这些方面都比较重要”，但她从未表达过对牛老师教育教学能力的钦佩。而且，在访谈中，她多次表达牛老师教给她的主要是她“好多年总结下来的经验”，并不把这看作牛老师能力强的表现。因此，我们认为，园园对牛老师能力的认可度只达到中等程度。同时，从园园对牛老师的指导一方面表示感激，另一方面又有很多想法“不全说”“不表达”的做法来看，她对牛老师指导方式的认可度也只达到中等程度。

正是由于实习生并没有在态度、能力、指导方式等各个方面均高度认可指导教师，所以，二人的互动关系虽然看起来和谐融洽、无话不谈，但实际上并没有深层次的分享与交流。实习生在行动上选择了主动求教但并不主动分享的策略。在园园眼里，主动求教是增加学习机会与赢得指导教师喜欢的重要策略；但园园对自己的分享行为却是有所保留的，因此其分享行为只能算作“较主动”。这种有所保留的、较为主动的行动策略可能出于一种自我保护的需要——维护自己在指导教师心目中的良好形象，也可能出于一种保护他人的需要——维护指导教师的面子或指导热情。但不管出于何种原因，这种互动中公开性的缺乏虽然有利于维系良好的互动关系，但却削弱了实习生最终的学习效果。

因此，就学习效果看，园园在知识转化的各个方面都没有明显收获。她所谈到的实习收获基本上还停留在教学技巧或管理儿童的策略层面，看不出其显性知识与隐性知识、学科知识与教育学知识之间的相互转化。在理论知识与实践性知识的转化方面，园园更是明言没有完成这种转化，感觉到两者“完全不是一回事”。而在身份获得方面，在牛老师的欣赏与鼓励下，园园虽然获得了较高的专业效能感，但是她对幼儿教师工作的专业认知、专业热情和专业归属感依然很低，始终不想当幼儿教师。主要的原因在于，园园并没有从根本上获得对教师职业的认知，指导教师牛老师也没有给予园园深层次的、专业的支持。

总之，正向阻抑型互动的基本特征是：在互动关系特征上，指导教师对实习生的态度与能力都比较认可，实习生对指导教师的态度也比较认可，但对其能力和指导方式等并不全然认可；在行动策略上，实习生表现出了积极主动的求教意愿与行为，但没有很主动地向指导教师分享自己的真实想法；在学习效果上，实习生在知识转化与身份获得的某些方面有所变化，但整体来看变化并不明显。

（三）正向阻抑型互动模式的形成条件

总结园园的案例并对比陆斌的案例后我们发现，尽管他们二人都与指导教师建立了融洽的实性和谐关系，都遇到了很负责任的指导教师，也都有较高的向指导教师求教的意愿，他们的学习效果却明显不同。我们认为以下几方面因素削弱了园园的学习效果，使之与指导教师形成了正向阻抑型互动模式。

1. 实习情境基本符合实习生的预期

在我们的访谈中，虽然园园的很多同学都或多或少流露出对这次实习的不满，园园却没有表现出任何不满情绪。她认为，与上一届相比，学校对他们这一届的实习安排还是比较好的。因为“上一届来了主要就是干保育工作，很多人都没捞着上课”。到她们这一届时，学校跟幼儿园商定，前两周主要做保育工作，从第三周开始上课，并把每周二的第一节课固定留给实习生来上。园园认为这对实习生的学习很重要，“你亲身实践讲课这个感觉跟你只是在那儿听课完全不一样”。而幼儿园也允许园园她们从第二周开始参与老师的集体备课，以便了解下一周的教学内容安排。所以，园园总体感觉“我们这一届实习安排还是挺好的，学得挺全面的”。就实习任务类型看，园园认为在这次实习中，自己全方位接触了幼儿园教育的各方面工作，特别是有了多次上课的机会，这让她感觉“很好地锻炼了自己”。

就学校文化而言，园园认为这所幼儿园总体上与自己想象的差不多，教师们工作很辛苦，但都“挺有责任心的”。虽然学校教师整体上不太喜欢她们这批实习生，但对她非常喜欢与信任；幼儿园的小孩子也很喜欢她，“有事没事都喜欢黏着”她。

对上述情境因素的满意，使园园愿意以认真的态度对待实习，也为其与指导教师实性互动关系的建立提供了良好的基础。但是，我们明显感觉到，园园在谈论这些情况时，并没有陆斌所表现出来的那种由衷喜悦与满足。相反，她认为这一切都“很正常”，跟她没来实习前想的“差不多”，“没什么惊喜，也没什么失望”。因此，可以说，园园在实习以前已经对幼儿园生活有很理性、很现实的认识，实习现场的各种情境性因素也基本符合她此前的认识。这是她能很好地适应实习生活，迎合牛老师期望，建立起非常融洽的师徒互动关系的重要原因，也是她在实习中收获不大、身份感没有明显变化的重要原因。

也就是说，当实习情境基本符合实习生的预期时，其对实习生学习效果的影响可能是双面的。一方面，如果实习生一开始就有明确的当教师的意愿，实习中情境因素与实习生预期的吻合可以帮助他们很快完成从学生到教师的角色转变，加速其身份获得。另一方面，如果实习生从一开始就不想当教师，或者不想当这个学段的教师，那么这种基本符合就不能加速实习生的身份获得。比如，案例中的园园从一开始就不想做幼儿教师，所以，虽然其在实习中感受到的幼儿教师生活与实习前的预期基本吻合，其实习表现也得到了指导教师的高度认可，但这些并没有强化其对幼儿教师的身份认同，改变其不想当幼儿教师的想法。

另外，正向阻抑型互动模式对于实习生的知识转化也不一定具有显著意义，原因仍然与实习生的期待有关，当实习生本人对实习学校的环境缺少好奇时，该实习生就会在很大程度上屏蔽外界的新鲜事物，或很难从一线教育教学工作中找到兴奋点，进而阻碍了他们反思自身的理论知识。

2. 实习生具有工具性心态

应该说，园园在实习中明显比同去的其他实习生更加积极主动、不怕辛苦、任劳任怨，这一点是园园自己和指导教师牛老师都非常认同的。牛老师正是因为这一点格外喜欢园园，愿意竭尽所能地帮助她。园园也把这一点看作自己“讨好”指导教师、与其建立融洽的互动关系、以便得到对方更多指导的手段。

但是，通过对该案例的深入分析，我们发现，园园的积极主动与陆斌很不同。陆斌的积极主动是因为他由衷地喜欢跟这所名校高水平、高素质的学生和老师打交道，觉得与他们交流、参与他们的各种活动“很开心”，觉得自己因此在心态与能力等方面都发生了很大的变化。所以，他的积极主动实际上是一种发自内心的全身心投入。而园园的积极主动更多是一种获得指导教师认可的工具性手段。访谈中，她多次提到不怕辛苦、主动与指导教师交流是一种“会表现”“有眼色”“讨好”指导教师的方式。但是她从未提到在这种积极主动的投入中，她在能力上或情感上有什么实质性收获。所以我们认为，虽然她在实习中的外在行为表现为积极主动，但这绝非一种发自内心的、身心愉悦的高度投入。

受该案例启发，综合分析其他案例后，我们发现，实习生对待实习态度认真、表现积极主动，确实是他们赢得指导教师喜欢、建立起实性和谐关系的重要前提。但是，这种积极主动可以进一步区分为内因驱动的积极主动和外因驱动的积极主动。内因驱动的实习生能从这种积极主动的投入中感受到自己的成长与进步，并因此表现出更大的投入，所以，它更能促进实习生的知识转化和身份获得。而外因驱动的积极主动则主要是为了迎合某种外在期望，所以，它虽然有利于良好互动关系的建立，但不一定能真正在知识转化和身份获得方面给实习生带来实质性的变化。

3. 指导教师能力或方式欠佳

牛老师在指导园园时那种高度负责、尽心尽力的态度是有目共睹的。但是在指导方式上，她并没有像陆斌的指导教师那样尽可能尊重实习生自己的想法。她夸园园“聪明”，不是因为园园才华出众、有想法，而是因为她能很快领会自己的意见，“点过一次第二次就不会再出现同样的错误”。她对于自己指导园园的能力很有自信，因为自己是老教师，“说话都是有相当的依据和经验的”。所以，在方式上，牛老师喜欢以“过来人”自居，高高在上地将自己的经验传递给实习生，弥补他们的亏缺，而不是引导他们发挥自己的长处。

而从园园的反应来看，她虽然非常感激牛老师，感觉得到牛老师的指导“很庆幸”，但主要是因为牛老师“心肠很好”，而不是因为牛老师能力很强、指导方式很好。从园园在牛老师面前虽然有自己的想法，但是“不全说”“不表达”来看，她对牛老师指导的内容与方式并不是很认可。但面对指导愿望很高、自信心很强的牛老师，园园又不敢公开表达自己的意见和想法，从而使这场本应该以实习生为主角的协奏变成了指导教师单方主导的协奏。

综合园园、陆斌的案例，我们认为，指导教师负责任的指导态度是他们得到实习生认可、与实习生建立起实性和谐关系的重要条件。但是，指导方式本身是否得当，是否符合实习生的能力、特点和期望，才是其指导能否促成实习生成长的重要原因。当指导教师有很高的指导热情和愿望，却并未采用与实习生的能力与特点相适应的方式时，二人的互动就容易走向正向阻抑型，致使实习生在和谐融洽的互动关系下仅发生有限的浅层学习。

4. 师徒互动未促成实习生的深度反思

应该说，园园这次实习并不是全无收获，但她的收获主要局限在教学策略与方法等技术层面，如组织管理儿童的办法、选择替代性教具、换一种表达方式等。这些内容其实是经过一段时间的实践锻炼后自然就能掌握的。园园并未像陆斌那样，进一步去思考这些方法与策略如何与教师个人的教育信念、性格以及学生的年龄特点相互依存。因此，园园在实习中进行的主要还是一种单路径学习。这种学习可以让她迅速适应环境，熟悉教师工作的日常规范，但并不能带来其认识方面的实质性变化。这也正是园园在实习中知识转化和身份获得方面均没有发生明显改变的原因。

这种反思的浅表性可能与实习生个人的学习能力有关，但与指导教师指导内容的深度也有很大的关系。从园园的话中可以看出，她认为牛老师对她的帮助主要还是“经验”层面的，得益于她“从事这个时间很长了”。而牛老师也自认为帮助园园的资本来自自己是“老教师”，“有相当的经验”。双方都没有把这些个性化的经验与一般性的教学原则、情境和方法联系起来思考、讨论。因此，当融洽和谐的实性和谐关系并未促成实习生的深度反思时，实习生只能进行一定程度的浅层学习，双方的互动最终停留在正向阻抑型。

三、反向阻抑型

与正向阻抑型不同，反向阻抑型是指师徒互动关系并不融洽，处于虚性和谐状态，且没能有效促进实习生的成长。我们收集到的案例中有多个案例表现出这一互动类型特征。中部某市一地方学院语文教育专业的专科实习生顾新、该学院英语教育专业的专科实习生张丽，以及华北某大都市师范大学汉语言文学教育专业的本科生穆蕊与其指导教师的互动均属于这一类。

具体而言，这三个案例中，顾新与指导教师互动时，双方情感上的不满更强烈一些，处于虚性成分较高的隐抑式虚性和谐状态；而张丽和穆蕊与指导教师的互动处于虚性成分较低的区隔式虚性和谐状态，其不满程度也较低一些。但是，不论不满程度高还是低，在当前师范教育常规制度安排下的实习中，师徒双方都需要根据制度要求，承担相应的指导和被指导责任，相互配合，共同完成互动。然而，互动双方内心对对方的不满又会使他们的协奏中经常跳出一些不和谐的音符，因此，我们将这些实习生与指导教师的互动命名为“跌宕的变奏曲”。

下面，我们先以顾新为典型案例呈现这种“跌宕的变奏曲”的演出状态，然后在此基础上结合张丽与穆蕊的案例，归纳形成典型反向阻抑型互动的条件。与对前面两个类型的阐述不同，我们结合了三个案例来讨论这个互动类型。之所以要这么做，是因为其中任一案例都不足以反映此类型的丰富性和复杂性。

（一）跌宕的变奏曲

我们作为研究者进入顾新实习的中学后，先观摩了顾新的课及指导教师对她的课后指导。我们观察到，在顾新的指导教师马老师近 10 分钟滔滔不绝的指导中，顾新只简短地回应了 3 次，最后向马老师表示："我把这个记下来了，看看存在什么问题，我也整理整理。" 整个过程中，指导教师把顾新一堂课的优点、缺点及怎么改进陈述得有条不紊、清清楚楚，而顾新似乎比较内向，不善言辞，既不积极回应、认可老师的意见，也不为自己申辩。事后访谈时，顾新表示已经上了两次课了，每次课后马老师都"给我讲得挺多"。但当我们问她对指导教师指导的感受是什么时，顾新说"我这个人不善于接受别人的意见，我自己形成的那一套都已经固定了，她跟我讲的不容易转化成我自己的"，"吸收不了"，"她昨天给我记了一堆，我还没看"。

对于为什么无法吸收指导教师的意见，顾新一开始只说是出于"个人的原因""性格原因""偏好问题"。后来，在访谈者的追问下，她承认，实际上她认为"仁者见仁，智者见智。一个问题可能有很多种办法，并不一定她（马老师）的就是最好的。但是她（马老师）说的肯定对，……但我的也不一定就不对"。比如，她认为自己和指导教师在课文处理上的主要分歧是"她关注意境的勾勒，我比较关注了解那种情感吧，其实都是可以的"。可见，顾新吸收不了指导教师意见的真正原因是她不太认可马老师的指导，"打心眼里觉得我的也行，我没必要非得按你讲的走"。

但顾新"只是敢有想法"，并不敢把这样的想法拿出来与指导教师交流。"因为我觉得她教学这么多年，她比我有经验，她说的比我对”，而自己“要经验没经验，要能力没能力”。而且自己只是一个实习生，“主要就是来学习的，不敢有太多自己的意见”，所以“心里面是有想法，也有不满，但是表面上还得谦虚点，你是来跟人家学习的”。虽然顾新也承认马老师对自己“可亲切了”，“没有太多限制”，然而，从她在我们面前总是用“她”来称呼马老师，从她多次提到自己“敢”与“不敢”、“得（děi）”的语气中，我们能够明显感觉到她与指导教师的隔膜和对其的不满。

顾新对指导教师的另一个不满是总要批改作业，她认为自己实习期间干的最多的事就是“批改作业”。“我老批改不完作业，好多人帮我”，以至于她感觉自己的实习“就是辅助她批改作业，有事打一个电话，我就进去帮他们监考一会儿”。顾新认为对实习生的能力影响最大的是学生，但由于自己老得批改作业，导致她“跟学生接触的机会可少了”，“进教室的机会太少了”。顾新说，同来的一个男同学“进教室的机会多，他那天也说了，他越来越熟悉那个讲台了，他站上去可有感觉了。但是我对于那儿还是很陌生”。

另外，顾新也特别不满意指导教师总是当着学生的面叫她“实习老师”，认为这样的称呼“一下子就降低了我在学生心目中的地位”。第二次访谈中，她略带怨气地对访谈者说：“昨天下午你听见她说的没？上午我去上课的时候，她就说今天由实习老师来给我们讲一节课，下午的课也是这样介绍的。”“今天我去监考，语文要结束的时候，数学老师进去了，她问我，实习老师可以下课了吧？她就这样问我，她就把完整的词（实习老师）带上去。”顾新觉得，指导教师说“由顾老师来上课和由实习老师来上课，那是不一样的”。“在我这儿没什么区别，但在学生那儿，你是实习的，（他们）就不把你当老师看，不把你当真正的老师看。”

互动的另一方马老师同样也有不满情绪。第一天观察马老师指导顾新时，顾新的大学指导教师也在场。相比于大学指导教师直接挑毛病的说话方式，马老师的表现要柔和得多。她先指出了顾新的几个优点才给她指出不足，甚至还表扬顾新“是一个素质非常高的人才，做得不错”。但当第二天研究者在走廊里单独访谈马老师时，她却直言不讳地表达了自己对顾新的不满。马老师首先用自己当年实习时的不怕辛苦、全程参与来证明实习生就应该全方位参与到实习中。接着，马老师还指出，全方位参与到实习中不仅是实习生的义务，这本身也是一件对他们自己有好处的事情。

因为，将来如果走上工作岗位，大家都有可能当班主任，是不是？这是一个锻炼。首先，教学中你得参与，主动看看老师是怎么教学、怎么组织教学、怎么备课的，以及后续的一些问题怎么解决。然后，还有班主任的工作，也就是参与课堂，看班里有什么事情，老师是怎么解决的，你能不能帮老师分担一些。这个事情由你来解决，你有你的办法，也可能比老师做得更好，但你要先了解学生，主动地参与到各环节中去。你的收获肯定会比只单一地参与到教学中的那些同学更多一些。

因此，马老师说，她在实习开始时特意跟顾新说过“我是班主任，你可以参与到班级的工作中来。她说得也挺好的，说行，但是也没有参与”。

访谈中，马老师还拿顾新与另一名同来实习的化学系女生对比，说那个女孩“不仅参与到化学的教学工作中去，她的眼力比较活吧，很多老师的工作她都替他们担当了，改卷子，讲卷子，她还找学生谈话”。而顾新却连她交代好的一件处理学生冲突的事儿都没有解决好。这让马老师更认为顾新很不用心，并总结说：“反正，如果遇到主动型的实习生，你会感觉非常轻松，如果是被动型的实习生，每一个工作都得给她交代清楚，害怕有遗漏，要是还做不好的话，就会感觉非常累。”然而，马老师并没有就这个问题与顾新沟通，而是希望她能自己领悟。

那次，我们办公室的几个老师都在夸那个实习生（指化学系实习生），就说她工作做得细，然后比较（会）主动参与。那几个实习生也都在。有的时候你不好直接跟她（顾新）说，她要能听出来一些，主动地参与就会更好。

虽然对顾新不满，但马老师仍认为自己一直在尽心尽力地指导她。“如果她全天在这儿，我们随时都有交流，对问题有某一个看法，随时都可以交流”，并表示交流的时候“咱作为指导老师肯定是有什么说什么，只要她问到了，都会跟她讲，没问的，咱知道的咱也会跟她讲，……咱肯定会知无不言、言无不尽，不会说知道的不给实习生讲。咱知道的、感觉她应该知道的，一定会跟她说”。

但顾新却经常请假，三天两头看不到人。“她今天又请假了没有来，说这几天都来不了。”这让马老师很失望，似乎是自己剃头挑子一头热，一厢情愿地去帮助一个不愿被帮助的人。可见，在马老师眼中，自己对顾新的指导已经够尽职尽责了，而顾新却表现得性格内向、不善言辞，又不容易接受别人的意见。虽然马老师希望主动帮她，但她并没有明显地回应马老师的这份情义，而马老师又不能直接表达自己的不满，其压抑程度可想而知。

可以说，顾新和马老师的互动属于典型的隐抑式和谐。双方都认为自己为对方付出了很多，却没有得到对等的回应或回馈，“诚意受歪曲、情义受阻挫”。但碍于“面子”，又不能撕破脸，只能努力地隐忍、压抑，控制自己的负面情绪而维持表面的和谐。所以，双方面对面互动时都表现得客气有礼，但在面对我们这些“局外人”时，则毫不掩饰对对方的不满，并借机将互动不力的责任推给对方。

处于这样一种互动状态下，顾新在知识转化和身份获得方面都没有明显的变化。当我们请顾新谈谈实习期间有什么收获或感受时，她的回答是“时间太短了，没什么感受”，“我这个人不善于总结，我不知道”。当我们问她两年的大学理论学习有没有什么作用时，她的回答是“我没有好好上这些课，所以我不知道”。而被问及实习前后当教师的愿望方面有什么变化时，她的回答是“可能还没总结出来吧”，“没什么感觉”。由于与马老师交流不畅，顾新对自己的实习生活不怎么满意，这也让马老师认为自己尽职尽责的指导并没有对顾新产生实质性的影响。

我们对本案例进行深入分析后认为，造成二人互动僵局的原因是双方面的。一方面，实习生本人过于固执，在“仁者见仁，智者见智”的说辞下固守着自己的前见，阻隔了向指导教师学习的路径。另一方面，马老师没有看清顾新身上真正的问题所在，没有真正发挥指导教师的作用。当她在访谈时说“这个事情由你来解决，你有你的办法，也可能比老师做得更好，但你要先了解学生，主动地参与到各环节中去”时，她其实感觉到了顾新的固执。但是，她并非对顾新坚持自己的想法不满，而是不满于她的实习态度，认为她不够主动，参与面不够广，不注意了解学生。

然而，顾新的言谈则表明，她自认为参与面够广，干的杂活也够多，而且实际上她很渴望了解学生。只是她认为批改作业、卷子或者监考等杂活不能帮自己了解学生。在她眼里，只有多站讲台才能了解学生。可见，顾新的真正问题在于她捕捉不到专业实践中的“潜在课程”，没有意识到事事都是了解学生的机会。如果马老师看到问题的实质，引导顾新学会从各种“杂活”中了解学生，而不是一味地埋怨她不积极、不主动，则有可能找到打破僵局的出路。舍恩（2008：127）认为，在专业学习中，当互动陷入僵局时，“摆脱学习困境的责任首先落在辅导老师身上。因为他们应该具备这种能力，做到学生尚无法做到的事情”。

可惜的是，作为一名能力不足的指导教师，马老师不仅没有看清顾新问题的实质，而且还在指导中有意隐瞒了对顾新的真实想法和意见。尽管她对顾新的实习态度非常不满，但她没有坦诚地就这一点与顾新交流，只是借表扬她满意的实习生，对顾新旁敲侧击，希望她自己领悟。这一招对固执的顾新来说显然是难以奏效的。因此，二人的互动既缺乏公开性，又缺乏开放性，难以打破僵局，获得令人满意的实习效果。

（二）反向阻抑型互动模式的基本要素

结合顾新的案例，我们总结出了反向阻抑型互动模式在各次级类属、属性和维度上的基本表现（见表 3.5）。

表 3.5 反向阻抑型互动模式要素分析

次级类属	属性	维度	案例中的表现	相关本土概念
关系特征	1. 指导教师对实习生能力的认可度 2. 指导教师对实习生态度的认可度 3. 实习生对指导教师能力的认可度 4. 实习生对指导教师态度的认可度 5. 实习生对指导教师指导方式的认可度	低—高 低—高 低—高 低—高 低—高	中 低 中 中 低	“是一个素质非常高的人才，做得不错” “被动型的实习生” “她比我有经验，她说的比我对” “就是辅助她批改作业” “每次讲的都很多” “仁者见仁，智者见智” “不把你当真正的老师看”
行动策略	1. 分享 2. 求教	被动—主动 被动—主动	较被动 较被动	“表面上还得谦虚点儿” “我这个人不善于接受别人的意见”

续表

次级类属	属性	维度	案例中的表现	相关本土概念
知识转化	1. 理论知识与实践性知识的转化 2. 学科知识与教育学知识的转化 3. 显性知识与隐性知识的转化	不明显—明显 不明显—明显 不明显—明显	不明显 不明显 不明显	"我不知道"
身份获得	1. 专业认知 2. 专业热情 3. 专业效能感 4. 专业归属感	低—高 低—高 低—高 低—高	低 低 低 低	"还没总结出来" "没什么感觉"

总体来看，在反向阻抑型互动中，师徒双方对彼此的认可度都比较低。即使出于礼貌，双方认可对方在某方面有一定的可取之处，但并不发自内心地欣赏对方的优点，而是更介意对方的不足，这导致二人的互动表现出明显的虚性和谐关系特征。在行动策略上，由于对指导教师心存不满，实习生会拒绝表达或者有所保留地表达自己对教学、班级管理以及教师指导的真实看法，以避免将对指导教师的不满公开化。在求教方面，由于对指导教师本身能力的不信服，或者对其指导态度表示怀疑，实习生通常较少表现出向指导教师主动求教的行为。所以，他们的分享和求教行为都比较被动。而在学习效果上，不良的互动关系使教师的指导仅停留在实习生所遇问题的表面，不能推进更深入的探讨，也不能引发实习生更深层的反思。这样的指导对实习生知识转化和身份获得的作用都很小。从顾新的案例看，她没有完成从理论知识向实践性知识的转化。在身份获得方面，她对教师的职业认同感也比较低。

（三）反向阻抑型互动模式的形成条件

以顾新的案例为主，我们在上文分析了反向阻抑型互动模式下各次级类属、属性、维度的基本表现。下面我们在此案例的基础上，结合反向阻抑型互动的另外两个案例——穆蕊和张丽的有关表现，进一步总结提炼形成这一互动模式的基本要素。

1. 实习情境难以令实习生满意

与前面几个案例不太一样，反向阻抑型互动下的几位实习生都没有谈及实习学校的组织文化、教学文化以及教师的工作态度，似乎这些还不足以成为影响他们学做教师的重要因素。他们主要关注的是实习中自己承担的主要任务类型、实习学校老师和学生对他们的信任和接纳程度。

顾新与指导教师产生矛盾的一个重要原因就是对实习任务安排的不满。她更希望指导教师多给自己讲课的机会，而不只是“干杂活”。在实习生看来，指导教师愿意多给自己上课的机会，是信任自己的重要表现。张丽最初对指导教师的不满也主要来自这里。她实习的学校是当地一所重点初中，指导教师是市级教学骨干。因此，她一开始抱着很高的期望，希望指导教师能多指导她。但是后来她发现，指导教师除了让她跟着听听课、改改卷子之外，并不打算让她上课，心中便滋生了对指导教师的不满，二人的互动始终处于区隔式虚性和谐状态。直到我们进入研究现场后，为了配合我们的观察，其指导教师才主动给她安排了一次上课机会。由此，张丽对我们的到来感激不尽，也大大减少了对指导教师的不满，二人的互动开始走向合模式实性和谐状态。

处于反向阻抑型互动模式中的实习生们关注的另一个重要的情境因素是实习学校的师生是否信任、接纳他们。顾新认为，指导教师“实习老师”的称呼本身就是排斥她的标志，这也直接导致了学生对她的不认可。张丽一直担心自己的英语口语不好，课堂上学生笑着模仿她念“tomb”时奇怪的发音，让她感觉“重点中学的学生都很挑剔”、看不起自己，所以，她打算以后到农村中学教书。而穆蕊发现，与同在这所全国知名重点中学实习的硕士师兄师姐相比，学校并没有把他们这帮本科生和指导教师安排在一个办公室里，而是把他们单独安排在另外一间屋里，使他们“多少有点儿被隔离的感觉”。而与指导教师交流时，她发现学生经常在背后把她做得好与不好的地方告诉指导教师，这让她在实习中变得更加谨慎、戒惧。

可见，当实习生没有明显感觉到学校的工作氛围、教师文化、教学文化有什么不妥时，能否得到实习学校教师和学生的认可、能否有机会上课，就成了他们格外关注的情境性因素。这方面的不满会明显影响他们与指导教师的互动关系，并导致其知识转化与身份获得的效果不佳。

2. 实习生表现出服从但被动的心态

应该说，属于反向阻抑型互动的三位实习生对待实习的态度是端正的，不会因为找工作、考研等理由逃避实习或对付了事。相反，她们在实习之初都抱着比较强的学习愿望。但是，由于在实习中慢慢感觉到实习学校指导教师和学生对自己不太信任、不太看重，大学指导教师也很少过问她们的情况，她们就逐渐有了放松懈怠、不再努力的想法。她们表面上表现出听话、服从的态度，会按指导教师的要求完成交代给她们的任务。但对指导教师没有明确安排、布置的工作，她们则不管不问、不想承担，成为指导教师们一致批评的“被动型”实习生。

这种被动服从的心态不仅妨碍了实习生与指导教师良好互动关系的建立，也直接影响了她们在教育实习现场的学习效果。因为工作现场的学习不同于课堂的理论学习。在大学课堂的理论学习中，实习生只要听话、服从，认真完成老师布置的任务，就可以有不错的学习效果。而教育机构中工作现场的课程是通过片段教育（也就是一种特定的产生评价标准的方式）的方式得以开展的，工作现场的实践性学习机会嵌套在教育机构的各个部分、各种场合中，也就是说，在教室、教师休息室、教研室中，在教学中，在会议中，等等，新入职者要习得特定的行为和做事方式，并开展工作（贝尔，布瑞克，2010）。由于工作现场的实践性学习具有片断性、情境性和潜在性的特性，这就要求实习生主动参与整个教育机构现场工作的方方面面，去体验、去感受，渐渐领悟其中隐含的各种工作标准和行为方式。从这个意义上来说，顾新的指导教师期望她做一个“主动型”的实习生，全方位地参与到教育教学工作的各个方面中，确实是有道理的。

3. 教师的指导难以令实习生满意

指导教师的工作涉及态度、能力和方式三个方面。当实习生既认可指导教师的指导态度，又认可他们的指导能力和方式时，彼此就容易建立起实性和谐关系，指导也会有明显的效果。而当实习生只认可指导教师的态度，并不认可其指导能力或方式时，指导的实际效果就会大打折扣。园园的案例就是这样，顾新的案例也是如此。顾新虽然不完全认可马老师的指导态度，怀疑马老师就是想让自己帮忙批改作业，但她也承认马老师挺负责任，“每次讲的都很多”。而对马老师的指导能力和方式，她完全不认可，觉得马老师只是在传授自己的经验，根本不了解她的想法。所以，即使承认马老师说的都对，但她还是感觉听不进去、“吸收不了”。而且，她也受不了马老师过于强调她的缺点与不足的指导方式。虽然顾新承认，“她（马老师）不是在批评我，而是在给我指出我的不足”，但这样也让她感觉“很受打击”。“就像昨天上午，她刚开始表扬了我几句，后面说了我好多的缺点和不足。那一节课的时间，就没一点精神头，也不是不愿意她批评我，就觉得自己没做好，不知道自己该怎么做。”

当实习生认可指导教师的指导能力与方式，认为指导教师很有能力，希望指导教师能多向他们传授自己的成功经验，但又怀疑指导教师的态度，担心指导教师不愿意指导自己时，双方的互动也会走向虚性和谐。张丽和穆蕊的案例就说明了这一点。

实习之初，张丽“处心积虑”地创造条件让指导教师（于老师）注意到自己并选自己做徒弟，因为她相信，跟着这位市级骨干教师一定能学到很多东西。但是，实习一段时间后，她发现于老师特别忙，根本没有特别关照她、指导她的意思，她开始失望了，不再寄希望于指导教师的指导。但是，由于我们以课题组成员的身份进入实习现场，她获得了一次讲课的机会，讲完课后，指导教师对她进行了特别详细、具体的指导，这让张丽很兴奋，说：“实习那么多天，我觉得今天是收获最大的一天。”她还说到，前面指导教师说她讲课的优点时，她根本没有认真听，但是后面指出她的毛病时，她一条条都记下来了，“感觉讲得真的特别好，把我以前感觉不好但不知道怎么改的地方都指出来了，这对我以后当老师肯定很有帮助”。虽然在我们看来，张丽的指导教师指导她的方式是典型的灌输式，但张丽认可这种指导方式。以前是因为她怀疑指导教师的态度，认为指导教师不太愿意指导自己，所以才对指导教师心生不满。

穆蕊也希望指导教师“在教学上多给我一些指导，多说说我的不足”。但她的指导教师每次都主要说她的优点，对她的不足只是“点到为止，适可而止”。指导教师的这种做法让穆蕊怀疑她并不愿意花太多的心思指导自己，对自己的表扬也不过是礼貌性的客气。所以，指导教师的当面表扬并没有提高穆蕊的教学效能感，相反，当她从同学那里知道指导教师在背后当着其他教师的面表扬了自己时，才真正高兴了起来，“感觉自己的班会可能确实做得不错”。

可见，实习生对指导教师态度的评判标准是比较一致的，主要包括指导教师会不会让自己上课，平时愿不愿意跟自己交流，会不会主动关心自己的情况，等等。但是，什么是最好的指导方式，在不同的实习生那里却有不同的标准。有的实习生把指导教师尊重自己的观点、欣赏自己的想法、多表扬自己看作合适的方式，有的实习生则把指导教师向自己传授经验、指出自己的不足看作合适的方式。这种判断实际上与实习生的个人性格和学习能力有很大的关系。作为指导教师，只有关注到实习生的性格特质、学习能力，才能提供令其满意的指导。

4. 师徒互动未能促成实习生的深度反思

处于反向阻抑型互动下的三位实习生普遍未能形成深度反思的意识和能力。顾新在总结自己的实习收获时，直接告诉我们“时间太短了，没什么感受”，“不善于总结”，“不知道”。而当研究者问穆蕊指导教师为什么欣赏她那次班会设计时，她不太确定地说：“可能是我让一些平时不太受关注的同学在这一次受到表扬了。而且她可能觉得我的形式比较多样，就是有让学生自己做事情。然后做的课件，她觉得可能做得比较好看，就是多媒体这方面受到肯定。”可见，穆蕊把自己这次班会的成功仅仅归因于采用的方法和技术更多样、更先进一些，却没有深层次思考这些方法和技术运用成功的原因。同样地，张丽感觉自己在整个实习前期都没什么收获，就是对那次令她兴奋不已的指导，她也认为主要的价值就是老师把她“以前感觉不好但不知道怎么改的地方都指出来了”，学习到一些实用的方法与策略就是她目前最关心的事情。

出现这一现象的原因是多方面的。首先，反向阻抑型互动的核心特征之一是双方的互动关系处于虚性和谐状态，在情感上都包含对对方某种程度的不满。这种不满会使双方在互动中尽量减少接触，仅在必要的时候维持公事公办的互动或礼节性互动。因此，在这种互动中，指导教师会在确保二人表面和谐关系不被破坏的情况下，例行公事地进行必要的指导，礼节性地指出实习生教学策略或方法上的优点与不足，但不会公开讨论实习生性格或认识上的不足，也不会向实习生敞开心扉分享自己的教学体验和成长历程。因此，在反向阻抑型互动下，实习生可能会习得一些教学策略与方法，但难以像正向促进型互动中的陆斌那样，在师徒间愉悦的交流与分享中产生深度反思，认识到教学策略和方法与学科，与教师的个性、素养和信念，与学生的能力和特点等之间的联系。

其次，反向阻抑型互动中实习生服从但并不主动的实习心态也阻碍了其深度反思能力的形成。如前所述，这种服从但不主动的心态并不适合教育现场的实践性学习，它不利于实习生整体地感受、体验潜在藏于教育现场的各种学习机会。

最后，这种深度反思能力的不足也与实习生当前的专业发展阶段有关。对刚刚开始在真实的教育现场中扮演教师角色的实习生来说，掌握一些马上能用、立竿见影的教学或班级管理的策略与方法，是他们更好地应付眼下的任务，尽快胜任常规教学工作所必需的。所以，如第二章问卷调查所显示的那样，实习生在与指导教师的互动中，讨论最多的内容是教学和班级管理的策略与方法。因此，反向阻抑型互动下实习生的反思仅停留于方法与策略层面也是可以理解的。需要说明的是，我们并不认为这种反思是不好的，只是认为这种反思仍停留在浅层次，只能带来实习生的浅层学习。

四、反向促进型

虽然在大多数案例中，不良师徒互动关系下的实习生只能进行有限的浅层学习，但是我们收集到的有些案例也显示，有时候不良的师徒互动关系反而刺激实习生做出了更深、更广的思考，从而有了更大的收获。我们将这种类型的互动命名为反向促进型。所谓“反向”指的是实习生与指导教师的互动关系是虚性的、不太和谐的，而“促进”则是指实习生在这种互动中取得了良好的学习效果。华北某大都市师范大学学校心理辅导专业的硕士三年级学生兰馨在最后一次实习中与指导教师的互动就属于这种类型。

在我们所接触的实习生中，兰馨的实习经历是最多的。本科时她就参加过学校组织的两次正式实习，自己还多次利用寒暑假在课外辅导班兼职。读研的三年时间里，她一直参与导师的心理辅导教学实践团队，长期在一所小学任心理辅导教师，是这个团队的佼佼者。可以说在此前的多次实习中，兰馨一直很成功，而且表现出很强的理论知识与实践性知识相互转化的能力，也在此前的多次实习中建立了很高的教学效能感，具有强烈的想做一名优秀教师的愿望。

毕业找工作时，兰馨到一所自己有就业意向的小学进行了一次她称之为"考核性质"的实习。在这次实习中，她对负责指导并考核她的教师的教育理念、教学能力、做人品质都非常不认可。因此，在实习中，她主动疏远这位教师，将一场本该由指导教师和实习生共同完成的协奏，演绎成一场实习生坚守自己信奉的教育理念、走自己的路、自我探索、自我行动的独奏。从实习的最终效果看，在这场与指导教师暗含较量的互动中，兰馨在知识转化方面有了十分明显的进步，甚至实现了跨学科思维方式的迁移，独创了自己的"绘诗学法指导"。

可以说，兰馨的这场独奏是成功的。但不同于陆斌与指导教师共同演绎的愉悦的协奏曲，兰馨的这场独奏多少带有点悲壮的英雄主义色彩，所演绎的更像一首"悲壮的独奏曲"。下面，我们首先整体呈现兰馨这支"悲壮的独奏曲"的演绎过程，然后基于对兰馨案例的分析，总结反向促进型互动模式的基本特征以及促成反向促进型互动的条件。

（一）悲壮的独奏曲

兰馨此次实习的小学位于我国东部的一个大城市，而且打着某全国重点师范大学附属学校的招牌，这是吸引兰馨去应聘的一个重要原因。但去了没几天，对学校环境的失望、对学校领导擅自改变计划的不满、对该校一位“优秀”教师随意踹学生的震惊，以及与指导教师相处的种种不快，使她放弃了来这里工作的打算。

实习的第一天，兰馨兴冲冲地来到学校，却发现这所学校只是位于郊区的一所规模很小的民办公助学校。说是九年一贯制，但当时最高才到小学四年级，总共不到 200 名学生。由于规模比较小，学校没有专任心理辅导教师。学校的一名学生辅导员兼任心理辅导教师，同时还给学生上传统文化课。因此，兰馨到校后自然就被安排由这名兼职的心理辅导教师来指导。但科班出身的兰馨第一次听了指导老师的心理辅导课后，就表达了对她教学方法的不满，说“她的课从教具准备到总结我都不喜欢”。

考虑到该教师不是心理辅导专业出身，兰馨希望她的传统文化课能让自己有一些收获。但是听完两节课后，她感觉更失望了。一节课是教四年级学生背诵《大学》。对这堂课，兰馨如此评价：“一点方法也不讲，就只是利用正字计数法，让学生反反复复背诵了 13 遍，我都无语了。”另一节课是教二年级小学生背诵古诗，由于快到期末了，传统文化课上有几首古诗还没有学完，该教师整节课都让学生背诵古诗，“根本没有讲解诗意，就只是让学生死记硬背，并认为学生不需要懂，只要记住就可以了”。

这次，让兰馨不满的不仅仅是指导教师死记硬背的灌输式教学方式，还有她敷衍了事的教学态度，兰馨认为不该因为马上要期末考试了，教学上就这么对付。“我的理念是，只要是课，就要对学生有影响，老师的这种做事方式太不好了！”当被问及她听完课后是否与老师讨论过这个问题时，兰馨说：“没有，她根本没问过我的看法。”后来，兰馨还发现该教师的两个孩子也在这所学校，而作为辅导员，她在没有跟孩子班主任打招呼的情况下，就擅自同意自己的两个孩子不参加活动。对此，兰馨也颇有微词：“如果爱所有的孩子，就不应该将自己的孩子特殊化；换成是我，绝不会把自己的孩子安排在自己管的班里让她特殊化。”

面对与自己价值观迥异的指导教师，兰馨决定主动与其疏远，不跟她讨论交流，而是自己琢磨，努力把课上好。兰馨认为，这样才不会浪费这次实习的机会，也能向校方证明自己的实力。因此，当指导教师让她上课时，她没有选择上自己擅长的心理辅导课。“我跟她说我想上传统文化课，想用自己的方式去上——绘诗①。她很惊讶。我设计了表格，她要求打印 70 份，说以后自己也要用。我说上完后，我可能要修订，没给她打。”至于为什么不给指导教师打印，兰馨认为这名教师可能是想向她学习。“但是不与我探讨，这点我不喜欢。我不喜欢拿来主义，也不喜欢他人直接用我的东西。”当研究者问她这样做是不是在向指导教师挑战时，她的回答是：“我目前的想法就是做我自己。我没有恶意挑战，只是如果对方技不如我，我就自修。如果我觉得自己有不好的地方，我就自己去学。这才是理想的方式。”

上完课后，兰馨也没和指导教师交流，而是把学生的作品拍成照片，一一点评后传到自己的博客上。“我出于对自己成果的保护，把学生作品拍照后，在照片上做了我的博客标签，然后传到博客里了。我对她说发到博客里了，请她多指点，她说好，就这么简单。”当研究者问她为什么没有和指导教师交流时，兰馨说：“她态度很不认真，每次请她多指导我时，总是那句，说我比她好，得向我学习，所以我都懒得问了。”

---

① 绘诗是兰馨在听指导教师的课时，不满于她死记硬背的灌输式教学，灵机一动将心理辅导中的冥想放松技术迁移到古诗教学中的一种教学方法，兰馨将其命名为“绘诗学法指导”。她在自己的博客里写道：“对于描写风景类的古诗，可以采用画笔描绘和语言描绘的方式进行学习。语言描绘是让学生用自己的语言解读古诗，将诗境显在字里行间；画笔描绘是让学生运用想象力，将诗人作诗时所见到的、感受到的景象再现在画纸上。通过语言和画笔描绘可以更加深刻了解古诗的韵味和意境，目的在于引导学生会学诗，理解诗，会自己作诗，最终的目标在于引导学生学会诗意地生活，这才是真正学到了诗的智慧。”

可见，此时兰馨与指导教师的互动完全是一种貌合神离的虚性和谐关系。对指导教师价值观念、行为方式的否定，使兰馨不再把精力放在关系的维护上，而是将指导教师作为反面例子，努力以更成功、更出色的教学来证明自己理念与方法的正确性。这种暗自较量的心理，刺激兰馨更注意发挥自己的专业优势，结合学过的有关理论，对自己认为好的教学方法进行深度反思。

比如，对指导教师让学生死记硬背古诗的不满，激发她想到把心理辅导课上的冥想训练迁移到古诗教学中，提出并成功地实践了自己的“绘诗学法指导”。更难能可贵的是，兰馨并没有止步于实践上的成功，而是试图借助学过的理论去解释为什么这种方法是成功的，如何使这种方法的运用更加理论化、系统化。她写成并发表了一篇研究论文《从诗画到诗话：小学低年级风景古诗教学探索》，结合低年级小学生的心理特点、风景古诗的特点，以及布鲁纳儿童智力成长的“表象模式发展理论”和加德纳的多元智能理论，解释了“绘诗学法指导”的科学依据，系统化地总结出“低年级风景古诗四步教学设计思路”。

此外，在听指导教师的课时，兰馨发现该教师让三年级的小学生直接谈自己有哪些优点，结果学生谈得大同小异，而且发言并不积极。针对这些现象，兰馨也反思了背后的原因。她认为这是“因为小学生的自我意识、自我了解并不深入，所以从自身进行学习效果不太好，如果借用典型事例、典型人物学习会更好”。因此，她想到可以把语文课上“托物言志”的方法迁移到低年级小学生的心理辅导课上，借助某个典型的人物或学生喜欢的小动物，让学生谈谈自己希望具备或学习这个小动物的什么优点，收到了非常好的教学效果。可见，对于专业能力和专业自信心已经较强的兰馨来说，不良的师徒互动关系反而刺激她对已有知识和经验进行了更深层的反思，对不同学科知识的迁移和运用有了广泛而深刻的理解，因此在理论知识向实践性知识的转化方面迈出了一大步。

然而，在身份获得方面，这次实习对兰馨的影响非常复杂。经过这次实习，兰馨彻底放弃了来这所学校工作的打算。她拒绝了学校的签约请求，因为“特别不喜欢这个学校的人际环境”。兰馨以前一直坚信自己会成为一名优秀的心理辅导教师，相信“没有教不好的学生，只有不会教的老师”。但经历这次实习后，兰馨说自己“对整个教育有些失望了”，感觉作为一名教师“教会学生知识容易，但要改变孩子很难”。

兰馨说，主要有两方面原因促使自己改变了以前的认识。一是她感觉像指导教师那样溺爱孩子的家长太多了。“毕竟孩子 6 岁前受家里教育影响太大了，有些孩子不吃我这套，或许吃棍棒呢”，“现在的很多孩子已经被家长惯坏了。所以我觉得如果老师都像我这样，孩子们是不会听的，……我也在反思自己的教育方式”。二是对该学校教师整体素质的失望，让兰馨感觉仅凭自己的力量不能从根本上解决问题。“孩子接触的教师群体毕竟太大了，我没有能力改变其他老师的做法，所以实习结束后感觉有点挫败，不是为自己的能力，而是为了现在教师的素质问题。”与正向促进型模式下陆斌所感受到的教育的温情暖意截然相反，兰馨这次伴随负面情感能量的教育实习经历，在一定程度上弱化了她教育理念中的温情色彩，使其教育选择更趋理性、现实。

（二）反向促进型互动模式的基本要素

结合兰馨的案例，我们将反向促进型互动模式在各次级类属、属性和维度上的表现总结如下（见表 3.6）。

表 3.6　反向促进型互动模式要素分析

次级类属	属性	维度	案例中的表现	相关本土概念
关系特征	1. 指导教师对实习生能力的认可度 2. 指导教师对实习生态度的认可度 3. 实习生对指导教师能力的认可度 4. 实习生对指导教师态度的认可度 5. 实习生对指导教师指导方式的认可度	低—高 低—高 低—高 低—高 低—高	中 未见 低 低 低	“说我比她好，得向我学习” “她的课从教具准备到总结我都不喜欢” “技不如我” “态度很不认真” “不与我探讨，这点我不喜欢”
行动策略	1. 分享 2. 求教	被动—主动 被动—主动	被动 被动	“没给她打” “发到博客里” “懒得问了” “如果对方技不如我，我就自修”
知识转化	1. 理论知识与实践性知识的转化 2. 学科知识与教育学知识的转化 3. 显性知识与隐性知识的转化	不明显—明显 不明显—明显 不明显—明显	明显 明显 明显	“托物言志”教学方法的设计依据 “绘诗学法指导” 论文《从诗画到诗话：小学低年级风景古诗教学探索》
身份获得	1. 专业认知 2. 专业热情 3. 专业效能感 4. 专业归属感	低—高 低—高 低—高 低—高	中 中 中 中	“很多孩子已经被家长惯坏了” “我没有能力改变其他老师的做法” “对整个教育有些失望了” “教会学生知识容易，但要改变孩子很难” “有点挫败” “特别不喜欢这个学校的人际环境”

由于我们并没有对兰馨此次实习的指导教师进行访谈，因此无法判断兰馨的指导教师对她能力和态度的看法。不过，从兰馨的描述中，我们初步判断其指导教师对她的能力还是比较认可的。每次兰馨请她谈谈对自己课的看法时，她总说兰馨比她好，得向兰馨学习。尽管这话中可能包含了很高的客气成分，但身为一名有多年经验的老教师，能够对实习生说出这样的客气话，也可以看出她还是看到了兰馨能力之出色的。而从兰馨的角度看，她对指导教师能力、态度和指导方式等各个方面都持完全否定的态度，这使她同指导教师的互动表现出非常强烈的虚性和谐特征。也正是因为对指导教师的彻底否定，在行动策略上，兰馨完全放弃了与指导教师“分享”和向指导教师“求教”，既不把自己的看家绝活分享给指导教师，也不诚心向她请教，而是努力用自己出色的教学效果向指导教师证明自己的实力。

就学习效果看，兰馨在知识转化的各个方面都表现得非常出色。在她解释为什么指导教师让小学生泛泛谈自己的优缺点效果不好，而托物言志的方法更适合低年级小学生时，我们可以看出，她已经将读硕士期间学到的儿童心理学理论知识转化为指导其教学的实践性知识。而其独创的“绘诗学法指导”实际上是综合考虑了教学内容、教学目标、学生和教学评估等各方面因素后形成的学科教学法知识。她最终将这种教学法系统地表达出来，并发表了研究论文，明显体现出她所拥有的隐性知识与显性知识的相互转化。

然而，在身份获得方面，兰馨的收获并不是很理想，各个方面都从原来的高期望慢慢走向了趋中、务实。首先，她对教育职业的认识越来越理性、现实。她明显感觉家庭教育和学校教育的其他因素对孩子产生了不利影响，并认为自己无力消除这些影响，甚至说出了“有些孩子不吃我这套，或许吃棍棒呢”这样的话。可见，兰馨想做一名优秀教师的愿望并没有降低，但是她对待教育、对待孩子的一腔热情却有所减退。其次，在专业效能感方面，兰馨在教育方面的个人效能感基本没有改变，她依然认为自己是个出色的老师，有能力教会学生知识。但是，她感觉到自己无力改变家庭教育和学校中其他教师的做法，“有点挫败感”，认识到“教会学生知识容易，但要改变孩子很难”。有研究表明，像兰馨这种教学效能感由高到低的转变，符合师范生职业社会化的一般轨迹。最后，在专业归属感方面，虽然兰馨依然坚定地想当一名心理辅导教师，但却彻底放弃了来这所学校工作的打算。这说明她的学科归属感仍旧很强，但由于该校总体状况令她不满，她对这所学校的归属感很低（俞国良，辛涛，申继亮，1995）。

总之，在反向促进型互动中，实习生对指导教师各方面的认可度都很低，因此，在行动策略上完全放弃了与指导教师交流、向其求教的想法，二人的互动表现为较强的虚性和谐关系。而在学习效果方面，兰馨出于自己的努力，在知识转化的若干方面比较成功，但在身份获得方面产生了一些消极的情绪和负向的变化。这是因为，实习生的身份获得与学校中的人（特别是指导教师）密切相关，而知识则相对抽离于人际关系和学校其他情境因素。

（三）反向促进型互动模式的形成条件

结合兰馨的案例，我们从如下四个方面——实习情境、实习生个人、指导教师以及师徒互动中实习生的反思程度——进一步总结形成反向促进型互动的条件。

1. 实习情境令实习生不满

在所有的实习生中，兰馨对实习学校的不满表现得最为强烈。我们认为，这可能与兰馨此次实习的类型比较特殊有关系。由于本次实习直接关系到兰馨的就业选择，因此她对学校的情境性因素比一般的实习生更为敏感。

在访谈中，兰馨甚至用了“特别”一词表达她对这所学校人际环境的不喜欢："这所学校的人际环境很特别，我很不喜欢！"听课时，她感觉这里的教师"上课很随意"，"不用心研究教学"；监考时，她发现"老师对学生很凶，一点不值得的小事儿就对学生大吼"。更有甚者，学校里一位她"刚进校就听说的市级优秀教师"，竟然因为一位学生没有完成作业，"当着我们实习生的面，在课堂上狠狠地踹了他（学生）一脚"，这让兰馨"对整个教师队伍的素质"都感到失望。

此外，兰馨对学校的领导文化也很不满意。校长原定 1 月 4 号要听兰馨的一堂课，"但是他们学校临时更改学校工作安排，就取消了"。"学校本来 1 月 6 号举行元旦晚会的，孩子们都准备了节目，结果元旦前一天临时调整，不开了，孩子们都特别失望。"而且，兰馨告诉我们，"学校领导这种草率更改决定的事情不是一次两次了"。她听一位已经在这里工作的师姐说，学校里的一位主任，"教语文的，因为自己记错了课程表，第一节课就到了教室。本来应该是数学课，是我们 X 师大的一个师姐上。师姐说这节课是数学，结果那个主任说：'哦，我记错了，那你下一节上吧，这节我先上。"基于对此类事情的观察，兰馨对这所学校的领导也比较失望。

对这所学校的学生，兰馨的感情则比较复杂。一方面，她觉得学生们很喜欢她，"每次见了我都笑得很开心"，"他们很听我的话，根本没必要对他们吼"；另一方面，她又觉得有些孩子太现实了，不那么可爱了。有的孩子不舍得她走，就会问："老师，你会一直在这里吗？还是只在这里一段时间？"这时，"有的孩子就直接说'在不在还不一定呢，现在工作不好找'之类比较现实的话"。兰馨说："听到这么小的孩子说这样的话，感觉挺不舒服的。"

可见，当实习生以一位求职者的身份重新审视学校的各种情境因素时，她关注的就已经不仅仅是能不能上课，能不能被这里的教师和学生所接受，而是学校的组织文化、教师文化、教学文化等人际文化因素了。当这几方面的现实表现都明显低于实习生此前的期待时，他们就会产生强烈的不满与失望，进而阻碍其教学效能感的提高以及学校归属感的建立。

2. 实习生具有大胆尝试的心态

从兰馨的案例可以看出，她的实习心态明显不同于此前的各位实习生。后者的表现多多少少都具有一定的“向师性”，即愿意追随指导教师，尽量使自己的表现符合指导教师的期望。而兰馨却反其道而行之，坚持自己的教育理念，大胆尝试自己的想法。

可以说，这种敢于大胆尝试的实习心态与兰馨个人独特的性格特征与能力有很大的关系。如果兰馨在性格上不是这么自信、坚持，而是像园园那样乖巧懂事、善于“讨好”，她就不可能主动疏远指导教师，大胆尝试自己的想法。如果兰馨在能力上表现平平，没有明显的专业优势和以往的成功实践作为基础，她就只能像顾新那样，即使有强烈的不满，也不敢有自己的想法。

进一步分析发现，兰馨大胆尝试的心态是她能在不良互动关系下取得成功的一个重要原因。如果说，在正向促进型互动中，实习生只需要以高度投入的心态融入健康、和谐的实习学校文化中，就能自然而然取得进步的话，那么在反向促进型互动中，实习生要取得成功就必须有一定的超然于外、做好自己的胆识。因为，只有这样，他们才有可能避免随波逐流，不被不良的实习环境所淹没。

当然，这种大胆尝试对实习生的心理和能力而言都是巨大的挑战。从案例中可以看出，兰馨的尝试虽然成功了，但是她的教学效能感和教师身份感都受到了一定程度的打击，其教育热情也有所消退。所以，作为研究者，我们更希望实习生的这种大胆尝试能在一种安全、充满信任的心理氛围下进行。

3. 教师的指导无法满足实习生的需要

兰馨对指导教师指导能力的不满，让她完全放弃了向其学习的想法；对教师指导态度的不满，让她对教师这一职业产生了怀疑；对教师指导方式的不满，则进一步强化了兰馨与指导教师互动中的虚性成分。兰馨多次提到指导教师“态度很不认真”，总是用多向兰馨学习的客套话敷衍她。兰馨说：“这种情况是以前的实习中从来没有遇到过的。”

在学习性质的实习中，实习者本身就是以学习者的身份参与其中的，指导教师很乐意给出指导。而且经验少的实习者从指导教师那里学习的欲望也比较强，所以大家的关系比较好，教师指导得也会更负责任一些。

考核性质的实习是最棘手的。因为如果实习者较优秀，则指导教师（一般是本学科）就会感受到压力，毕竟录取后实习生跟自己同一学科，会有很大竞争。而且考核性质的实习中的实习者往往已经有了相当的教学经验，否则也不会到考核这一步。所以，实习者的经验会与指导教师有很大冲突，这种冲突至少一定会比单纯学习性质的实习要大一些。

通过以上兰馨对此次实习性质的分析可以看出，兰馨彻底否定了教师的指导态度，认为她不仅客观上没有能力帮助自己，主观上很可能也压根就不想帮自己。所以，指导教师只想从自己身上“拿”东西，但不跟自己讨论、交流。而在指导方式上，指导教师指导实习生的方式不外乎三种——重在说明解释的言教、重在行为示范的身教、说理和示范相结合的言教身教并重。显然，兰馨的指导教师无论在身教还是在言教上都难以对她施以影响。

从兰馨的案例可以看出，当实习生对指导教师的指导态度与方式均持否定态度时，不仅二人难以建立起良好的互动关系，实习生也会认为从指导教师那里获得有效帮助的可能性极低，不会主动向指导教师求教，也不会以指导教师为榜样。在这种情况下，实习生要么选择消极应付、放弃努力，在饱含不满的情绪体验中结束这次收获甚微的实习；要么像兰馨这样我行我素、自我行动，在暗含较量的互动中通过成功的自我行动证明自己。

4. 师徒互动引发了实习生的深度反思

从案例中可以看出，兰馨的反思能力是非常突出的。她的反思已不局限于本学科、本领域，而是举一反三、跨学科的。更为可贵的是，她的反思还表现出了徐碧美（2003：272–273）在优秀教师身上发现的理论知识实践化、实践性知识理论化的能力。比如，当她发现指导教师让三年级小学生直接谈自己的优点，学生发言并不积极而且大同小异时，兰馨对此做出了理论上的解释，认为是因为学生年龄太小，“自我意识、自我了解并不深入”。所以，她想到了语文上“托物言志”的方法，让学生看国产动画片《小熊猫》，然后谈自己需要学习小熊猫的什么优点、改掉什么缺点，产生了很好的教学效果。这是一种典型的理论知识实践化的表现。而她对自创的“绘诗学法指导”的系统总结与提升，则是实践性知识理论化的具体表现。应该说，作为一名实习生，兰馨能具有如此系统、深刻的反思能力确实是难能可贵的，这也是她能够在不良的实习条件下在知识转化方面取得明显进步的最根本原因。

客观地说，兰馨的这种深度反思的能力更多地得益于其个人特质，得益于其良好的专业学习基础和较为丰富的教学实践经验，而不是与指导教师的互动。但是，我们也不能否认这种反思与二人的互动具有联系。从某种意义上说，兰馨的每一次反思、每一次尝试都是以指导教师为靶子的。正是对指导教师不良的教育理念和教学方法的批评，让兰馨形成了新的思考，创造出新的教学方法，并在指导教师放任自流的宽松管理中找到了尝试其新想法的行动空间。因此可以说，正是兰馨与指导教师的这种不良的互动反向刺激了她的深度反思，引发了她的深层学习，使二人的互动走向反向促进型。

反向促进型互动之所以能够在不良的互动关系下取得较好的学习效果，正是在于这种不良的互动关系起到了“激将法”的作用。它反向刺激实习生对现实教育中的各种不良现象做出深度思考，并引出新的、成功的尝试。当然，正如前面的分析所指出的那样，这种反向刺激诱发的大胆尝试是有风险的，它对实习生的心理与能力都是一种巨大的挑战。如果实习生不具备像兰馨这样的专业自信心和出众的专业实践能力，是很难在这种反向刺激中取得成功的。因此，这种方法具有很大的偶然性和特殊性，并不是一种肯定有效的、能够促进实习生成长的方式，不值得正式推荐给指导教师和教师教育机构。

五、小结

前面我们借助典型案例呈现了正向促进型、正向阻抑型、反向阻抑型和反向促进型四种互动模式下指导教师与实习生的基本互动状态，分析了每种互动模式的基本因素及形成条件。

首先，我们借助乐曲表现形式中独奏与协奏的隐喻，展现了实习生与指导教师的基本互动状态。所谓“独奏”是指指导教师基本或完全放手，让实习生在教育现场自主学习的实习。在这样的互动状态下，结果主要取决于实习生自己的反思意识和实践学习能力。如果实习生能够像兰馨一样，具有较强的反思意识及适应教育现场的实践学习能力，他们就能成功地学会如何做一名教师。反之，他们就可能在茫然无措的种种不适与无奈中遭遇“实践休克”，无法顺利完成从学生到教师的角色转换。因此，“独奏”式互动状态并不适合所有实习生的成长。

所谓“协奏”则是指指导教师与实习生在相互影响、相互制约的状态下共同完成实习。指导教师会尽心尽力或公事公办地指导，实习生也会发自内心或在外在形式上表现出向指导教师学习的意愿，其互动关系与效果取决于二人合作中的默契程度。根据这种默契程度的不同，我们又将实习生与指导教师共同演绎的协奏曲进一步区分为默契度极高的“愉悦的协奏曲”、默契度居中的“和谐的幻想曲”和默契度较低的“跌宕的变奏曲”。随着二人协奏中默契程度的降低，二人的互动对实习生知识转化和身份获得的影响也会有所变化。而在中国人“面子”心理的影响下，双方合作中的默契程度通常保持在“只可意会不可言传”的状态。这种公开性的缺乏，进一步降低了双方在互动中达成默契的可能性。所以，许多貌似和谐的协奏式互动，实际上并没有明显促进实习生的成长。

可见，实习生最终的收获与成长，与其同指导教师的互动在表现形式上是“独奏”还是“协奏”并没有必然的联系，它实际上是由具有不同特质的实习生与指导教师，在不同实习现场的复杂情境因素中发生不同耦合作用后的结果。所以，在案例分析中，我们尝试从实习情境、实习生、指导教师和实习生在互动中的反思程度四个方面，分析促成每种互动模式的条件。在此，我们提炼出五大类属——“互动条件”“互动关系”“反思程度”“学习结果”“互动类型”，进一步总结出四种互动模式的基本特征（见表 3.7）。

表 3.7　四种互动模式的基本特征

类属	属性	维度			
互动条件	实习情境的适切性	高	较高	较低	低
	指导教师态度、能力、指导方式等方面的适切性	高	较高	较低	低
	实习生的实习心态	高度投入	积极主动	服从但不主动	大胆尝试

续表

类属	属性	维度			
互动关系	指导教师对实习生的认可度	高	高	中或低	中或低
	实习生对指导教师的认可度	高	较高	中或低	低
	实习生的分享与求教	主动	较主动	较被动	被动
	师徒合作的默契度	愉悦的协奏	单方主导的协奏	不协调的协奏	悲壮的独奏
反思程度		深	浅	浅	深
学习结果		层次深	层次浅	层次浅	层次深
互动类型		正向促进型	正向阻抑型	反向阻抑型	反向促进型

如表 3.7 所示，每种互动类型都与不同的“互动条件”息息相关。不同的“互动条件”导致不同的“互动关系”，伴随不同的“反思程度”，带来不同的“学习结果”。正是这四大类属在各属性上的不同，最终导致四种不同互动类型的形成。

具体而言，在正向促进型互动中，实习情境以及指导教师的态度、能力与指导方式等与实习生的适切性都很“高”，所以，实习生在实习中表现出高度投入的状态，并因此赢得指导教师的欣赏。这些条件因素导致二人建立起实性和谐的互动关系。在这种互动关系下，双方对彼此的认可度都很“高”，实习生的分享与求教都很主动，双方形成了非常默契的合作关系。融洽、和谐的互动和深入、默契的交流促成了实习生的深度反思，使其对教育教学的理解更加深刻，在知识转化或身份获得方面的学习效果也更加明显，二人的互动关系最终走向正向促进型。

在正向阻抑型互动中，实习情境及指导教师的特征与实习生的适切性相对而言只能算“较高”。实习生或许有少许不满，但他们一般不太介意，不会因此影响他们与指导教师的关系。而且，他们对待实习的心态也是积极主动、令指导教师满意的，因此，二人也会在互动中建立起实性和谐关系。在这种互动关系下，指导教师对实习生的认可度往往很高，但实习生对指导教师态度、能力和指导方式的认可度，总体而言只能算是“较高”。由于知道指导教师对自己高度认可，实习生还是愿意积极向指导教师求教的。但在分享方面，实习生会因种种顾虑而选择部分隐藏自己的真实想法。因此，其行动策略只能算“较主动”。二人的合作程度表面上看非常默契，但实质上是一场由指导教师单方面主导的协奏。由于缺乏实质性的公开交流，这场由指导教师单方面主导的、貌似融洽的协奏，导致实习生的反思程度比较“浅”——他们仅希望掌握一些当下可用的教学或班级管理的方法与策略，而没有意识到这些方法与策略的境脉依存性，最终止步于浅层学习结果。他们在教学策略或方法方面会学到一些新的东西，但是知识转化方面的表现并不明显，对教师职业的认识与身份获得方面的改变也不太大。

在反向阻抑型互动中，实习情境及指导教师的特征总体而言与实习生的适切性“较低”。比如，实习生多多少少会感觉到实习学校的师生不认可他们，或指导教师的指导态度比较冷淡，不太想指导他们。他们虽不会因为这些不满完全否定实习学校和指导教师，但会因此对实习学校或指导教师产生一些不良判断。所以，他们在实习心态上大多表现为服从却并不主动。这些条件因素进一步导致他们只能与指导教师建立起貌似和谐的虚性关系。在这种虚性关系下，师徒双方对对方都只能产生“中等”程度甚至较“低”程度的认可。在行动策略上，实习生的分享与求教行为都“较被动”，只会因势所迫与指导教师进行少量交流或者尽量减少交流。因此，二人的合作经常会因不自觉流露出的不满而出现一些不和谐的音符。在这场不协调的协奏中，双方的交流很难达成深度共鸣，实习生在实习中的反思程度和最终的学习结果都比较“浅”——他们只能在教学策略与方法方面有一鳞半爪的收获，难以产生实质性的知识转化。在身份获得方面，实习生的变化则会因实习中遭遇困境的不同有所不同——要么维持原状小有提升，要么明显受挫、失去做教师的信心，但一般不会有明显的改善和提高。

在反向促进型互动中，实习情境与指导教师等与实习生的适切度最“低”，导致实习生产生了强烈的不满。这种强烈的不满，甚至使实习生拒绝接受种种外在因素的影响，在实习中表现出不随波逐流、不接受指导教师意见而自行探索的心态。这些条件性因素间的不合拍，使实习生与指导教师的互动关系走向虚性和谐的状态。在这种情况下，不管指导教师对实习生的看法如何，实习生对指导教师的态度、能力和指导方式等的认可度均非常“低”，完全没有与指导教师交流、分享或诚心求教的想法。因此，二人之间几乎谈不上合作，一场本该由指导教师引领的协奏，完全变成了实习生的独奏。但是，如果实习生本人确实已具备较强的专业能力和反思意识，在这场自导自演的独奏中，实习生同样能达到深层学习的效果，在知识转化方面成效明显，在身份获得方面会更趋理性。

以上是我们对四种互动模式在四大类属相关属性上所表现出的不同维度的描述。正是这些维度上的不同，使不同的互动模式具有不同的特征。但需要说明的是，作为一种自下而上的归纳式研究，本研究对每种互动模式在不同维度上所表现出来的特征的总结很可能是不完善的。

比如，在本研究的反向促进型互动模式案例中，实习情境和指导教师的特征与实习生的适切性都很低。正是由于对实习中的情境因素和指导教师因素都高度不满，案例中的实习生才彻底放弃了向指导教师学习的想法，选择我行我素、自我尝试。我们在讨论时进一步追问：当实习生对实习情境比较满意，甚至非常满意，但对指导教师的各方面都非常不满时，会不会更容易发生反向促进型互动呢？他们会不会主动寻找其他资源（如学校里的其他教师）为自己提供指导呢？

此外，在我们收集的案例中，在与指导教师对抗中大胆尝试的实习生最后算是取得了成功，那么有没有这样的可能：实习生有大胆尝试的勇气，但其尝试却彻底失败了？这种情况下的互动应该归属于哪一类型呢？其对实习生的影响又是怎样的？由于没有足够的案例支撑，这些问题都还悬而未决。

另外，很多互动并不单纯呈现出一种模式，在基本正向的互动关系中，往往也蕴含着反向的因子。例如，实习生与指导教师双方关系比较融洽，但实习生并不认可指导教师的某些观点和指导方式。在后续章节关于实习生知识转化和身份获得的实例中，我们将看到比目前分类更加复杂的情况。

上述困惑和“例外”现象的存在，一方面与质性研究作为一种归纳式研究范式本身存在的不足有关，因为任何归纳都不可能包含全部事物或现象，经由归纳得出的理论永远不够完备，随时都有被修正、推翻的可能；另一方面，实事求是地说，也与本研究设计上的不足有很大的关系。正如本书第一章研究设计部分所交代的那样，我们研究的实习生与指导教师的互动，是一个发生在特定时间段、特定现场内、持续时间较短暂的现象，每学期我们只有 1—2 个月的短暂研究周期。所以，我们主要基于方便性抽样的原则，将符合我们研究标准且我们有机会进入其实习现场的实习生群体作为研究对象。因此，严格地说，这里关于四种互动模式的构成要素及各自特征的观点，只是一种基于资料分析方法完成的初步理论建构，需要继续收集资料、补充资料、分析资料，才能建构起更具解释力和概括力的理论。而前述的种种困惑，其实恰好指出了我们后续进一步收集、补充与分析资料的方向。

只有沿着这些方向继续探索，我们才能形成更完善的有关实习生与指导教师互动模式的理论。

第三节 师徒互动的社会-文化媒介

本章第二节的案例显示，实习生与指导教师的互动关系及其实习效果是双方共同作用的结果。在互动的过程中，实习情境、实习生的个人特质、指导教师的态度能力与指导方式以及实习生反思程度的深浅等，形塑了不同的互动关系、带来了不同的实习效果。同时，人与人之间的互动又是内嵌于一定的社会-文化场景中的。因此，除了受个人特质影响，双方的互动还深深地打上了其所属社会-文化的烙印。我们明显感觉到，我国现行的实习制度安排以及中国人独特的人际交往文化，也对实习生与指导教师的互动产生了很大影响。本节将结合前面的案例，立足中国的社会-文化语境，总结、提炼出影响实习生与指导教师互动模式建构的制度文化因素和个体心理因素。

一、师徒对双方职责的共识程度

在传统学徒制下，师徒之间有较长的时间相互揣摩、适应，并在这个过程中通过“合法的边缘性参与”慢慢成为实践共同体中的一员，具有“与群体共同的事业”，能够“与其他成员互动并介入，在使用中共享技艺库”（Safran，2010：110）。而在我国现行的教师教育制度下，师范生的教育实践一般包括教育见习、教育实习、教育研习三个环节，其中，进入实习学校在一线教师指导下实际从事教学和管理工作的教育实习时间一般在 8 周左右。[1] 因此，在这短短的时间内，要提高教育实习的效果，需要明确实习生及其指导教师在提高实习质量方面应该承担的责任与义务。但我国目前的教育实习制度，除了对师范生需要完成的实习任务有基本要求，并从道义上鼓励中小学指导教师尽力帮助实习生成长外，并没有明确规定双方在实习期间各自应该履行的职责与义务。这不仅会造成部分实习生或指导教师不认真对待实习，还会使部分想认真对待实习的实习生或指导教师因为对彼此的责任与义务缺乏共识而产生隔阂，增加互动中的不和谐因子。

顾新的案例就充分显示了这一点。作为实习生，顾新认为自己的职责就是多跟学生接触，有更多的机会站在讲台上，而不是总帮指导教师批改作业。而马老师却根据自己的经验，认为全方位参与到实习中是实习生责无旁贷的义务，也是有利于实习生长远发展的事情。这种对实习生职责认识的分歧，是双方对对方产生强烈不满的重要原因。

穆蕊和张丽倒不介意帮老师批改作业，也不介意全方位参与到实习中，相反，她们期望指导教师多要求自己，多给自己分派任务，多指出自己的不足。但是她们的指导教师并不给她们安排太多的任务，也不太管她们，这使她们对指导教师的指导态度心生疑惑，认为指导教师不太愿意指导她们，也因此将指导教师表扬多于批评的指导看作一种表面上的客套。

专业能力出众的兰馨实际上在心中为指导教师设置了极高的标准。

---

① 如首都师范大学教师教育类专业的教育实践要求中，教育见习包括第二学年第一学期为期半周的教育心理学见习、第二学年第二学期为期半周的教育学基础见习和第三学年为期 5 周的教育见习三大类；教育实习则集中安排在第四学年第一学期，为期 8 周；教育研习则分散在从第二学年第一学期至第四学年第二学期的各个阶段，包括教师教育类学科竞赛、科研项目、毕业论文、社会调研、志愿服务及其他形式的教育研习，在毕业前统一统计，累积需达到不少于 4 周的学时要求。在本研究开展调查时（2010 年前后），国内不少高校对师范生的教育实习时间规定长短不一。

她希望指导教师教育理念先进、教学能力突出、师德素质良好，而且愿意与她平等交流、切磋探讨。但她在这次实习中碰到的这位指导教师远未达到她的期望，所以成为她主动疏离的对象。

而建立起实性和谐关系的两对师徒的共同特点是，双方都满意对方对待实习的态度。才华横溢的陆斌十分满意杜老师对待自己像“朋友”一样的平等态度，以及教学上对自己个性的尊重与保护；杜老师则满意陆斌积极热情的实习态度以及真诚公开的交流方式。乖巧懂事的园园感激牛老师像长辈一样把自己当“孩子”看待，喜欢她以“过来人”自居将经验毫无保留地传授给自己；牛老师则因为园园在实习中“懂分寸”“不怕辛苦”“聪明”而格外喜欢她。

可见，不同的实习生对指导教师在指导时该承担什么责任和义务的期望是不同的，而指导教师对“好”的实习生应该如何表现、做些什么的认识也不尽相同。如果二者的期望合拍一致，就比较容易建立起实性和谐的互动关系，反之则会走向虚性和谐。

但是，在中国人的人际交往中，互动双方通常不会公开表达对彼此的期望。实习生能否满足指导教师的期望，主要靠的是他们自己是否“肯吃苦”“有眼力”“有悟性”。如果他们“悟性不够”，即使他们自认为对待实习很认真、很投入，也会因为不符合指导教师的标准而难以与其建立起实性和谐的关系。而当实习生不能满足自己期望时，指导教师通常也不会当面指出，而是暗地里较量、无奈地容忍，把改变的希望寄托在实习生自己醒悟，或自然而然出现转机上，并用“都是大人了，自己要有那个悟性”“对他不能像对我自己的学生那样”等说辞，为自己放松对实习生的要求寻找理由。这种暗地里揣摩、不公开、不透明的交往方式既会降低实习指导的质量，也会降低互动本身的质量，不仅会导致实习生学习效果不佳，也会使指导教师感觉力有不逮、心存不爽。

二、实习生对指导教师教育理念的认可程度

实习生通常深知自己实践经验缺乏，会抱着向有多年实践经验的指导教师学习的心态进入实习现场。但这并不意味着他们会彻底放弃自己以前的信念、观点和做法，全心全意地跟着指导教师学习。洛蒂（Lortie，1975）早在1975年的《学校教师：一项社会学的研究》中就指出，师范生身为学生时对自己老师的"学徒式观察"形塑了他们成为老师后的基本教学方式。布洛和吉特林（Bullough，Gitlin，1995：41）对25名师范生为期一年的跟踪研究也发现，教师作为一个人，他是谁——校内外生活的种种经历、价值观、信念和期望——会对新教师学什么或不学什么有深远的影响。

本书中的案例分析也发现，实习生此前在中小学或师范学院学习的经历会极大地影响其教育信念的塑造。那些与指导教师建立起实性和谐关系的实习生，通常都由衷地认可或理性地尊重指导教师的教育理念。而那些没能与指导教师建立良好关系的实习生，有相当一部分对指导教师的教育理念不认可。例如，兰馨具有心理辅导的专业背景以及多次成功进行教学实践的经历，因此她对心理辅导课，甚至教育的价值和意义等问题，形成了自己笃定的认识，并以此为标准，对指导教师做出了"理念落后、能力不够"的负面评价，在互动中自觉采取了疏离式和谐的策略，尽量减少与指导教师的接触。固执又不善言辞的顾新虽然不能明确说出自己的想法，但骨子里又不认可指导教师的理念，所以才坚持认为"仁者见仁，智者见智"，"我没必要非得按你讲的走"。

可见，实习生是否理解并认同指导教师的教育理念，是他们之间能否建立起融洽的互动关系、实习生能否取得良好实习效果的一个重要影响因素。从某种意义上说，实习生可能实践经验不足，实际的课

堂教学和班级管理能力有限，但经过多年的专业学习，他们最大的优势就是教育理念先进。因此，如果指导教师在指导时不局限于教育教学的方式方法，而是在教育理念上多与实习生交流，就不仅能更好地理解和指导实习生，教师本人也能从这种交流中获益。但是，中国人传统的师道尊严、交往中的面子心理，以及实习制度安排本身的仓促性和形式化，使实习生与指导教师之间很少能进行这种涉及教育理念层面的、深度的、公开的交流。

三、教师的指导风格与实习生的适切性

费曼-奈姆瑟（Feiman-Nemser，2001）的研究指出，资深教师在指导新教师时要避免两种危险——强加自己的风格或放任自流。换句话说，好的指导教师要帮助新教师发现其本人做事的风格，而不是强制要求他们复制自己的教学风格，当然也不能让新教师觉得一切顺其自然就好。但也有大量研究发现，“最初受训阶段的师范生往往特别期望被直接告知如何去教”，而不是被鼓励反思，形成自己的教学风格（Laursen，2007）。浩卡（Hawkey，1998）对两位风格迥异的师傅与他们指导的三位徒弟的一年追踪研究发现，比起提倡与新教师平等对话、启发新教师自己解决问题、形成自我风格的年轻导师，徒弟们似乎感觉更容易从有多年教学经验、喜欢直接向他们示范并解释自己成功教学经验的导师那里获益。

本书中的案例分析则显示，没有什么方式是绝对有效的，关键要看这种指导方式是否与实习生的期望匹配，是否得到他们的认可。例如，园园的指导教师和顾新的指导教师都喜欢以“过来人”自居，也都非常尽职尽责，希望把自己的经验悉数教给实习生，并相信她们的经验对实习生一定是有用的。但就其效果看，园园非常感激指导教师这样做，认为自己碰上这样的指导教师“只能庆幸”。而顾新表面上

虽没说，但内心里对指导教师把自己的经验强加于她的做法并不信服。

穆蕊则对指导教师总是表扬、鼓励自己，对自己的不足“点到即可，适可而止”的指导风格很不满意。与之相反，陆斌则非常喜欢指导教师对自己的表扬与鼓励，喜欢她在教学上“把我当成老师，给我自信”，“把觉得适合我教学风格的建议给我”。兰馨则非常注意反思指导教师教学风格和方式背后的信念，并试图形成自己的教学风格。可见，不同的实习生期望的是不同的指导风格，和谐、有效的互动需要指导教师敏感地识别每个实习生的个性、需求和能力，以适合他们的方式进行指导。

实习期间，师范生与其指导教师的关系本质上是一种教育关系，而不是两个普通人之间的日常交往关系。这就需要指导教师更多地了解实习生的能力、个性和需要。对此，梅纳德和弗朗（Maynard，Furlong，1993：71）做过一个非常恰当的类比，他们认为，指导教师忽视受训实习生的学习需要，就好比后者设计了一堂课，却没有考虑这堂课面对的孩子的年龄、能力或兴趣，是非常不合适的。因此，他们建议指导教师应该根据实习生能力水平的不同采用不同的师徒指导模式。在师范生最初接触教育实践、需要“学会看”的时候，应采用“学徒模式”。此时，指导教师应该扮演“合作教学者”、行为“示范者”和“解释者”的角色，通过与徒弟共同设计教学，示范成功的教学策略，解释设计依据，来满足这一阶段实习生快速掌握实用技巧的需要，并让他们学会观察，发现教学行为背后的意义。当徒弟逐渐可以承担更多教学责任时，应采取“能力模式”。此时，除先前角色外，指导教师还应成为“系统的训练者”，采用系统的方法帮助实习生掌握课堂观察常规，并为实习生提供教学能力方面的反馈。最后，一旦徒弟获得了基本的教学能力，就应该引入“反思模式”。指导教师应扮演好“共同探究者”的角色，引导实习生把关注点从自己的教转向学生的学，对自己的教学进行批判性反思。

就实习生的情况看，他们大多初次接触教育实践，仍处于需要“学会看”的阶段，但很少有指导教师有意识地扮演“合作教学者”、行为“示范者”和“解释者”的角色。例如，穆蕊很想掌握一些实用的技术和技巧，也试图模仿指导教师。但由于她很少与指导教师讨论某种教学行为成功或失败背后的原因，因此，直到最后，她在知识转化方面也没有明显的成就感。顾新的指导教师热衷于把自己的成功经验教给她，却没有发现固执且不善反思的顾新甚至连到实习现场后该看什么、怎么看都不知道，对她的指导建议根本“吸收不了”。而有多次实习经验的兰馨的能力发展已超越了“学会看”的阶段，应该进入系统的能力训练或者反思阶段。但其指导教师远不能胜任这一发展阶段实习生的指导任务，因此成为兰馨主动疏离的对象。

四、“人情”作为维护互动关系的润滑剂

本章案例分析还表明，超越基本的指导与被指导的公事性交往、涉及个人生活的私事性话题，是实习生与其指导教师建立起实性和谐关系的重要影响因素。例如，园园与其指导教师亲如母女的互动关系的建立，部分得益于“平时交流得很多，包括私人的、工作的、孩子的，都涉及”。陆斌与杜老师既是老乡又是师姐弟的关系，一下子拉近了他们之间的心理距离。而他后来和杜老师“无话不谈”，“文学、电影、音乐、人生、教学、唱歌等等各个方面我们都聊，我告诉她我的成长、我的性格、我的缺点，我也告诉她我的大学、我的写作、我的歌唱”，这些交谈无疑是他们最终发展起投契式实性和谐关系的重要原因。

与上述两位同学不同，穆蕊由于担心自己的指导教师“觉得这个实习生特别不靠谱”，因此一直怀着理性、谨慎、戒惧的心理，与指导教师保持着彬彬有礼、公事公办的区隔式虚性和谐关系，难以敞开心

袒露自己。而兰馨和顾新在互动中与指导教师的心理距离感更强，不满程度更深，因此从未进行过任何亲密的私事性对话。由于双方都对对方抱有戒心，因此很难在师徒关系上建立信任，进而不利于实习生的知识转化与身份获得。

总之，实习生能否与指导教师发展出私事性对话，是建立亲密师徒关系的一个重要影响因素。这一研究结果可能与我们深入追踪的38个案例中实习生及其指导教师绝大多数都是女性有关。女性似乎更倾向于拉家常、聊私事，并以此作为拉近人际交往距离的方式。因此，这一发现能否推广到男性师徒交往上还有待进一步验证。

另外，这一现象可能在把“人情”作为重要人际交往考量要素的中国社会-文化语境下具有一定的普遍性。杨国枢（1993：87－142）将中国人的人际关系分为家人、熟人和生人三类，并认为在家人关系中，交往双方对社会交换的预期低，彼此交往遵循的主要是责任原则，不那么期望对方给出对等的回报。在熟人关系中，交往双方有中等程度的社会交换预期，期望自己的付出能得到对方的回报，但并不斤斤计较，而是遵循人情原则，愿意超越眼前功利，做长远的人情考量。而在生人关系中，交往双方遵循的是交换原则，双方都会精打细算、斤斤计较，讲求付出与回报的平衡与公道，社会交换的预期最高。

黄光国（1988）则根据互动中情感性成分和工具性成分的高低，将中国人的人际交往关系区分为情感性关系、工具性关系和混合性关系。他认为典型的情感关系是家庭关系、亲友关系，在交往中遵循“需求法则”，主要是为了满足关爱、温情、安全感、归属感等情感方面的需求，并以此为基础获取所需要的物质资源。典型的工具性关系则是陌生人的关系，个人与他人建立交往关系的目的主要是获得所期冀的某些物质目标，在交往中遵循“公平法则”。而熟人，如邻居、师生、同学、同事、同乡等的人际关系多属于混合性关系，遵循的是“人情法则”，用人情和面子来影响他人，以此维持情感上的亲密归属，并达成某些工具性目标（杨国枢，2012：226-248）。可见，人情成分是中国人区分生人和熟人的基本参照系。

我国师范生教育实习的周期通常较短，仅凭公事公办、有予有得、利益对等的生人关系就可以维系双方基本的互动。而要使这种互动超越生人层面，发展成更为亲密的熟人关系，双方在认真履行各自分内责任之余，还需要以“人情”为润滑剂，给对方一种心理上的温情感。因此，工作之余拉点同乡同门关系、聊点个人私事、帮对方干点私活都是重要的人情润滑剂，可以使二者的互动走向亲密和合的实性和谐状态。反之，如果实习生仅想着做自己该做的事儿，而不想跟老师“套近乎”、给老师“干杂活”，那么双方就很难产生亲近感，其互动也大多始终处于虚性和谐状态。

本章小结

我们运用质性资料分析方法，对已有案例进行了深入分析，抽象出正向促进型、正向阻抑型、反向阻抑型和反向促进型四种基本互动模式。在此基础上，借助典型案例，结合东西方学者的有关理论，呈现并解释了四种互动模式下师徒互动的基本样态，总结提炼出形成四种互动模式的基本因素。我们坚持的本土诉求，秉持的东西方理论对话意识，使我们的研究不仅发现并解释了决定实习生与指导教师互动质量的基本因素，还捕捉到了中国社会-文化语境下实习生与指导教师互动的独有特点。

首先，在中国当前的教育实习制度下，指导教师和实习生的工作职责要求含糊笼统，使中小学指导教师与实习生的交往更接近于两个成人间的临时共事，缺乏明确的教育指向性。其关系远近主要取决于双方观念、性情、偏好是否相投，实习效果也基本取决于实习生本人是否长于交往、善于观察、勤于反思。这种让实习生“自求多福”的安排，能够增加实习生的实践体验，影响其教师身份的获得，但却不能有效地帮助他们完成知识转化，提升专业效能。

其次，在中国人的人际交往心理中，指导教师和实习生出于维护自己或对方面子的考虑，不会明言对对方的不满与期望，不愿袒露自己真实的疑虑与困惑。这种互动中公开性的缺失，阻碍了实习生与指导教师的深度交流，降低了教育现场对实习生的“透明度”。因此，相当多的实习生在进入实习现场后不知道该做什么、怎么做，看什么、怎么看，学什么、怎么学。这在不同程度上降低了他们与指导教师互动的质量与效果。

最后，在中国人的人际关系文化下，处于公事性范围之外的“人情”交往是实习生和指导教师建立良好互动关系不可缺少的要素。实习生是否乖巧懂事、谙于人情世故，会极大地影响他们“合法地”进入“实践共同体”后，由“边缘”过渡到“向心参与”的速度。

上述具有中国特色的制度、文化、心理要素构筑了实习生与指导教师互动模式建构的基本场域。在这一场域下互动的人——实习生和指导教师——各自的个性、能力、需要等的不同匹配生成了不同的互动样态，对实习生的知识转化和身份获得的影响也千差万别。接下来，我们将分别聚焦于知识转化和身份获得两方面，具体展现并深入剖析不同实习生在不同师徒互动模式下的发展变化情况。

第四章 透视教育实习的作用机制

基于前一章对互动模式的分析，本章尝试从整体的视角反思教育实习之于实习生的成效与收获，探究师徒互动、知识转化与身份获得之间的关系，即本研究的核心内容“知识转化”与“身份获得”之间的关系，以及师徒互动作为媒介和场域在实习生的知识转化和身份获得过程中的影响和作用。由于涉及的要素比较多，本章先讨论知识转化与身份获得的关系（陈向明，张玉荣，2014），再分析知识转化和身份获得的机制。

第一节　知识转化与身份获得的关系

一个人需要具有什么样的知识才能成为教师？教育研究者不断尝试从不同角度（如教师思维、教师知识、教师的反思性实践）来论述和回答这个问题。舒尔曼（Shulman，1987）提出了构成教师专业“知识基础”的七类知识，后继研究（Grossman，1990）在此基础上通过整合形成不同分类，并认为“学科教学知识”代表了教师独有的专业理解力和教师职业的专业性。而关注“实践样式”话语危机的研究者则提出“教师个人实践性知识”“教师个人知识”“教师实践性知识”“教师个人理论”等概念，不断深入教师个人知识的内涵，揭示教师知识的核心特征（陈向明，2003；陈向明 等，2011；魏戈，2020；Clandinin，1986；Elbaz，1983；Leinhardt，1990）。纵观之，教师需要拥有非常广泛的知识——不仅要有学科内容知识，还要有学科教学知识；不仅要有理论知识，还要有基于个人实践经验的情境化、案例化的实践性知识。

上述关于教师知识的研究丰富了人们对教师知识的理解，回答了“教师应该获得什么知识”“如何获得这些知识”等问题。对教师教育而言，这些研究则为师范课程的设置和师范生的培养方式提供了洞见。总体而言，教师知识的研究关注点主要在于教师的专业效能，即教师如何能够更有效地工作。教师知识不仅是完成或有效完成一项工作的基础，还是构成教师身份的重要部分。“关于自我的知识”是教师实践性知识的内容之一（陈向明 等，2011），教师对其专业身份的认识影响着他们的效能感和专业发展，也影响着他们应对教育变革、创新教育实践的能力和意愿（Beijaard，Verloop，Vermunt，2000）。因此，从这个意义上来说，对于以知识为工作对象的教师而言，知识与身份认同有着密不可分的关系，知识甚至是教师专业身份的核心（王安全，2011）。

本节以两位实习生的教师身份认同困惑为例，围绕“知识”与“身份”两个核心概念来讨论以下问题：实习生如何理解教师身份？他们对教师身份的理解反映了他们怎样的知识观？他们的知识观对其教师身份的获得有什么影响？他们对知识与身份关系的认识对其知识转化与身份认同有何影响？

一、实习生对教师身份的理解

我们的研究发现，大多数实习生在知识类型（即理论知识与实践性知识）方面具有相当的共识。他们都认为大学提供的课程学习使他们拥有了一定的理论知识，但他们还需要通过更多的教学实践来培育更具情境性的实践性知识。但在知识内容（即学科知识与教育学知识）方面，他们的看法则存在较大差异，对这两类知识重要程度的认识对他们理解教师身份、形成教师职业认同有很大影响。一般而言，那些认为教师的核心知识是学科知识的实习生，通常会形成教师作为"学科专家"的认同，而那些认为教育学知识构成教师工作知识基础的实习生，则有可能形成教师作为"教育教学专家"的认同。

（一）教师作为"学科专家"

学科知识历来被视为教师工作的重要知识基础之一。学科知识所涉及的基本事实和概念不仅是教师认知活动的基础，也是教师教学活动的基础（衷克定，申继亮，辛涛，1998）。教师需要深刻而全面地理解自己所处的学科领域，即不仅需要理解他们所要教授的知识，还要理解学科知识内部概念之间的关系，以及学科知识与其他知识领域之间的关系（Horn，Nolen，Ward et al.，2008）。教师对学科知识的强烈认同，促使他们产生了"教师即学科专家"的观点。

实习生祈琪来自某大城市市属重点师范大学。她对教师身份的理解充分反映了这一观点。在访谈中，祈琪认为，"作为一个老师，专业知识是最起码的东西"，而一个好老师则需要拥有"非常强的专业知识"。

好老师首先最重要的是知识基础要足够丰厚，……无论哪一科老师都要有非常强的专业知识基础，能有把握百分之八九十掌握住学生问的问题，并且给他们一个抽象的反馈。孩子问个问题，能够立马把这个题讲出来，反过来给他一个例子。讲题就是你能讲明白，从理论上为什么这样，然后告诉他一个实践的例子，做一个类比，孩子会记得非常清楚。

在实习的过程中，祈琪曾两次体验到专业知识“短路”带来的尴尬，这让她更加确信学科知识对于教师身份的重要意义。一次，在指导教师方老师的课上，方老师让学生用形容词来描写人，一个学生突然问“猥琐”这个词用英文该怎么说。方老师不知道，就问祈琪，祈琪也答不出来。那个学生跟祈琪关系不错，知道她不太爱生气，就跟祈琪说：“她（方老师）能知道吗？老师您都不知道呐！”在这个事件中，祈琪虽然只是个旁观者，但学生辛辣的评价让祈琪感到了自己作为教师可能会面临的挑战和难堪。

作为一个老师，专业知识是最起码的东西，学生质疑你的专业知识，这其实挺打击人的。……我自己当老师让人问住，真觉得挺尴尬的——你专业的，单词什么也背不全，让孩子给问住了，挺尴尬的。

另一次是在祈琪自己的课上。那次是正式讲课，祈琪设计了学生自主提问环节来进行阅读教学。她要求学生根据阅读文章进行提问，结果学生提了很多她意料之外的问题。面对学生提出的问题，自己不知如何回应，祈琪感到很沮丧。

孩子出的题我都没想到。我就随便想了几道题，结果真的有我没想到的，我就不知道怎么办了，我就觉得自己在发傻了。我们那天聊天，就说什么样的老师你不得不佩服他？老师是什么，你得先从知识上给他压住，这是我真正佩服的。我上课的时候，自己还有问题不会，我觉得挺露怯的，丢面子了，学生可能会鄙视我了。

这让祈琪愈发坚信，要让学生信服，首先要让学生“从知识上觉得你很厉害”，如果“老师的专业基础不行，就是拿不出手”。

（二）教师作为“教育教学专家”

近年来，教师知识研究的发展反映出了对教师知识基础更加复杂的认识。在教师知识内容的构成上，教师不仅需要学科知识，而且需要相关的教育学知识。这包括一般教学法知识、学科教学知识、关于学生的知识、关于教育环境的知识等。其中，学科教学知识（Shulman，1986，1987）是学科知识和教育学知识的结合，被认为是教师特有的、区别于学科专家的知识。我们的研究发现，认同教育学知识的实习生更看重教师作为教育教学专家的身份。比如，应欣对教师身份的理解是“教书还要育人”，这种说法充分地体现了这类实习生对“教师作为教育教学专家”的身份认同。

应欣是大都市某重点综合大学教育学院的二年级硕士生。从十岁起，她就梦想着做一名教师。高中毕业后，她考上了这所大学的中文系。当时她有四个专业可以选择，最后决定上中文系，因为“中文系以后出来可以当老师”。大学毕业时，应欣的成绩非常好，要保研读中文系硕士并不是难事。但是她选择走出中文系，转投教育学。当时她的同学劝她：“你以后想当老师的话，在我们中文系读研，出去肯定很多中学来抢你。”应欣还是坚持了自己的选择，因为她认为自己在中文系学到的东西对以后当老师或者当校长不会有很大的裨益。

中文系的目标绝对不是培养老师，不是培养中学老师。研究生学习的乔姆斯基的生成语法那一套，没法跟中学生讲，并且那样的语言学知识对他们也没有必要。如果真的沉浸在中文系那种氛围里，可能出来就不想当中学老师了。它是完全不一样的。

在应欣看来，中文系硕士研究生的课程主要是语言学、文献学、文学和计算语言学，这些课程精专而狭窄，而当老师则需要相当广博的知识，如哲学、社会学、心理学方面的知识。中文系的教育“绝对不是在培养中学教师”，因为中文系硕士的培养目标是培养中文研究者，通过三年的专业学习，毕业生的个人志趣、工作意愿、思维方式、看待事物的态度甚至性格等都会发生变化，不再适合当中学教师。而一个人如果“就在他的专业里面，却没有很强烈的想做老师的意愿的话”，是不可能成为一名合格的语文老师的。

应欣认为，自己在教育学院的学习为她今后做一名中学教师打下了坚实的基础，教育学知识的学习“对自己将来在中学任教非常有用”。这个用处并不体现为“授课技术的掌握”，而是为她的“反思提供了很好的资源和一种路径”。

如果我没有来教育学院而是在中文系，那么作为一名老师，我可能在反思自己教学的时候，更多地反思我的学科知识，反思我的积累，反思我的这种专业素质。但是我觉得来了教育学院之后，我可能更多地会反思我的这种……，我不光是有知识嘛，我还要有一个教授的过程，要考虑整个课程的目标，考虑我的教育目标是不是跟这个教育的最高目标吻合，以及学生的很多情况，等等。我觉得这些可能都是在这个学院里面我所接触到的东西，是这里所能够提供给我的。

由上面两个案例可以看出，对实习生来说，知识和身份是相互嵌套、紧密关联的。对“什么是构成教师工作的核心知识”的认识很大程度上决定了他们对教师身份的理解和认同。更认同学科知识地位的实习生更在意自己是否能够成为学科专家，是否具有学科专家所拥有的系统知识，知识的系统性和严谨性是其安身立命的基础。而更认同教育学知识地位的实习生则更强调教师作为教育者和教学专家的作用，因而也更强调知识与学习者的关系，以及教材、课程与更大的社会情境之间的联系。

二、实习生对教师知识的理解

什么是构成教师身份的知识基础——学科知识还是教育学知识?教师是学科专家还是教育教学专家?对这两个问题的认识在很大程度上折射出了实习生在知识观上存在的差异。而他们的知识观——对知识的基本看法、见解与信念，对知识的本质、价值和获得方式的认识——又影响他们对教师身份内涵的认识。

从知识论的角度看，“教师作为学科专家”的教师身份理解反映了理性主义的知识观。这种知识观将客观性、普遍性和价值中立作为知识的基本特征，将知识视为独立于人的经验之外的规则、既定的程序和不可置疑的真理。理性主义将教学视为“知”的模式（泰勒，1993），即知识的获得会依据一定的逻辑法则，知识具有逻辑化、客观化和体系化的特征。

上文中祈琪的描述，强调了一个“好老师”的专业知识不仅反映在知识量的充足和内容的丰富上，而且具有抽象性、理论性的特征。专业知识的功用是帮助教师把握学生的问题，并为学生提供“抽象的反馈”，即形式化、规约化的知识。这种理论性的知识遵循教学的逻辑，教师的责任之一是帮助学生将这些逻辑（即规则）抽象出来、“压扁”，以便学生存储、提取和应用知识。

比如说，形容词加了 ly 之后是副词，孩子可能知道加了 ly 能修饰形容词，但是意识不到这是副词，而且可能大多数形容词加了 ly 都可以变成副词。你需要总结起来告诉学生，然后给他一个例子——一个学生可能不认识的词。你把各种东西都去掉之后，每个词都有一个词根，这些词在词根的基础上加了很多东西。你可以教学生这些东西，然后给他一个例子去记。语言，尤其语法这一块，挺像数学的，你能够套用公式，能加这个、加那个……。我觉得需要一个人把那些东西抽象化一点，好像把一本书压扁了，让学生放在脑子里，哪一部分应该抽出来，随手就能抽出来。

而“教师作为教育教学专家”的身份理解则表达了一种后现代的知识观，即知识是人际的、关系的、境遇性的、价值有涉的。在这种知识观下，教师的知识不是客观的事实和自在的体系，教师需要判断课程的目标与教育最高目标之间的关系，判断知识与学生的能力、兴趣和背景之间的关系，需要走进学习者的心灵。因而，知识具有价值、伦理的维度和教育的意向，是成就学生学习的知识。

应欣对教育学知识之于教师工作意义的认识，在很大程度上反映了这样的知识信念。例如，她不会孤立地思考知识本身，而会将知识的学习与学习者的心理、社会、文化环境因素统筹起来整体考虑。

以前，作为老师，上课的时候学生不听，我可能会想，是不是我讲的这个东西太枯燥，特别没有意思。但是在教育学院学习之后，我可能就会想很多：我的课堂中是不是有什么环境因素在干扰他？我这个方法是不是从他的认知的角度出发的？甚至包括他的家庭背景，他的整个社会-文化背景，包括他最近是不是遇到了什么问题，我都会去想。

总之，两种不同的教师身份理解反映了两种不同的知识观。“教师作为学科专家”的身份理解所隐含的知识观认为，知识在本质上是客观、普遍、价值中立的，律则性的理论知识更有价值。而“教师作为教育教学专家”的身份理解所隐含的知识观则强调教学活动的主体并非“纯粹理智的存在，而是日常生活中的主体，是完整的、历史的、社会的、文化的、独特的存在”（石中英，2001：172）。

那么，不同的知识观对实习生的身份获得有什么影响呢？从上述案例分析中可以看出，对“教师作为学科专家”的认同，对专业知识的崇信，使一些实习生难以形成对教师这个职业的认同。例如，祈琪对教师身份的理解更多地停留在“学科专家”的层面上，这让她在身份认同上遭遇了困境。在实习的过程中，她得到了很多上课的机会，听、说、读、写各种课型都走了一遍。虽然指导教师方老师本人采用的是传统的教学方法（即以语法、词汇讲练为主的教学），但是她鼓励祈琪按照大学的要求，采用“活动教学法”，并且跟她一起备课、讨论，帮助她实现自己的想法。实习结束时，祈琪的教学得到了大学指导教师、实习学校指导教师和学生的一致好评和认可。但是她始终认为，“作为一个老师，专业知识是最起码的东西”，“自己的能力不够”，“没有到能教人的程度”。

崇信专业知识的理性主义知识观何以阻碍祈琪对英语教师身份的认同？首先，这种知识观将教师的知识等同于专家的知识。后者的基本属性是“专精化、界线明确、科学化和标准化，其中标准化尤其重要。因为依据科技理性模式，标准化是维持、影响专业知识基础与其实践之间的范式关系的重要成分”（舍恩，2007：21）。理性主义知识观“赋予某些知识先验的或不可置疑的地位。对于教师来说，这意味着我们必须学习这种知识，因为它是‘正确的’，而且我们必须通过最有效的方式将知识传递给学生，以便学生也知道这些‘事实’”（Horn，Nolen，Ward et al.，2008）。对祈琪而言，自己在学科知识上的不足，及由此引发的对未来职业生活中可能经历的尴尬和无力感的想象和预期，增强了她对英语教师职业的恐惧感，成为其英语教师身份形成中难以逾越的障碍。

其次，祈琪对中学“应试中心”的教育现实的体认，也更加凸显了教师工作对学科知识的要求。她所在的实习学校，标准化考试突出了可测量的语言知识的重要性，使语言学习异化为通过试题练习反复锤炼语法和词汇知识的活动。对教师而言，对学生成绩所负有的责任要求教师是学科知识的权威。他们必须具有精深、准确的专业知识，以便为学生提供正确、标准的答案。学科知识的“专业化”“精确性”，以及考试成绩对学生的重要性，都容不下教师的直觉、含糊和不确定。这使祈琪虽经过四年的专业学习，通过了专业英语四级和八级考试，仍然感觉没有做好准备去胜任英语教师的工作。

我的词汇量肯定比学生大。可是，……怎么说呢？我的学生和外地孩子不一样。我们这里教英语有一个特别大的特点——不太注重语法。有的孩子下课会问你题：“老师为什么选这个？”你在看的一瞬间就知道应该选这个，但是说不出来为什么。哲学上讲量变质变的问题。我虽然量变到那儿了，但是我欠着火候，我还没有迎来质变，不能上升到理论高度，不能够反着讲出来，我不可能说：“感觉是这个，就这样选。”

事实上，祈琪在实习中从指导教师和学生那里获得了对自己教学能力的正面反馈，获得了成功的实践体验，但是教育学知识的积累与成功实践却不足以帮助她克服对自己英语专业知识的不自信。这种不自信让她对未来可能需要应对的问题产生恐惧感，对英语教师职业产生排斥感。尽管教师是一个需要终身学习的职业，但对学生成长的责任感使她对通过慢慢积累来提高专业知识的想法很悲观。

我是可以慢慢学，但我如果花五年时间积累，我就等于耽误了学生五年，我觉得责任很大。……我对自己的英语不是那么有自信，我就害怕讲课的时候丢人了。

“教师作为学科专家”的观点使学科知识不仅成为实习生判断自己作为教师的能力的重要标准，也成为作为“守门员”的学校判断是否接纳实习生为其共同体成员的重要依据。应欣在她的教师身份获得过程中就遇到了学科专业标准的壁垒。

研究生二年级的时候，应欣获得了到所在大学附属中学实习的机会，在副校长办公室做一些与管理和科研相关的工作。她希望一边在这儿干着，一边还能进语文组。但是，“进语文组这个过程就特别艰难”。从第一学期开始一直到第二学期过半都还进不去。应欣曾主动找过语文组组长，但组长担心她不能保证时间，且没有认证的资历（中文系硕士的教育经历），所以一直没安排她讲课。

应欣与前任语文组组长接洽的时候，组长质疑她的教育学背景不能为她做语文老师带来什么好处。组长问她，本科读了那么好的中文系，为什么要转学教育学？应欣回答：“我教书还要育人啊，我觉得这两个都很重要。”组长对此似乎并不认同，他表示，如果应欣是中文系的研究生，而且是这所名校中文系的，那他可能会二话不说尽力留下她。尽管在后来的接触中，组长发现应欣能力不错，但还是认为她的学历不符合要求。他直接告诉应欣，现在的情况下招了她就相当于招了一个本科生。组长还告诉她，将来她去应聘的时候，她的教育经历可能是个“问题”。这对一门心思想当语文老师的应欣来说真是一个不小的打击，“资历”的问题让她感觉有些受伤。

事实上，第一学期期中考试的时候，应欣临危受命参加了语文组的阅卷工作，她的能力和热情给组长们留下了很深刻的印象。当时组里两位老师去了香港，改卷子缺人手，组长就找到了应欣。应欣特别认真，改完卷子之后还分别给高一和高二年级组组长写了阅卷总结，包括她自己的一些反思和评价。高一、高二年级组组长都很欣赏她。高一年级组组长还说，现在像她“这么热情、这么认真的中学教师的苗子真的已经很少了”。他们欢迎应欣经常过去听课、探讨，但是进语文组实习讲课还是一个不能解决的问题。正如前组长对她说的那样，“现在的中学还是学科的天下”。对于本科是中文专业但研究生是教育学背景的应欣来说，要成为这所中学的语文教师，学科这道门槛还是跨不过去。她的跨学科背景无法得到外部认可，这也使她无法获得期待中的教师身份感。

三、实习生身份获得对其知识转化的影响

“教师作为学科专家”和“教师作为教育教学专家”分别反映了不同的知识观。对知识的本质和价值的认识不仅影响着实习生的身份获得，也影响着他们的知识转化。

如祈琪的案例所示，理性主义的知识观不仅阻碍了她教师身份的获得，也限制了她对教育学知识价值的认识。例如，她对活动教学法有一种矛盾心理。一方面，她从自己在学生时代所观察和体验到的教师教学活动中，即学徒观察（Lortie，1975）的经验中，认识到了“玩中学”的好处，“觉得老师在课堂上组织活动的时候自己的学习效率会高一点”，她的实习经历也让她从教师的角度认识了活动教学的目的和价值。

我觉得语言活动的主要目的是让学生更有效率地学习英语，不是为了玩，是让他学习。……我觉得活动就是一边玩一边学，不经意间学的东西会让人印象特别深刻，就是玩着学下来的东西。我觉得我实习完之后对于“怎么样才能算有效的教”得出的结论就是：提出问题让学生自己来回答，或者让学生自己提问，然后把主动权给学生，你（老师）只是在这个课上帮他们指一个方向，组织一下课堂活动，这就是比较高效的教学方法。我觉得活动比较能够带动学习气氛，或者说我觉得班级气氛特别影响学习效率。班里的孩子都在那儿说，然后哪怕你不说，就在那儿听，也会有影响。

但另一方面，祈琪又认为活动教学法在应试教育的现实土壤中显得过于“理想化”“奢侈”以及缺乏效率。

大学里学的教学法知识非常理想化，忽视了很多现实的因素，跟高中脱节很严重。我们学的时候忽视了社会大背景——没有充分考虑高考和各种考试，想的只是让学生学习东西。可是在高中课堂上用半个小时做活动就比较奢侈，学生希望在最短的时间内学到更多的东西。……指导老师也跟我说，我们在的时候可能会这样讲讲课，平时都是那样讲。我其实还挺能理解的。毕竟孩子、家长、老师、学校都需要分数。这个问题太现实了。

这种矛盾的认识限制了祈琪对活动教学法潜能的探索。例如，她说自己从未想过活动教学法是否可以与语言知识的教学相结合，帮助学生应对标准化考试。她将活动教学法与传统教学法对立起来，认为前者适合阅读和听力技能的教学，而后者更适合语言知识的教学。

这种对活动教学法的教育教学价值的有限认识，也使她很容易放弃自己认同的教学方法，转而委身于传统教学法，以求获得更高的效率和学生更好的考试成绩。祈琪曾经与指导教师方老师交流过活动教学法与中小学教学之间的关系问题。方老师告诉她，自己也曾在课堂上运用过活动教学法，学生学习的兴趣提高了，课堂气氛活跃了，但是“考试的时候真不出成绩”。方老师主观上也不想用传统的语法讲练的方法，但“首先，学生期待能在高考中取得一个好成绩。其次，区里也要求你成绩上到一定的程度。两边都压着，就不太可能用这种方式了”。祈琪认为，面对考试的压力，方老师的做法“代表了大多数老师的选择”，这也是自己做老师无可逃脱的选择。

我将来如果当老师，还是会首先考虑方老师的做法，因为作为老师我得对学生负责，我还是希望他们有一个好成绩。我能做的是在课后的时候多吸收点知识，在课上用最短的时间讲最多的东西。好的教学首先要把技能弄好了，要能应对很功利的考试，要让孩子将来考试的时候能把东西弄好。……首先要能应付考试，其次才是远期目标——了解别的国家的文化。

与此同时，应欣秉持“教师作为教育教学专家”的信念，更关注知识的人际性、关系性、境遇性和价值有涉，这在很大程度上帮助她跳出学科知识的体系，批判地思考教师身份认同、教师工作的知识内涵等问题，并积极做出调整，以适应外界环境的要求。例如，面对成为语文教师的挫折时，应欣自觉地反思知识与身份的关系。对“学校想要什么样的人”的思考使她更加深入地反思了社会和学校对语文教师知识素质的要求与期待，以及这些要求与期待的合理性。这使她重新认识到教师工作人际特征之外的知识内涵，并主动做出相应的调整，如重回中文系旁听课程，巩固自己的专业基础，提高自己的中文专业素养。

可能之前对于当老师，我就是很强烈地想要站在讲台上。然后，我想要跟我的学生有一个交流。因为，我对师生关系，对和谐的师生关系非常向往，所以我有很强烈的意愿当老师。现在，我可能会稍微沉下心了。除了跟学生的交流，我觉得作为一个老师，我本身对于课程的思考，以及我的专业素质也非常非常重要。因为他们老对我说，你是个本科生，你是个本科生。我刚开始还挺伤心的，后来就觉得那我就学呗。然后就重新回中文系听课什么的，我想把自己整个中文的底子再夯实、再提高。

通过对“一个语文老师，包括语文课程，到底应该是怎样的”这类问题的思考，应欣认真地审视了学科知识与教育学知识之间的关系。她虽然曾经怀疑过自己的选择，但并“不后悔”自己转投了教育学。如上文所述，虽然从“讲课的技术上”来说，研究生阶段的学习没有什么实际的用处，但是她获得了“很重要的知识”，为她的“反思提供了很好的资源和一种路径”。对学科知识和教育学知识关系的反思，使她更加相信教育学不是自己的“短板”。不仅如此，她坚信学习教育学为自己未来研究怎样更好地教授学科知识奠定了重要基础。

我觉得（学教育学）对于做研究也是有好处的，至少多了一种研究范式。不再像以前中文专业的那种，就做学科知识研究：这个字应该解释为什么意思啊，纠正课本上一个错误的解释啊之类的。我现在作为一个在教育学上受过教育的人，可能会反思整个语文教材会不会有什么问题，课程设计会不会有什么问题，课时的安排、学校环境安排会不会有什么问题……。整体来说会更宏观一些。我觉得都挺好的。

总而言之，应欣具有教育学背景，想做语文教师，却在实习中遭遇了外界对她所学教育学知识的合法性的质疑。这促使她思考和确证教育学知识对于成为语文教师的意义和价值。这就是“打开一种思路”，去思考语文知识本身与语文知识教授过程的关系，思考如何做语文研究、做什么样的语文研究等问题。通过对这些问题的进一步澄清，她更加坚定了自己做语文教师的身份认同。

四、反思“教师专家论”

在本节所呈现的两个案例中，祈琪和应欣处于不同的时空，有着不同的境遇，两人的教师专业认同问题似乎没有任何交集。从表面上看，祈琪受困于自己设下的心理防线，无法认同英语教师这个职业，而应欣受困于学校设下的制度防线，被挡在语文教师这个职业之外。但本质上，她们的认同困境具有高度的相似性，分别从内部和外部遭遇了同一问题，即什么是成为教师必须具备的知识——学科知识还是教育学知识？换言之，教师应该是“学科专家”还是“教育教学专家”？对于这个问题，案例中的祈琪与应欣所在实习学校的语文组遥遥相和，做出了相当一致的回答——学科知识高于或优先于教育学知识，教师首先应该是学科专家。

“教师作为学科专家”的身份认同反映了社会对理想教师形象的共识，折射出社会对教师知识与教师身份之间关系的信念。这种信念表达了社会-文化传统对教师及教师工作的期望，即学问高深之于教师身份具有决定性的意义。理想的教师是具有博大精深知识的人，如传统话语中“学为人师”“学高为师”的论述所强调的，“师”之所以为“师”，所倚赖的是学问基础。这种“经师”的概念经过沉淀，已然获得了某种权威地位，成为人们构建理想教师形象的文化脚本。

教师的身份中盘踞着文化迷思的影子（Britzman，2003）。作为“特定社会情境中人的直觉行动所参照的信念”（Tobin，McRobbie，1996：225），文化迷思“提供了一套理想形象、定义和理据，作为我们的思维、情感和行动标准”（Britzman，2003：30）。无论是代表实习生个体的祈琪，还是代表教师职业“守门员”的学校语文组，虽然身处不同时空，却能形成如此一致的共识，正是因为他们内化了这一文化期待，并以此作为参照系来判断个体与教师职业的吻合度。

有关教师身份的“文化迷思是一种描述实习教师可能成为什么样的人，对自己该有什么样的期望的语言。它召唤着他们，使他们通过它来确认自己的教师身份，或判断自己是否具备成为教师的素质”（Britzman，2003：223）。那么，作为一种文化迷思，“教师作为学科专家”的身份认同是如何影响实习生对教师知识和教学实践的理解的呢？

首先，这种身份认同强化了理性主义的知识观，在一定程度上限制了实习生对教学实践的理解。就像祈琪的案例所反映的那样，学科知识被认为是抽象的客观事实或者理论，而教学则是将理论应用到实践的演绎过程。教师不仅要深刻地掌握学科的“实词结构”，还要很好地掌握学科的“句法结构”，“能够把所有的知识抽象地连在一起教给大家”，以便为学生提供“抽象的反馈”。

其次，“教师作为学科专家”的身份认同在一定程度上阻碍了实习生学科知识与教育学知识的相互转化。学科知识和教育学知识都是教师知识基础的重要内容（Grossman，1990；Shulman，1987），但是在“教师专家论”的视野中，学科知识被认为高于教育学知识，后者被置于从属的、工具性的地位。例如，祈琪的案例显示，她在教学中非常注重教法，讲究活动设计，但是她更多地将教法视为弥补自己专业知识不足的工具。她说：“自己本身在专业上比别人差一点，只能通过别人给我提意见改进教法。老师在一堂课上是主导者，如果他的知识不行，教法还不行，那就真的没有救了。”这使她无法像应欣那样，反思学科知识与教育学知识之间的关系，从而跨越文化迷思的藩篱，获得完成教师身份认同的动力。

对教育学知识的工具性认识不仅阻碍了实习生的教师身份认同，而且使实习生很容易放弃自己认同的教学理念，转而顺从既存的实践范式，使教学实践陷入自相矛盾的境地。比如祈琪，她一方面认为，活动教学“把主动权交给学生”，“带动学习气氛”，因此自己需要把活动“设计得好一点”，提升学生的学习效率。另一方面，她又很容易妥协，放弃活动教学法，转而采用传统的语言讲解和练习的方法，因为后者更容易出成绩。她过于简单地将活动教学理解为仅跟学生学习兴趣相关的方法和技巧，而不能深入探究活动教学的知识目的，探索活动教学与知识教学的关系，更不能触及这种方法背后的认识论意义，即知识是学习者在活动中通过人际互动建构的结果。从这个意义上看，“教师作为学科专家”的文化迷思制约了实习生教育学知识的发展。它成为一个“借口”，“阻止教师采取在理想情境下适切的行动。因为在特定的情境下，任何其他的选择似乎都更适切”（Tobin，McRobbie，1996）。

实习生对教育学知识的工具性认识反映了教师教育中内容与方法的对立：学科内容被给予“高尚”的地位，学习教学被理解为精通学科内容知识，所谓的“方法”则被视为“奇技淫巧”，是完成学科知识传递的工具。这一观念对于教师教育的不利在于，当实习生“被训练成为某一学科领域的‘专家’，而不是学科教学‘专家’，便接受了这样一种深受大学奖励机制鼓励的观念，即与‘真正’的学术研究工作相比，教学是次要的工作”（Britzman，2003：53）。内容与方法的对立在确立学科知识的地位的同时，贬抑了教学方法对于学习过程的重要意义，这无疑从根基上打击了教师教育的意义。

从以上案例分析中可以看出，教师知识与教师身份之间存在密切的联系，对知识与身份之间关系的理解对实习生的知识转化和身份认同有很大影响。在我国，“教师作为学科专家”是社会对教师身份的一种广泛共识。作为一种文化迷思，它不仅塑造了公众对理想教师的想象，同时成为一种“描述（实习生）可以成为什么样的人，对他们应该有什么样的期待的语言”（Britzman，2003：223），使他们由此来确认自己是否能够成为教师，或者是否具有成为教师所必须具备的素质。

我们认为，问题的关键不在于学科知识作为教师的知识基础这一论断本身，因为教师必须具备这样的知识才能革新课程，设计有效的学习任务，为学生提供高质量的讲解，有效地诊断学生对知识的理解和误解（Bennett，Carre，1993）。但是，剥离了教育意义的学科知识不足以成就一个教师（Grossman，1990；Shulman，1987），因为“如果不考虑使用具体的课程材料来解释学科知识，我们很难找到有效的方法来表达具体的观点或某一科目领域中的概念”（Horn，Nolen，Ward et al.，2008）。教师知识基础的核心部分在于学科知识与教育学知识的结合，即“学科教学知识”的发展（Shulman，1986，1987）。这意味着教师不仅要理解学科知识，包括学科的基本事实、概念和概念之间的关系，还要能够将他们所掌握的学科知识转化成具有教学意义的、学生可理解和可学习的知识形态。同时，教学不是仅为学生获得学习结果而进行的技术性活动，而是具有突出的伦理和道德特征的活动。这意味着在学科知识之外，教师还需要具有关于学生学习、关于教育环境的知识。过于狭隘地将教师的学科知识作为其专业活动与教师身份的唯一合法基础，会阻碍实习生（甚至在职教师）的教师身份认同，误导他们对教育教学的理解。

第二节　实习生知识转化的机制

对实习生来说，知识转化与身份获得的过程非常复杂。从小学到大学，他们一路捡拾了各种对教育教学的认识，即所谓的“学徒观察经验”，并将之带入实习的过程。因而，实习前后经验之间的冲突与连续成为他们面对的重要问题。换言之，他们在受教育的过程中，对什么是知识、什么是教师、什么是有效的教与学都已有所体验，进入实习场域后，在与指导教师的互动中又会获得对这些问题的新经验。这些新经验与原有经验交互作用，不断巩固或修正原有经验，促成或阻碍他们对教师知识与身份的新理解。

一、学徒观察的作用

实习生的教育教学知识不是凭空建构的，而是在原有认识与教育实习的亲身体验的交织中获得的。从小学到大学长期的学校学习过程中，他们一直在观察和评价教师的专业行动，并且通过这样的“学徒观察”获得了关于教育教学的“先入之见”（Lortie，1975），奠定了个人教育教学信念的基础。

例如，实习生可能通过比照自己与他们的老师之间的关系，来理解和处理自己与学生之间的关系。在访谈中，祈琪告诉我们：

我觉得（老师）必须得信任学生，无论这个学生什么样，你都要信任他，一个老师一旦对一个孩子有了一点点的偏见，就可能给孩子造成很大的打击。我记得那个时候，我特别喜欢数学。有天早晨起来，我做了一道特别难的题，但是笔记很潦草，因为是随手做的。老师后来上课检查那道题了，他以为我是抄的。我当时特别生气，我那天真的觉得我的努力没有被认可，我真的生气了，在课堂上就跟老师打起来了。但是下课我跟老师道歉，我说："老师不好意思，但是老师，那道题真的是我自己做的。"我说："我觉得您特别不尊重我，才生的气。"我有一个同学，我特别好的朋友，到现在也不喜欢我们某一个老师。这个老师对他有偏见，而且是特别大的、莫名其妙的偏见，到现在我们回学校，他都拒绝去看那个老师。

有的实习生则模仿自己之前老师的教学方法，特别是那些曾经带给他们成功体验的做法。实习生李彤认为："要提高学生的作文水平，就应该给学生讲优秀的范文。"这一认识来自她所体验过的有效的作文教学。初一时，李彤的作文总是有这样那样的问题，几乎从来没被老师选作范文供大家参考学习。初二时，他们班换了一个新的语文老师，她的作文水平开始突飞猛进，还参加了全国比赛，取得了不错的成绩。李彤说这个语文老师的方法很简单，就是讲范文——讲优秀的，很少讲负面的。因此，李彤认为在培养学生写作能力时可以采用这样的方法：

可以找几篇别人写的，哪怕不是自己班学生写的范文去分析。我们曾经做过抄范文的训练，这周不留作业就抄范文，抄完范文把范文评点了，学生自己去圈自己去找，我觉得那个给我带来的进步特别大。

在教学中遇到困难、无所适从的时候，实习生更是本能地倾向于选择自己的老师曾经用过的方法来处理当前面临的问题。例如，祈琪在与指导教师讨论听力教学的时候，解释了自己采用“边听边停”教法的原因——模仿自己的中学老师和大学老师的做法：

我也没有细想怎么做，就是想了想那时候我的老师是怎么讲的，记了个大概，就模仿那种方式——那时候，我们老师会在重点的地方停下来，让学生记一下。

毫无疑问，这些对教师角色和职责的体认、有关如何教学的认识在实习生的教学实践中起到了“支架”的作用，特别是那些曾经为实习生带来过积极、成功体验的学徒经验，成为实习生个人教学中非常重要的资源，为他们应对新情境中的教育教学问题提供了“抓手”和最初的思考与行动方案。

二、学徒观察的局限性

虽然实习生的学徒观察经验能够为他们的个人教学提供参照，但是对实习生来说，学徒经验的局限性也是明显的。其一，他们从学生的视角所观察到的教学只是对教师工作的片面理解。“就像戏剧观众，他们只是从前台看到舞台中央的教师，并没有机会从舞台的侧翼来观察教师的表现，无法获知教师行动背后的意图和对教学事件的反思”(Lortie，1975：62)，而这些“后台行为”才是教师工作的核心部分。这使他们很难意识到自己通过学徒观察积累的教育教学知识的局限性。其二，在学生时代，实习生参与教学的过程是一种“想象性参与，而非真实参与”。“学生很少参与目标选择、课前准备和课后分析。因此，不必将教师的行动置于教学的框架中进行思考。……他们对教学的理解是直觉的和模仿的而非外显的和分析的，基于个人特征而非教育原理。”（Lortie，1975：62）概言之，由于视角的限制，基于学徒经验的教育教学知识可能导致实习生对教学和教师工作的理解表面化，无法看到教育教学活动的复杂性。

例如，上文中提到的李彤对作文教学的认识表明，尽管她从自己老师的教学中获得过成功的体验，但是她体验为有效的作文教学方法中也还藏有许多需要进一步提炼和回答的问题。如：什么样的学生习作适合用来做范文？抄范文对学生写作能力提高的作用何以实现？学生如何点评才有利于提升学习效果？学生点评时要圈什么、找什么？为什么这样做会有助于学生写作能力的提高？在这些问题之后，还存在方法与学习者关系的问题，即这样的方法是否适合所有的学生？如果不是，什么样的学生更可能从中获益？在这些问题之后，还有对不同教学方法的比较、反思和再认识的问题，即李彤的实习学校指导教师张老师的方法对学生有帮助吗？如果有帮助，这种帮助是怎样发挥作用的？如果没有帮助，为什么无效？张老师的教法和自己的教法所反映的作文教学信念或知识有何不同？这样的信念折射出哪些不同的学生观和学习观？

正如洛蒂（Lortie，1975）所指出的那样，实习生对一种教学方法的反应往往是情感上的回响和认同，而缺少认知上的分析和辨别，缺少对教学质量深入全面的评价。因此，他们难以在教学目标与教师行动之间建立有益的联系，难以了解教师在众多教学策略中做出选择的过程。学徒观察中积累的教育教学知识并没有向实习生呈现教学的复杂性，以使他们能够从教师的视角分析教育教学中的问题。而教师教育如果不能创造学习体验，以平衡实习生个体化经验与继承传统之间的关系，教师这个职业将无法建立一套共享的、有利于促进教育变革的“技术文化”。只有在这种文化中，教师才能作为“学习共同体”的成员分享各自的想法，并在分享的基础上做出创新（Hoban，2002）。

因此，如何推动实习生对其原有的知识和信念进行反思，是教师教育者一个非常重要的任务。正如哈蒙（2009：28）所提出的，许多职前教师可能会将未经由检验的信念带到课堂，这些信念必须经过检视。它们包括：好的教学主要依赖的是个人因素（如关心）和教学模式，要关注学生个体而不需要关心社会背景、学科知识或教学知识。哈蒙认为，如果这些信念没有被清晰地表达出来，未来的教师可能永远无法学会吸收其他的知识或发展所需的技能。

三、经验的再情境化

学徒观察的局限性对教师教育者提出了这样一个挑战：如何创造学习机会以帮助实习生认识和挑战他们有关教学的先入之见，从学生的视角进入教师的视角来思考教育和教学？换言之，如何帮助实习生重新建构他们的教育教学知识？

我们的研究试图从实习生与指导教师互动的角度来理解和回答这个问题，关注作为制度安排的实习制度（特别是其中的指导制度）在这一过程中的机制和作用。从我们的研究结果来看，实习生与指导教师之间的互动对于他们的知识重建具有很重要的意义。在两种互动模式中，"促进型"互动比"阻抑型"互动更有利于促进实习生的知识转化。"促进型"互动下面有两种组合。其中的"正向促进型"互动中，或由于指导教师"手把手"的指导，学生能够更快地掌握直接可用的教学方法和技术；或由于指导教师把实习生当作"老师"，鼓励其摸索自己的教学风格，并辅助其实现自己的教学思路，实习生有了自己探索和尝试的空间，能够从教学的成败中反思自身的教育理念，寻求改进的可能；或由于师徒交往的心理空间比较宽松，实习生不必亦步亦趋模仿指导教师，可以跳出来理性地审视、反思、评判指导教师的教学实践，这为实习生完成知识转化提供了契机。而在"反向促进型"互动中，由于实习生脱离了指导教师的"轨道"，大胆实践个人教育教学信念和方法，为自己完成知识转化创造了空间和机会。

如前文指出的那样，实习生和指导教师之间是一种以"学习教学"为指向的特殊的人际互动，"态度"和"方式"是影响学习效果的两个重要因素，但实质性促成实习生知识转化的则是“内容”要素。学习的“内容”如何被确定（是指导教师认为重要的，还是实习生行动当下急需的？双方是否形成共同关注焦点？）、如何被表达对知识的转化至关重要。“正向促进型”互动对实习生知识转化的催化作用通过两个方面产生效果：第一，师徒双方形成共同关注焦点；第二，通过“再情境化”，实习生的理论知识得以具体化、实践化，旧知识得以更新和扩展。

首先，互动创造了对话空间，使互动双方可以比较准确地把握实习生当下的认知焦点，这些认知焦点指向了实习生亟须掌握的教学知识。在“正向促进型”互动中，实习生获得了充分的机会去独立地探索教学的过程和方法（如设计教案并在课堂上实施），在此过程中遇到了真实的问题。这些问题凸显出理想设计与教学现实的失和，继而成为实习生与指导教师互动的核心议题。认知的紧迫性使实习生能够带着“操作性注意力”（舍恩，2008：94）参与到互动中，随时准备将指导教师对教学的示范和建议转化为行动。对指导教师而言，这也使他们能够对实习生目前的需要做出判断，并有针对性地提出建设性的意见。只有这样，指导教师的示范和讲解才会对实习生的行动产生实质性意义。

例如，在讨论如何将听力教学的重点以适切的练习形式呈现出来的时候，祈琪将方老师的讲解概括为行动方案并清晰直接地表达出来。这使方老师得以了解祈琪对探讨内容的理解程度，并做出进一步的解释，完善了她对这一问题的理解。

祈琪：做听力还是填空和选择题更好一些。

方老师：针对他的程度，可以这样。……但也不见得。有的时候是表格，有的时候就是练习听大意，就是一段一段地听，你得看你这一段听力材料主要练什么听力技巧，结合着这个（进行选择）。

又如，当方老师建议将教材中的一个听力练习改编为衔接听力活动（语言输入）和口语活动（语言输出）的形容词拓展练习，创造一个语言学习焦点的时候，祈琪不断使用“我可以……”这类表达来追问如何使用教材。这些追问使她理解了教材设计与教师个人设计的关系。

祈琪：我做听力可以不用书上给的练习，我可以自己做？

方老师：当然了，那就是你的设计。你可能会理解成它（教材）给了问题，我就得这样做。这可能是经验的问题，没关系。所以只有通过练，通过多讲才知道，要上来就知道课怎么讲，这个教材怎么把握，那不就不用实习，不用成长了嘛。一下子就长熟了。

祈琪：我可以用它（教材）的材料做别的题，但是不一定非得用它给的题，我可以用它给的材料。

方老师：材料是要用教材提供的，但是你根据这个材料可以有不同的设计。要是时间来得及还可以提前设计好学案，（学生）就写在学案纸上；时间来不及用幻灯片展现也行，学生可以边听边记。

其次，实习生与指导教师之间的互动创造了反思和改造学徒经验的机会。知识转化的内在核心机制是教的“再情境化”或“再脉络化”（伯恩斯坦，2016）。无论是通过模仿的“镜道”（舍恩，2007：269-270）（如“正向阻抑型”互动中的园园，详见第三章），还是通过共同设计（如“正向促进型”互动中的祈琪），实习生都在指导教师的支持和帮助下，尝试从学生身份转换为教师身份，在一个不同的社会脉络中重新审视面临的教育教学问题和自己已有的经验，并通过调整、适应和转变将原有的教学知识重新具体化。

例如，祈琪从自己学徒观察的经验中获得了一个重要的听力教学知识——教学的一项重要任务是“听重点信息”。通过大学的学习积累，她也学习了活动教学设计的相关知识，如听前要组织热身活动，帮助学生做好学习准备；听的过程中，重心应放在“重点信息”的捕捉和理解上；听后要有相应的语言输出活动；等等。她对教学过程中要做什么已经有了一定的认识，但在面对具体的教学任务时，什么是重点信息？该如何帮助学生获取重点信息、理解学习内容？对于这些问题她都无从下手。作为教师，帮助学生从不知到理解的过程对她来说还是一个黑箱。

在面临教学困境时，祈琪凭直觉选择通过自己学徒观察获得的教学知识来完成教学任务，但在教学实践中认识到了这种方法的无效性。在与指导教师的互动中，她对听力教学的认识——“在重点的地方停下来，让学生记一下”——不断得以改造和修正，最后形成新的听力教学知识：听力教学应该“循序渐进，否则一下子水太深了，感觉就像一个人刚下水（游泳）就去了深水池，没有一个过程”。

在有关听力教学知识转化的过程中，祈琪与指导教师方老师的互动起到了非常重要的作用。师徒互动打开了听力教学过程的黑箱，这表现为如下几个方面。

（1）双方在互动中重新聚焦了学习教学的内容和方向。祈琪描述了自己的三个教学困难：第一，材料本身缺乏可教的知识点（主要是指生词）；第二，自己缺乏听说教学方面的训练和准备；第三，学徒观察经验中学到的听力教学模式无效。方老师则将造成其教学困境的一系列难题重新框定为“缺乏设计”。方老师通过设定新问题将祈琪的注意力引向一个新的方向——听力设计。关于教什么、如何教的方法和技巧被重新置于教学整体过程设计的新框架中，使零散的问题具有了内在的连贯性和逻辑性。

（2）方老师用祈琪可以理解的具体意象来表征一个承载各种关系的复杂网络。互动中，方老师用“搭台阶”这个意象，形象化地表征了听力教学设计的过程和这一过程所包含要素组成的概念系统，即本质、目的、重点、原则、方法、任务（内容与形式）、实施和教材等。

“搭台阶”的意象及其所涉及的教学设计要素以教授“职业与性格”听力材料这一教学任务为媒介，在情境化的任务中呈现出了具体化、本土化的意义（见图 4.1）。这个“再情境化”的过程不仅使得抽象的理论概念得以具体化、操作化，而且使祈琪学会了识别和评价好的听力教学设计的特征，并学会了创造那些特征。

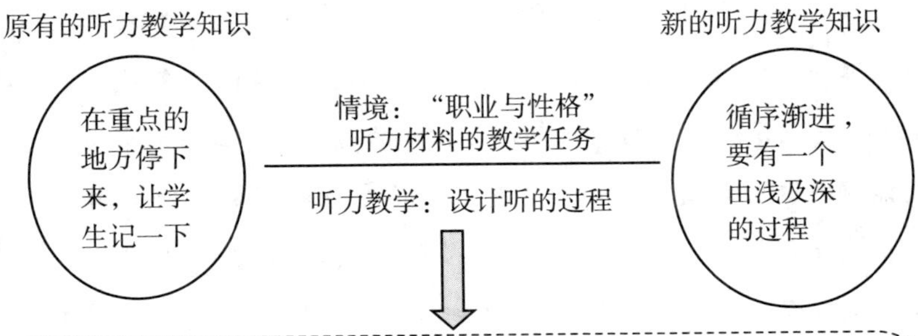

1.本质：设计听的过程，即“搭台阶”。
2.目的：帮助学生理解学习的内容，即“职业与性格”。
3.重点：训练获取重点信息（“职业与性格的关系”）的听力技巧。
4.原则：由一般到具体、由局部到整体。[“可以提一个general question（一般性问题），不能抓五个。”]
5.方法：化整为零，分解学习任务，引导学生循序渐进地完成理解。[“先让他们关注都提到了哪些jobs（工作）”，“再听（一遍）……每一项工作需要什么personality（性格）”，“第三步上升到回答问题”。]
6.任务：任务内容取决于教学的重点和听力材料的特点，任务形式的选择（如填空、图表、选择）要有助于突出教学的重点。（“今天听的材料主要侧重一两个技巧：捕捉具体的信息——工作以及性格。”）
7.实施：问题先行，引导听力的过程。（“要听前给任务，他好带着任务去听”，让“他带着重点去捕捉重点信息”。“你得看你这一段听力材料主要练什么听力技巧，结合着这个（进行选择）。”）
8.教材：是课程设计的资源，根据具体的教学需要进行整合和改编。（“材料是要用教材提供的，但是你根据这个材料可以有不同的设计。”）

图 4.1　互动中知识的“再情境化”

“再情境化”不仅有助于实习生理论知识的实践化，而且有助于旧知识（原有经验）内涵的拓展与更新。如，祈琪对一个学生不需要听录音即可给出正确答案的练习很不解，方老师捕捉到祈琪的困惑，将这些困惑朝着不同于她原有想法的方向拓展。

祈琪：听力我明白点了。像这种听力，可以先看一下材料，再看一下问题，直接听两遍就能顺下来。

方老师：这就是像那天咱俩说的，他（学生）其实听起来填这个词很容易，它（教材）也就为了弄一个引入。引出什么呢？你 show interest（表示兴趣）的时候都用什么样的句式，什么样的表达。不听也能够把这些词填上。如果不想把它这个材料当成（听力材料）处理，你就当成……，谈了这么多 personality（性格）和 job（工作），那首先最重要的是人对工作要有兴趣吧？“你对什么工作感兴趣该怎么表达啊？大家看这一部分。”这可以不当成听力材料，就当成怎样表达兴趣的句式引出来就行了。学生看完了他可以自己说出来，就 OK 了，其实都会说。或者你补充点别的表达词，肯定能说出好多，因为我们都学了。学生再把那些放在这儿，这样就更加丰富了。

祈琪本来计划按照教材的设计，将这个练习材料作为听力训练的内容来使用。但是方老师将其重新定位为听力活动与口语活动之间的桥梁，将其作为输出活动前的语言输入准备材料来对待。这不仅给祈琪提供了另一种可选的教学思路，而且教材内容使用功能的改变也打破了祈琪亦步亦趋忠实执行教材的认识，建立了教材作为教学资源的新认识。

学徒观察获得的关于教育教学的知识对刚刚进入实践场域的实习生来说犹如拐杖，使他们在无所适从的时候有一个“现成的行动和理解的配方”（Feiman-Nemser，Buchmann，1987）。但是，学徒观察中获得的先入之见是一种缄默的知识，往往未经检验就成为实习生的直觉选择。正如哈蒙（2009）的研究所揭示的，实习生进入教学领域时，常常假定自己知道如何教学，相信所需要的是一些策略、技能和技术惯例，这样的成见使得按照我们现在所知道的人是如何学习的观点来培养教师变得困难，扭转学徒观察及伴随其中的关于教学的天真信念，可能是对学习教学最有力的挑战。

本研究发现，原有经验的“再情境化”是实习生知识转化的核心机制。一方面，通过“再情境化”，实习生有机会在新的情境中，从教师的视角对自己的先在观念进行有意识的反思，对大学里学习的理论知识进行具体化、实践化的理解。另一方面，“再情境化”可以整体呈现一个教学任务所包含的意义网络（如目的、重点、原则、方法、任务、实施、材料等）及其在实践中的表现形式和策略。

固然，影响实习生知识转化的因素非常复杂，其中包括实习生的个性特征、反思能力等，但实习生与指导教师之间的互动创造了提高实习生反思能力、改造其学徒观察经验的机会。互动中，指导教师怎样以实习生的先在观念为基础，怎样去挑战和加深他们先前的知识，对于实习生的知识转化具有十分重要的意义。

第三节 实习生身份获得的机制

对实习生而言，“学习教学”不仅仅是一个知识和能力运用与增长的问题，更是一个理解、适应和建构学校文化、教师文化，形成身份认同的过程。中小学和幼儿园有自己的“工作文化”，它们与实习生在大学时所熟悉的“学术文化”很不一样。正是在此意义上，我们说实习生对教师职业的认同和适应，更多的是一个“次级社会化”的过程，即一个已经社会化的个体进入其所在社会客观世界中新的部分的过程，其实质是制度或者以制度为基础的“亚世界”的内在化（伯格，卢克曼，2019：108-121）。

一、现实冲击下的角色认知

次级社会化的核心机制在于新旧经验之间的融合与平衡，因为次级社会化预设了一个先在的初级社会化过程，即它必须应对一个已经形成的自我和已经形成的内化的世界，它不可能凭空构建主观现实，因为已经内化的现实有一种持续存在的趋势。不论什么样的新内容想要被内在化，都必须重叠在已经存在的现实上。（伯格，卢克曼，2019：116）

就实习生而言，他们在接受教育的过程中已经自然地获得了对教师职业的认识。例如，教师“应该像妈妈一样，关心、体贴学生”“要信任学生”“要专业知识过硬”“要跟他们像朋友一样”“最好不要严厉批评，得给孩子们面子，更不能罚学生”等。这些认识构成实习生实现教师身份建构的重要基础。在教育实习中，他们通过亲身经历与体验，不断调整和修正原有的教师角色认知，重新认识和内化教师角色的规范与情感，确认自己是否有能力、是否喜欢或者是否愿意做教师。

这个调整、适应和重新建构角色的过程是对原有教师角色认知的现实化和复杂化，其核心涉及从学生视角到教师视角的转变（即在学徒观察中形成的教师角色认知经验的改造），以及大学“学术文化”与中小学“工作文化”之间的交汇与碰撞。这个过程往往会带来巨大的“现实冲击”，使许多实习生的“传教士理想”硬着陆于严酷的教育现实，也让他们被迫面对不断袭来的复杂现实。这个复杂的现实中包含很多问题，例如，实践中遇到的困难，教师工作的强度和压力，由于外界压力不得不违背个人信奉的教育理念，信念系统的改变（如在教学方法上从进步主义转向保守主义等），性格的改变（即情感和自我认知的变化），等等（Veenman，1984）。这些问题总会引起实习生一系列的不适和调整，如果反差和冲击过于强烈，则可能造成实习生的认同障碍，致使其在坚持还是放弃教师职业的选择之间游移。

（一）教师角色的现实复杂性

从学生视角向教师视角的转变中，“理想的教师形象”与“现实的教师角色”之间的差距往往给实习生造成较为强烈的冲击。这种冲击使实习生了解了真实的教师生活与个人对教师职业的想象之间的落差，从而促使其判断是否要积极地调整和校准，并对自己与这一职业之间的匹配程度做出较为理智的判断。例如，实习生高原的经历就比较典型地反映了实习生角色认知的变化，以及这一变化对其教师职业认同的影响。

高原在实习之前是“铁了心”要当老师的，并且希望做一名高中教师，因为在她看来，高中教师对学生人生的影响是极其深远和重要的。

我可能受到了我高三老师的影响。这个老师是我的班主任，他相当相当敬业。他尊重孩子自己的学习方式，但是又在暗地里关心你，看你的学习到底有没有走错路，只是不告诉你而已。我为什么选择当高中老师，是因为我觉得高中老师可以改变一个人的人生轨迹，很关键。有的时候会觉得，我就要做这种老师，像他一样当一名人民教师。

在班主任老师的指引下，高原体会到“单纯的学习的快乐”。老师给他们创造了一个空间，让学生知道“还可以这样学习”，这是高原从来没有过的体验。高中愉快的学习经历在高原心中埋下了一颗种子——自己也要做一个能给学生带来单纯的学习快乐的老师。

但是，实习的经历让她了解到，教师的工作远没有想象的那么纯粹和美好，高中教师“太忙”“太累”了。

有的时候，环境挺可怕的。……我突然发现，当一名老师首先从客观上讲，工作压力很大。我实习以后，觉得这不太是我想要的那种环境。我们班主任，在我实习的时候，他真正教课的时间每天只有一个半小时。但是他从早上 7 点到晚上 8 点都在学校。这其中要处理很多甚至不是跟家长之间的事情，而是往上面给领导的材料。这个就得占他 10 个小时的时间，他一天几乎都在干这个事。他没有时间跟孩子沟通，有的时候会觉得这挺惨的。

在实习之前，高原认为教师“要跟孩子在一起聊聊，多交心”。但是到了实习学校，她发现中学教师——特别是班主任——用于教学和与学生交往的时间极其有限。

他们每天都跑来跑去，不是班里任务很多，而是年级任务很多，组织活动很多，还有就是上面派下来的任务和学生反映上来的任务，全都压在班主任身上。相当于班主任是一个枢纽，班主任每天要做的事情不光是学生这边的，还有很多是学校那边的。比如说，一开学要交十份总结材料，班级规划、班级管理、班级设计、班级制度等等，总共有十份。让他们累的不光是教学，他们觉得教学不累，让他们累的是每天要完成各种各样的任务，没有时间搞真正的教学。

看到一线教师被行政事务纠缠而难以安心教学，特别是当这些工作多半并非为了教学本身，而是为了领导的业绩时，高原甚至开始怀疑教师工作的价值。她慨叹到：“这不是我想要的东西，我想要的可能太不现实了。”高原想要的是一种纯粹的、作为知识分子的教师的生活，担当社会革新之责的教师生活。

我想要的是能够发挥我自己的思想，或者能够表达我的一些看法，或者通过我自己的努力真心地改变一些东西，改变一些现状或者是不太好的事情。如果我的时间都浪费在让我的领导去谄媚他的领导，我觉得的确有一点不是我想要的。

学校中年轻教师和老教师之间复杂的人际关系，也让高原感到有些畏惧。在与年轻老师的交往中，她了解到年轻教师与老教师之间存在一种并不和谐的“客气”。

第一，你为什么要谦虚？不是你想谦虚，是因为你要表现得谦虚，要不老教师会对你有误会，所以有时候这种人际关系很难处。第二，有时候你跟他（老教师）思想不一样，你在大学里面学到那么多新的理论，有时候想用它，但是老教师会误会，说你在说教或者是蔑视他，就会觉得你仗着从学校学的新理论自以为是。在老教师当中会有一种对理论的误会，……（老教师）认为你只是学了这么多理论，但是他有经验啊！老教师过分强调他的经验了。

年轻教师不得不在老教师面前“装谦虚”，这让她觉得很不舒服。但更让高原迟疑自己是否还要选择教师职业的一个重要原因是：年轻教师和老教师的关系中所暗藏的权力斗争以及作为年轻教师所感受到的压抑。高原希望能够将在大学里学到的理论学以致用，但是老教师对理论的“蔑视态度”让她依稀感觉到这样做的艰难。

我们大学里学的理论为什么无用？是因为什么？很多人会说我大学里学的理论无用，还有一部分人认为我学了理论，出去以后还是会被压制，还不能用出来，所以也是无用的。这是因为我们出去，尤其是当老师，理论必须跟实际结合，但是这个结合的路很难。而且决定权不在我们这些新老师，而在……，比如说，老教师。有经验的老师会说，第一你没有经验，第二你对课标不熟悉，所以我要告诉你我要怎么讲这个课。新老师有的时候就会觉得，这跟我的思想冲突了。……这就是特别大的矛盾。我不知道我将来当老师该怎么做。如果我不知道怎么做，我为什么还要当老师呢？这也是害别人呢！所以我不想让自己不明白的时候去做这件事情。

因此，对高原来说，在保守的教师文化中如何自处是个极其让她困惑的问题。她很担心这会销蚀自己的教师理想，让自己失去对这个职业崇高的想象和敬意。

教师所处的机构文化，以及教师内部新老教师之间的复杂礼仪和背后的矛盾，使高原认识到教师这一职业与她“原来预计的不一样”，自己“如果真的想从事这份工作，就要重新接纳它”。

我来一线以后，就觉得这跟我原来想象的教师生活不一样。我们原来一直在理想的环境里，我们学到的教法也是理想的教法，我们没有学生可教，我们只是在设想他们应该怎么回应我们，应该怎么配合我们，但是其实在现实生活中，班与班，还有学生与学生都是不一样的，所以如果我要真的当了老师，我会花很长时间来适应这种从过去想象中的状态到现实生活的状态，尤其是到现实教学生活状态的过渡。

从高原的案例中可以看出，实习生在学徒观察期间形成的、以自己崇拜的老师为模范所构想的教师理想型往往是教师在教室中的样子，与这个特定场景相关的规范和情感都仅仅与学生和教学相关。但当实习生从教师的角度，进入教师生活的“后台”，理想的教师在真实的情境中被还原为制度文化中的人、人际关系中的人的时候，许多非教学因素就使教师工作的内涵变得更加复杂和现实。实习生原有教师角色认知的现实化和复杂化在很大程度上成为其教师身份获得的一个障碍。

（二）在两种文化缝隙中穿梭

中小学教师面对的不仅是与教学无关的各种烦琐事务以及保守的教师文化，还有由外部改革者，特别是大学研究者引进的压力。这种压力凸显了理论与实践之间、大学的“学术文化”与中小学的“工作文化”之间的隔阂与矛盾。游走于二者缝隙中的实习生对两种不同文化的感受与理解对其教师身份获得有很大影响。

仍以高原为例，在短短的六周实习中，高原已经很敏感地意识到了学术文化与工作文化之间的差异和冲突。一边是中学老师抱怨“总是学理论，拿过来让我们改”；一边是大学研究者认为“高中老师急需理论”，“让你们改是为了更全面，是对孩子好”。大学研究人员希望中学老师每节课都能“像公开课那样上”，认为中学老师教学效果不佳“就是教学法的问题”。而中学老师“永远会觉得大学老师没有实践。他们（中学老师）会说，‘我们根据高考大纲的要求，无法按照这种教学法天天讲’”。这样“恶性循环，越改越消极，最后就变成了两极分化，造成了不可调和的矛盾”。

实习让高原有机会重新评估大学老师对中学老师的评价，开始理解中学老师工作环境中的真实压力。

我曾经听过特别恐怖的言论。大学老师竟然说：“高中老师为什么把自己忙死？是因为他自己没有教学法。他要是有教学法，就应该特别有效率，一节课不用讲什么就讲完了。”但是我到那个实习学校以后，我发现——其实我讲课的时间还不长呢——这是因为老师要应付很多学校领导的事。但是大学老师就不知道，大学老师没有到那个环境，不知道他（中学老师）上下夹着呢。大学老师就是做学术，高中老师就是既要教课，也要写教案，还得写教学笔记，还要应付这种文件式的东西。

高原还认识到，现实的教育气候并不利于新理论的运用。但是，大学老师在推动新理论的时候，却往往忽视了整体教育环境给中学老师带来的压力。

我总觉得大学老师应该想一下我们的应试教育……，因为大学的环境毕竟跟高中不一样，高中有一个压力在那儿呢！虽然现在很多大学老师也承认这个压力，但是他根本体会不到这个压力有多大！所以他会说这么改，那么改，用交际法来改，用情景教学法来改……。高中老师就说，你改了那么半天，改得面目全非，但高考不改。所以他们更倾向于高考。其实，相比之下，我真的是挺支持应试教育的。但是大学老师的环境中没有那个压力，所以他们无法想象高中老师的压力。

高原意识到，“改”与“不改”的纷争中暗含了由于劳动分工不同而造成的等级差异。而不幸的是，中学老师在这个等级序列中处于“劣势”。

因为大学老师吸收了太多前沿的东西，他们是教育骨干的第一批。比如说，一开会之类的，肯定是先大学老师开，大学老师整理后再往下一级一级传达，处在高级地位的人只能看到别人（指中学老师）的低，说之所以这么低是因为……之类的。

高原的例子向我们呈现了实习中影响实习生身份获得的“隐性课程”。他们在实习中经历的次级社会化过程使他们有机会习得“专门角色知识”，并借此认识到中小学教师这一职业在整个教育劳动分工体系中的归类和定位。如高原经历的那样，她在实习中直接体验了大学教师、学术、理论研究，以及中学教师、教学、实践这两套专门角色词汇的含义，随着这套词汇系统的建立，她理解了这些语义领域的评价和情感色彩及其所规制的教师角色（伯格，卢克曼，2019）。

从理想到现实，从学术文化到工作文化，实习生对教师工作和教师角色的复杂性有了更加清晰、具体和真实的认识。在努力调整自己对教师工作和教师角色的认知的过程中，实习生经历了或弱或强的现实冲击。而如何应对现实冲击，对他们最终的身份获得具有深刻的影响。

二、现实冲击的可能原因

对新手教师中普遍存在的现实冲击的研究表明，造成新手教师不适应的原因多种多样。有研究者（Veenman，1984）将其概括为两大类——个体原因和情境原因。前者包括个人职业选择错误、态度不当、个性不符等；后者包括专业训练不足以及问题重重的学校情境，如权威的、官僚的、科层制关系，固定的组织结构，师资短缺，教学设施简陋，缺乏明确的教育目标，职业孤独感，家长对学校教学的期待和影响，教师工作量大且需同时面对多重任务，等等。温斯坦（Weinstein，1988）进一步指出，除了以上这些因素外，师范生对教学工作的看法也是一个重要原因，新手教师的痛苦来源于他们“不切实际的期望”，即他们对教学中可能存在的困难，或者更具体地说，对他们自己应对课堂教学挑战的能力存在认识上的偏差。

我们的研究也发现了类似的现象。上文高原的案例就反映出，应试教育、科层制关系（年轻教师与老教师之间的等级秩序、中学教师与大学教师之间的角色秩序）、保守的教师文化、对教师职业和教学工作的理想化期待等因素造成了实习生的实践休克。与以往研究不同的是，我们的研究还发现，实习生在实习过程中参与学校生活和教师文化的能力不足，也是造成其实践休克、影响其身份获得的重要原因。

如上所述，实习生的身份获得本质上是一个次级社会化的过程。而次级社会化是以合法地位作为基础的（伯格，卢克曼，2019：115）。也就是说，只有具有相应的合法资格，才可能以成员身份参与到某一团体的活动当中。这种合法性通常通过能够表征团体成员身份的必要技术和象征性符号表现出来，比如是否理解和使用与成员身份密切相关的语言。在本研究中具体表现为：实习生是否能够理解和认同中小学教师用“孩子”这个词来指称学生时所蕴含的教师身份特征，用“夯实”这样的词强调知识基础教学重要性时反映的教师角色意识，“导学案”一词中折射的教师工作程序及教师在学生学习过程中的作用，等等。而这些必要的技术和象征性符号包含很多“潜规则”或“缄默知识”，是只可意会不可言传的，需要实习生投入到实践中才能获得，并能够使实习生逐步建立个人与某种教师文化之间的联系，形成教师身份感。

虽然实习生在制度上获得了“合法”的“边缘性”位置，但对于什么是“参与”、如何恰当地“参与”实践的理解，在很大程度上依旧影响着他们的行动、思维和情感，有时甚至成为他们参与实践的障碍。例如，大部分实习生都认为批改学生作业、带操、组织社团活动等是“杂事”，不是“实习”的实质内容，并因此使与指导教师的互动陷入僵局。直到他们在学校待够一定时间，才能领悟到这也是实习的重要环节，是让他们在“合法的边缘性”位置“参与”的必要步骤。

为什么会造成这样的局面呢？我们认为，主要原因是很多实习生没有清楚地意识到实习中的学习与大学的学习之间的差别。实习生从大学走进中小学，以书本学习为主的理论性学习转变为以参与为主的实践性学习。这种“实践性学习”是在工作中的学习（雷林，2002：3；徐国庆，2005：244-245），发生于备课、授课、批改作业、组织学生活动等日常事务中，它是在实践中展开的、为了实践而进行的学习。

实践性学习与理论性学习存在诸多不同，其中的主要区别如表4.1所示。

表 4.1 实践性学习与理论性学习的主要区别

	理论性学习	实践性学习
学习场所	学校	工作单位
所学知识的类型	理论知识	实践性知识
学习机会	明确	模糊
学习内容	书本知识	技能、价值观、角色规范等
学习目标	获取认知能力	获取实践能力
学习过程	内化	模仿、参与
学习中的人际关系	简单	复杂
对学习态度的要求	消极亦可	必须积极

首先，与大学的理论性学习主要存在于预先设计的课程环节中不同，实践性学习是一种随时随地发生的学习，学习的结构性资源来源多种多样（莱夫，温格，2004）。因而，学习的时机是模糊的，可能无处不在，但又无法预料在何时何处。所以，指导教师们希望实习生处处用心，尽量去听不同类型的课，不仅要听一遍新授课，也要听指导教师在不同课堂上对同一教学内容的不同处理方式，还要听作业讲评课、试卷分析课乃至自习课。但实习生对“实践性学习”缺乏理解，认为那些课“没意思”“没用”，因此没有给予足够的重视。

其次，实践性学习是一种情境化的学习。大学里的“去情境化”学习为学习者提供的是一种“教学型课程”（莱夫，温格，2004：45）。这种课程在“提供学习的结构资源时，所学内容的意义是通过教师的参与，以关于认识的外部观念为中介”的，学习者与教育者之间隔着书本和客观的知识体系，学习者主要的任务是“内化”教育者教授的知识。而实践性学习所创造的是一种“学习型课程”，“它不是某种可以孤立地加以考虑的东西，不能为任意的说教术语所控制，也不能脱离构成合法的边缘性参与的社会关系来进行分析”（莱夫，温格，2004：45）。它要求实习生从旁观者变为参与者，近距离模仿并整体地参与其中。

再次，理想的理论性学习应该是一种主动的学习。大学提供了一整套明确的系统化的课程，学生从中做出选择，按部就班地学即可。但实践性学习却以隐性课程为主，学习的内容和方式都需要实习生自己建构和生成，主动的态度对于实习特别重要。实习生们往往不能充分意识到这一点，所以会觉得指导教师没有给他们多少指导，而指导教师则认为实习生态度不积极、不主动。

最后，实践性学习意味着认知与互动交织在实践活动中（莱夫，温格，2004：15）。人际互动既是实践性学习顺利开展的前提，也是实践性学习的内容之一。人与人之间的相互沟通是次级社会化的基础（伯格，卢克曼，2019）。因此，实习生与指导教师、学生、同辈群体等重要他人互动的深度与质量将会对他们理解教师角色规范、情感和知识产生重要影响。

总之，实习生常常由于对理论性学习与实践性学习之间的差异认识不足，导致自己在学习教学的过程中参与不充分。这使他们无法认识到“最初在部分的、边缘的、显然是琐碎的活动”（批改作业、看自习或练操）中“所吸收的‘方方面面’的认识”（莱夫，温格，2004：44）所呈现的学习机会和意义。事实上，这些看似琐碎的“杂事”就是教师工作的“方方面面”，共同构成了教师的文化实践。如莱夫和温格（2004：45-46）所说的那样，“任何知识都存在于文化实践中，参与到这种文化实践中去，是学习的一个认识论原则”。因此，实习生只有充分认识到合法的边缘性参与的价值，才能获得相应的技术和象征性符号资源，真正理解那种文化，成为那种文化的一部分。

三、合法的边缘性参与

从上文的分析可以看出，“合法的边缘性参与”对实习生的身份获得具有不可忽视的价值，在边缘位置参与实践共同体活动的能力对他们的学习效果有直接的影响。这就对教师教育者提出了挑战：如何帮助实习生获得边缘性参与的能力？如何帮助他们进入和适应实践性学习，完成教师社会化的过程？

作为一种实践性学习，实习的一个重要特征就是情境化，这意味着情境中包含的文化对学习过程具有深刻的影响。例如，实习情境中隐含的传统师徒伦理关系使得实习生在互动中自然采用被动的姿态。他们在很大程度上认同指导教师在互动中的绝对主导地位，认为指导教师有学识、有经验，自己来就是学习的；或者“人在屋檐下”，要低调做人；或者考虑到实习学校的升学压力，认为自己不该再给指导教师添更多麻烦；等等。在这样的心态下，有的实习生虽然很想听其他教师的课，但是因为“好像限制了只能跟一个老师”这种不成文的规矩，而“不敢”轻举妄动。事实上，实习学校并没有这样的明文规定，但传统师徒关系中“忠诚”的观念影响了他们的行动选择。

因此，指导教师如何创造有利于实习生“参与”的条件和氛围，是一个值得思考的问题。在我们的研究中，“正向促进型”互动模式中指导教师与实习生通常能够建立比较平等、民主的师徒关系，且指导教师表现出较强的指导意向，本着为实习生负责的态度，努力将实习生引入中小学教师的“实践文化”。

首先，去中心化的指导方式可以引领实习生进入“实践文化”的多个层面。例如，在石华中学实习的陈中南和李可的指导教师采取了一种“去中心化”的指导方式。他们的指导教师范老师和钱老师在同一个年级组。这两位指导教师鼓励他们观摩对方指导教师讲的课，这样他们不仅有更多的观察机会，而且有机会观察到不同指导教师在处理相同教学内容时的不同方法和风格。范老师和钱老师还带着他们参加每周在教师学校的进修活动。以实习教师的身份参加教师的研修活动对他们具有特别的意义，给了他们反思师范教育的机会。李可在师范大学曾经选修过教师行动研究课程，但在实习后，他再听自己的大学老师给中学老师讲授相同的内容时，却产生了完全不同的感受和认识。李可的指导教师钱老师说：

我和范老师带他们两个进修了两次。他们也挺高兴的，觉得挺有收获。就是看看人家怎么讲课，看看人家怎么评课。上一次，刚好是他们师大研究行动研究的教授给我们整个区的老师讲课，他（李可）就说以前听这个老师讲课没有任何感觉，上完课以后，对老师布置的作业也无从下手，但是自己教了几次书，再去听老师讲行动研究的时候，就有感受了。

陈中南也在教研活动中认识到大学学习与实际的学校教学之间的差别，开始反思大学的课程和学习。他的指导教师范老师说：

他突然觉得（这种差别）很有意思，很值得自己琢磨和思考。通过实习，现在反思师大的课程设置，他感觉有一些不是太实际，就是理论性太强。

“去中心化”的指导方式改变了实习生与指导教师之间的权力关系，“师傅”放下权威，放弃自己的中心地位，将实习生的实习引入一个具有更加复杂的文化特征的实践共同体——校内教师的教研共同体、校外教师的研修共同体等，其复杂的构成为实习生的学习提供了多样化、复杂的结构性资源。

其次，在“正向促进型”模式下，实习生有相对宽松的环境去选择和创造自己的“学习型课程”，并且双方能够比较坦诚地面对和解决一些可能产生的误解、不满和愤懑，例如批改作业到底是不是“杂事”等等。

初到实习学校的时候，同许多实习生一样，陈中南也认为批改作业是件“杂事”，用范老师的话说，“他不怎么判”或者“判得特别快”。范老师很直接地问他：“你怎么那么快？这个班我基本上要判半天的，你怎么一节课就判完了？可能我人老了，脑子不好使；也可能是你的眼睛比较快。”范老师留意观察后，发现“他不记答案，就是按照标准答案判”。范老师就很直接地跟陈中南谈了一次“判作业”的事儿。

我说这样不行，你必须要在判的过程中了解孩子的错题点，因为你是要讲题、要讲练习的。为什么孩子错？孩子们集中的错，就是老师上课没有讲到位的地方，要不然不会出现大范围的错误。再有就是要关注到个别的差生，那个孩子他错得多不多？他错的点是什么？你判的时候，要在本上有一个记录，这就是你第二天备课时要关注的点，昨天失误的地方就有时间和机会弥补过来。这个是新的关注点。再有就是，考虑一下、反思一下教学的重难点是不是设置得不够恰当。

这一番点拨才让陈中南意识到“判”作业这项工作的目的和意义，再批改习题的时候，便养成了在备课本上做笔记的习惯。后来范老师挑战他说：“既然是你判的，你就去讲。不是我判的，我不清楚学生错在哪里。”结果，陈中南虽然是第一次去讲练习，却一点也不慌张，有板有眼，很老练的样子。特别重要的是，师徒间关于“判作业”的讨论使他开始关注自己和学生的呼应，一步一步、时时刻刻关注学生是否听懂了他讲的课。

总而言之，两位指导教师给实习生创造了更加多样的学习机会：观察，上课，参加各种与教学有关的活动（如研修）和与班级管理有关的活动（如组织班会、运动会、学生课外活动、班级管理活动等）。

在互动中，实习生不仅获得了更多从合法的边缘性位置“观察”教学的机会，而且获得了更多“参与”的机会，并且把“参与作为学习（包括吸收与被吸收进）‘实践文化’的一种方式”。这使他们“从广泛的边缘角度逐渐对共同体实践的构成汇集出一个总的观念”，思考“谁参与；他们做什么；日常生活是什么样；师傅们是如何说话、走路、工作，以及总体上如何管理他们的生活；那些不属于实践共同体的人如何与之打交道；其他学习者在做什么；要变成一个成熟的从业人员，学习者需要学什么”（莱夫，温格，2004：43）。

概言之，实习生身份获得的核心机制是“合法的边缘性参与”。实习生通过更多、更多样的参与，广泛地进入教师实践文化的方方面面，对于他们理解教师工作和教师角色的内涵，调整自己、适应教师的实践文化起着十分重要的作用。

综上所述，实习是实习生“学做教师”的过程。在这一过程中，他们将不可避免地面对强烈的现实冲击。那些与其原有经验不符甚至冲突的“意外”为他们制造了完全不同于大学课程学习的学习机会。实习生以各自的方式面对和处理这些意外，而教师教育者的责任是教会教师从意外中学习（Shulman，2013）。换言之，如何处理实习生原有经验与意外之间的关系，以完成其经验的重组和改造，是教师教育者需要面对的一个重要问题。

从经验中学习，在经验中获得真正的知识和理解，这是一个在教师教育者中早已形成的广泛共识。然而，正如舒尔曼（Shulman，2013）所指出的那样，虽然从经验中学习意义重大，但因为存在很多阻碍因素，所以实践起来会遭遇重重困难。因此，要想让教师这个行业取得真正的发展，用医学界的话来讲，我们就必须治愈从经验中学习的人所患的“疾病”。这些“疾病”或“敌人”就是健忘、幻想、惯性以及怀旧。这些都是阻碍我们实现目标的巨大障碍。他认为，治疗这些疾病需要进行系统性回忆、分析、记录、检验，以更准确地记录和分析自己的经验，从中进行反思，并通过分析使得自己的经验更加具有启发性，使自己的记忆更加清晰，并以客观的态度审视过渡渲染的快乐记忆。而这正是作为重要他人的教师教育者与实习生互动时要达至的目标。

本章小结

本章围绕知识、身份、互动三个核心概念，讨论了“知识转化与身份获得”之间的关系，以及作为媒介和场域的师徒互动在实习生的知识转化和身份获得过程中的作用机制，即师徒互动对实习生知识转化的影响是如何发生的，以及师徒互动对实习生的身份获得的影响，即实习生的社会化过程是如何发生的。

对知识和身份的认识是学习教学过程中形影相随的两个方面。对“教师应该拥有什么知识”这个问题的认识，在很大程度上构建了实习生对教师身份的想象，而对“什么是好教师或合格教师”这个问题的认识往往成为一个滤镜，影响着他们对“什么知识更有价值”的判断，以及他们的求知取向和方式。当实习生带着对教师知识和教师身份的认识进入实习的场域，与重要他人形成互动时，这两个认识（很多时候是缄默的）在新的情境中被激活，将个人与专业之间的关系推至实习生思考和实践的中心，即自己是否具有成为教师所要求具备的素质，而构成教师专业素质的要件是知识。

实习生知识转化的核心机制是经验的“再情境化”。一方面，实习生原有的教育教学知识主要来源于他们的理论学习和“学徒观察”经验。通过“再情境化”，实习生有机会在新的情境中，从教师的视角对自己的先在观念有意识地进行反思，对大学里学习的理论知识进行具体化、实践化的理解。另一方面，“再情境化”可以整体呈现一个教学任务所包含的意义网络（如目的、重点、原则、方法、任务、实施、材料等）及其在实践中的表现形式和策略。实习生与指导教师之间的互动对其原有经验的改造具有促进或阻抑的作用。互动中，指导教师如何以实习生的先在观念为基础，如何挑战和加深他们先前的知识，使其原有经验或知识得以“再情境化”，对于实习生的知识转化具有十分重要的意义。

实习生身份获得的核心机制则在于“合法的边缘性参与”。在学习教学的过程中，实习生通过亲身经历与体验，对原有的教师角色认知不断做出调整和修正，重新认识和内化教师角色的规范与情感，确认自己是否有能力、是否喜欢或者是否愿意做教师。这个调整、适应和重新建构角色的过程是对原有教师角色认知的现实化和复杂化，其核心涉及从学生视角到教师视角的转变（即在学徒观察中形成的教师角色认知经验的改造），以及大学“学术文化”与中小学“工作文化”的交汇与碰撞。与以往研究不同的是，我们的研究还发现，实习生在实习过程中参与学校生活和教师文化的能力不足也是造成其实践休克，影响其身份获得的重要原因。虽然在制度上实习生获得了“合法”的“边缘性”位置，但对于什么是“参与”，以及如何恰当地“参与”实践的理解，依旧在很大程度上影响着他们的行动、思维和情感，有时甚至成为他们参与实践的障碍。实习生通过多样化的参与，广泛地进入教师实践文化的方方面面，对于他们理解教师工作和教师角色的内涵，调整、适应教师的实践文化起着十分重要的作用。

第五章 反思教育实习中理论与实践的张力

本章对前面各部分的内容进行总结，并在此基础上讨论实习生现实遭遇的根源，最后针对实习工作相关各方提出相应的建议。具体而言，本章包括层层递进的三方面内容：（1）结论，总结实习生与指导教师的互动对实习生的知识转化与身份获得的影响；（2）讨论，探讨实习生在互动、知识转化与身份获得方面现实处境的社会-文化根源；（3）建议，在分析现状的基础上尝试提出改进教育实习的相关建议。

第一节 主要结论与核心发现

本节将总结实习生与指导教师的互动对实习生的知识转化、身份获得的影响。具体而言包括四个方面的内容：（1）实习生与指导教师互动的基本状况；（2）师徒互动对实习生知识转化的影响；（3）师徒互动对实习生身份获得的影响；（4）知识转化与身份获得之间的相互影响。

一、实习生与指导教师互动的基本状况

我们通过问卷调查发现，实习生与大学指导教师、实习学校指导教师互动的基本状况如表 5.1 所示。实习生与大学指导教师、实习学校指导教师交流状况总体区别不大。实习生与大学指导教师、实习学校指导教师交流的时机一般在实习生讲完课后，通常由指导教师主导交流的内容，实习生普遍认为交流内容“有针对性”。绝大多数实习生表示指导教师在指导自己时“比较认真”，自己能积极投入到与指导教师的交流中去，并对交流的氛围“满意”。当问及指导教师的指导风格是权威型、放任型、民主协商型或其他类型时，大多数实习生认为大学指导教师和实习学校指导教师的指导风格都是民主协商型。大多数实习生认为与指导教师的互动有助于解决自己实习中的困惑，并对实习指导的整体收获表示“满意”。

与上述比较令人满意的状况同样值得关注的是：大部分实习生与大学指导教师的交流都在 5 次以下，大多数实习生认为他们与指导教师的交流由指导教师主导，与此同时还有半数左右的实习生认为指导教师不是很了解他们。这意味着指导教师既不了解实习生，又主导了与实习生为数不多的交流，这种状况显然会影响交流的效果。

表 5.1　实习生与大学、实习学校指导教师的互动状况

	实习生与大学指导教师	实习生与实习学校指导教师
交流次数	总体在 5 次以下，12%的实习生表示没有交流	60%的实习生与实习学校指导教师交流次数不低于 5 次
交流时长	86%的实习生表示每次交流时间在 30 分钟之内	80%的实习生表示每次交流时间在 30 分钟之内
交流情境	实习生授课后集体接受教师指导	实习生授课后接受教师指导

续表

	实习生与大学指导教师	实习生与实习学校指导教师
交流内容	教学方法和策略、学科知识、学生情况和班级管理	教学方法和策略、班级管理策略和方法、学科知识、对教师职业的认识
指导方式	大多数实习生表示大学指导教师主导谈话的内容，小部分实习生表示自己主导谈话进程	大多数实习生表示实习学校指导教师主导谈话的内容，小部分实习生表示自己主导谈话进程
交流氛围	绝大多数实习生满意	绝大多数实习生满意
投入程度	绝大多数实习生能投入	绝大多数实习生能投入
指导教师的态度	认真	认真
指导风格	大部分属于“民主协商型”	大部分属于“民主协商型”
了解程度	48%的实习生表示大学指导教师“比较了解”自己	55%的实习生表示实习学校指导教师“比较了解”自己
问题解决	64%的实习生认为与大学指导教师的交流有助于解决困惑	76%的实习生认为与实习学校指导教师的交流有助于解决困惑
整体收获	81%的实习生表示收获较大	87%的实习生表示收获较大

虽然两类指导教师与实习生的互动状况基本相同，但他们在与实习生的交流次数、交流时长、交流内容上仍存在差异。相对于实习学校指导教师而言，实习生与大学指导老师交流的次数更少（12%的实习生未曾与大学指导教师有过交流）。实习生与两类指导教师都交流关于教学方法和策略、班级管理策略等方面的知识，除此之外，与大学指导教师的交流侧重于学科知识，而与实习学校指导教师的交流侧重于班级管理以及对教师职业的认识。

我们在现场调研的发现与问卷调查的结论一致。大学指导教师一般不经常到实习学校指导实习生，其他的互动也相对较少。比较而言，大学指导教师的指导侧重教育工作或学科教学的原则，实习学校指导教师的指导则更具体，往往会对教育教学的细致微妙之处结合实际进行传授，比如课堂教学中的环节设置和起承转合、应对课堂突发情况的智慧、与学生沟通的方式方法，以及教师职业日常生活的各个方面。

二、师徒互动对实习生知识转化的影响

我们的研究表明，师徒互动对实习生的知识转化产生了重要影响。这种影响具体体现在实习生知识转化的三类样态上（知识的类型、知识的内容、知识的表征）。不同的互动模式对实习生知识转化的影响有所不同。

（一）师徒互动对实习生知识转化三种样态的影响

具体而言，师徒互动对实习生知识转化的影响体现在知识的类型（理论知识和实践性知识）、知识的内容（学科知识和教育学知识）、知识的表征（隐性知识和显性知识）三个方面。

指导教师对情境的再定义和对反思的引导促进了实习生理论知识向实践性知识的转化。虽然由于目前的制度下实习时间较短，实习生的实践性知识转化为理论知识的可能性并不大，但是研究结果表明，指导教师高明的指导能促成这种转化。实习生理论知识和实践性知识的相互转化是由具体的问题情境激活的，但实习生对情境的辨别能力不足：实践中的问题并非以良好的结构展示在实习生面前，有时甚至根本不是“问题”，只不过是一些杂乱而模糊的情境而已（阿吉里斯，舍恩，2008）。此时，如果指导教师能够对情境进行再定义，并提供恰切的解决方案供实习生选择和学习，实习生将更容易以恰当的方式框定问题情境，实现理论知识向实践性知识的转化。

此外，指导教师引导实习生反思对实习生的知识转化也有重要意义。以往的研究（赵明仁，2009）认为，新手教师或专业能力不足的

教师往往侧重技术性反思，很少进行实践性反思和解放性反思。我们的研究则发现了相反的情况，有的实习生不再局限于技术性反思，而有较多的实践性反思，比如对自身行动意义的诠释，对师徒关系及师徒沟通的理解，对待理论的态度，等等。但是实习生的实践性反思容易受到个人经验的局限而陷入“偏见”，使其难以看到全局或深层的现实，比如将中小学现行教育方式归为“应试教育”并完全否定。此时指导教师恰当的引导能促进实习生的理论知识以更恰切妥帖的方式转化为实践性知识。

在与指导教师的互动中，实习生通过双路径学习来实现教育学知识与学科知识的转化，主要体现在其“学科教学知识”的发展中。如果师徒交流不充分，实习生学科教学知识的发展会相对滞缓。如果师徒双方推脱自身责任，或者指导教师将自身经验神秘化，也会制约实习生学科教学知识的发展。只有当师徒互动进入深层次的价值观和信念有所调整的双路径学习时，实习生学科教学知识的建构才会更加顺畅。

实习生与指导教师的互动耦合了师徒双方显性知识与隐性知识的转化过程，也就是说，实习生显性知识与隐性知识的转化过程与指导教师显性知识与隐性知识的转化过程是密不可分的，双方的互动会同时激发两个转化过程。因此，互动必然影响实习生显性知识与隐性知识的转化。实习生显性知识与隐性知识相互转化的过程与实习生和指导教师互动的过程是一体的。指导教师直接告知实习生该怎么做，实习生接收这个指导并将之与自己已有的知识（信念）联系起来的过程，是一个从显性知识到显性知识的联结过程，也就是“联结化”。当实习生对接收的指导作出“赞同”“否定”等判断，或进一步将其变为自己的行动时，知识从显性转入隐性，这是一个“内在化”的过程。当实习生带着自己的隐性知识，与指导教师共同做事，不依靠语言而借助观察、模仿和练习来触及指导教师的隐性知识时，实习生与指导教师的隐性知识就实现了“共同化”。而当实习生或指导教师将自己关于教育教学的隐性知识用比喻、类比、假设等方式表达出来时，隐性知识就“表出化”为显性知识。由此可见，实习生与指导教师的互动对于实习生显性知识和隐性知识的转化具有不可剥离的重要性。

（二）不同互动关系对实习生知识转化的影响不同

我们在研究之初借用了黄囇莉（2007）对华人人际和谐与冲突的分析框架，将实习生与指导教师的互动划分为“实性和谐”与“虚性和谐”。此后，我们又从互动效果的角度将实习生的学习效果分为浅层学习和深层学习。这样一来，互动中的“关系”与“效果”两个维度交叉，形成了实习生与指导教师互动的四种模式：实性和谐关系下伴随深层学习，实性和谐关系下伴随浅层学习，虚性和谐关系下伴随深层学习，虚性和谐关系下伴随浅层学习。我们将这四种组合分别命名为正向促进型、正向阻抑型、反向促进型和反向阻抑型（见图 3. 3）。

在正向促进型互动中，实习生与指导教师双方对彼此的能力、态度、做事方式等的认可度均比较高，实习生表现出了积极主动的分享与求教行为，双方的交流自然、公开。实习生在知识转化的某些方面上表现出了比较明显的变化。

在正向阻抑型互动中，指导教师对实习生的满意度比较高。相应地，实习生对指导教师的指导态度一般也是高度认可的，但相对而言，实习生对其教学能力或指导方式的认可度要低一些。二人的互动关系虽然看起来和谐融洽，二人也无话不谈，但实际上并没有深层次的分享与交流。实习生在知识转化的某些方面有所变化，但整体来看，变化并不明显。

在反向阻抑型互动中，师徒双方对彼此的认可度都比较低。即使出于礼貌，双方认可对方某方面有一定的可取之处，也并没有发自内心地欣赏对方的优点，而是更介意对方的不足，导致二人的互动表现出明显的虚性和谐关系特征。实习生的“分享”和“求教”行为都比较被动。不良的互动关系使双方缺乏更深入的探讨，也不能引发实习生更深层的反思。这样的互动对实习生知识转化的作用很小。

在反向促进型互动中，实习生对指导教师各方面的认可度都很低，因此完全放弃了与指导教师交流、向其求教的意愿，二人的互动表现为较强的虚性和谐关系。然而，有趣的是，不良的师徒互动关系反而刺激实习生对已有知识和经验进行了更深层的反思，从而使其在知识转化的各个方面获得成功。究其原因，这种转化主要还是受实习生个人能动性和能力的影响。

从上述四种类型来看，互动关系与互动效果之间并不存在一一对应的关系。那么，互动中的什么因素对互动效果有关键性影响呢？我们通过对案例的分析发现，实习生“反思”的深度在互动关系-学习效果的联结中发挥了重要的中介作用。良好的互动能够促进实习生知识的转化，其关键在于这种互动能带来对话和反思。在这类互动中，实习中产生的真实问题会成为认知焦点，师徒针对焦点展开讨论和对话。在对话中，教师的指导与实习生既有的经验发生碰撞，实习生由此反思自己的教育教学知识，在自我调整中拓展和转化自己的知识。

三、师徒互动对实习生身份获得的影响

实习生与指导教师的互动状况与他们的身份获得有紧密的关系。问卷调查显示，三分之二以上的实习生认为，与指导教师交流后，大多数问题能够解决，而这部分实习生也更易获得对教师身份的认同感。同样，实习生与指导教师互动后的整体收获越多，他们就越认为自己适合当教师，也会更加坚定自己从事教育的决心。

实习生与指导教师的互动会对他们的身份获得产生多层面的影响，涉及专业认知、专业热情、专业效能感、专业归属感等。实习期间的人际互动会影响实习生的专业认知。每名实习生都拥有许多与教育教

学相关的专业认知，这些认知往往具有“理想性”，在实习过程中会发生变化。如果实习生与指导教师互动效果较好，既有的专业认知会随着实习指导而改变。也就是说，互动效果较好，指导教师才可能真正地影响学生的专业认知。如果互动效果欠佳，既有的专业认知则会被强化。当实习生既有的专业认知在教育教学的现实面前让实习生感到无力时，实习生既有的专业认知更容易发生动摇，进而被重新建构。比如，有的中文专业的实习生原有的专业认知是“语文课应该具有文学性”，但现实中，实习学校指导教师要求他们注重应试，加强知识点的“落实”，课堂上学生也不配合实习生旨在突出语文课文学性的努力。在这种情况下，实习生会重构自己对于语文课教学的专业认知。“实用性”是实习生在实习时建构或重构自己专业认知的重要标准，实习生往往会在实践中形成一些能解决问题的知识或技巧，来替代原有的比较理想化的专业认知。

师徒互动的效果在很大程度上也影响了实习生的专业情感和从教热情。实习生与指导教师在互动中共同关注的主题越是趋于一致，投入的情感越多，互动的效果就会越好，实习生在教学实习中的收获就会越大，已有的教学热情就会得到增强。反之，则专业情感遭到削弱。调研发现，如果实习生与指导教师以某节课、某个教学事件或实习生的某种教学行为为主题开展对话或讨论，那么实习生的教学热情就容易被激发。如果指导教师只是分配给实习生一些任务（比如“判作业”）让实习生单独完成，由于共同投入的情感过少，实习生的从教热情往往就会受影响。

实习生与指导教师的互动也可能对他们的专业效能感产生影响。以不对称权力关系为特征的压迫性互动可能限制实习生的自主性，使其自身拥有的资源（如个人教育生活史、在师范教育课程中所获的学术训练、个人教育信念和价值观等）无法产生成长的力量。消极、紧张的人际关系则可能造成实习生情感枯竭，无法对教师职业形成认同。

相反，肯定、鼓励与支持性的互动环境有助于实习生专业效能感的提高。

实习生与指导教师的互动也影响了他们的专业归属感。通过互动，实习生了解了教师群体和教育专业，实习学校的教师群体也了解了实习生。一方面，如果实习生认为教师群体的文化和教育专业的特质与他们的自我期待相匹配，他们就会产生专业归属感。比如，如果实习生认为自己适合做学术研究，而实习学校的教师群体文化更具有实践性，那么实习生的归属感就会比较弱。如果实习生认为自己很爱孩子，并且认为这是实习学校教师文化的核心，实习生就可能产生较强的专业归属感。另一方面，如果实习学校的教师群体在实习中认可并接纳了实习生，那么实习生也较能产生专业归属感。反之，专业归属感则难以产生甚至会被弱化。

四、知识转化与身份获得之间的相互影响

我们的研究发现，如果实习生认为学科知识是教师的核心知识，他们通常会形成“教师是学科专家”的身份认同。如果实习生认为教育学知识是教师知识的核心，他们通常会形成“教师是教育教学专家”的身份认同。

实习生的知识观会影响他们教师身份的获得。过分崇尚学科专业知识的科学理性主义知识观会阻碍实习生的身份获得，这种知识观认为教师的知识就是学科专家的学科知识，当实习生自认为知识水平不及学科专家时，便会觉得自己无法胜任教师的工作。

实习生的身份获得会影响他们的知识转化。首先，如果实习生认同“教师作为学科专家”的身份，他们就可能秉持“学科知识”至上的科学理性主义知识观。在这种知识观的影响下，实习生可能会认为“学科知识”高于“教育学知识”，教学就是将理论知识应用到实践的

演绎过程，这种观念显然限制了实习生对教学实践的理解。其次，这种身份认同会贬低教育学知识的地位，使实习生认为教育学知识只是传递学科知识的工具，工具的选择要讲究实用和“好用”。这种潜藏的信念可能会使实习生轻易地放弃自己的教育理想，转而顺从既存的、实用的教育教学方法。如果实习生认同“教师作为教育教学专家”的身份，他们则会更强调教师作为教育者和教学引领者的作用，因而也更强调知识与学习者的关系，以及教材、课程与更大的社会情境之间的联系。

第二节　与前人研究的对话

在下文中我们将讨论实习生与指导教师互动的外在条件与内在逻辑。首先，我们将借助吉登斯的“结构二重性”理论对实习生与指导教师的处境做社会-文化层面的分析，从结构、行动等方面分析影响师徒互动的诸多因素。这些因素深刻影响着实习生与指导教师互动的有效性，同时也制约着实习生的身份获得与知识转化。在此基础上，我们尝试借助符号互动论的思想资源，具体分析实习生与指导教师在互动中相互认可的前提条件，以及互动影响实习生的身份获得与知识转化的具体机制。

符号互动论的代表人物米德的理论体系将人类心智、个体自我与社会结构贯穿于社会互动之中。戈夫曼《日常生活中的自我呈现》最后一章“结束语”中的一个小标题就是“人格-互动-社会”，他指出，人们一直在进行各种尝试，试图把三个不同领域中的概念和成果整合进一个框架中，这三个不同的领域是：个体人格、社会互动和社会（戈夫曼，2008：206）。因此，符号互动论将互动视为社会构成与个体建构的关键，米德和戈夫曼均认为，是互动同时建构了社会与人格，连接了“宏观”与“微观”、“社会”与“个体”。如果从符号互动论的视角来审视我们这里的讨论，从结构和行动两方面探讨互动的处境，也就大致相当于从“社会”和“人格”角度看“互动”，而此后关于互动对实习生知识转化与身份获得的影响的阐释则力图揭示“互动”影响“人格”的机制。由此，这两个部分的讨论构成了一个相互补充的整体。

一、社会-文化情境对师徒互动的影响

问卷调查和案例分析均显示，实习生对自己与指导教师的互动总体上表示“满意”，但大学指导教师对实习生的指导偏少。从互动时长来看，实习学校指导教师与实习生的深度交流也不是很多。而且，不同实习生与指导教师的互动状况不同，有的与指导教师甚为契合，有的貌合神离甚至相互埋怨。那么，是什么影响了实习生与指导教师互动的积极性呢？是什么在形塑实习生与指导教师互动的处境呢？人际互动的状况取决于互动双方，背景的相似和性情的投契往往能造就良好的互动。但是，如果将实习生与指导教师的互动放到更为广阔的“社会-文化”背景中来考察，就会发现其中更深层次的问题。

为了更好地理解实习生的互动问题，我们采用吉登斯的“结构二重性”理论来对这个问题做进一步的“社会-文化”分析。吉登斯认为，结构主义、功能主义和解释主义三大“正统共识”都与一些虚设的二元对立有着密切的关系，比如主体与客体、个人与社会、行动与结构等等。为此，他鲜明地提出要将“二元论”（dualism）改造成“二重性”（duality），用“结构二重性”（duality of structure）代替“二元论”。所谓结构二重性，就是结构既作为自身反复不断地组织起来的行为的中介，又是这种行为的结果；社会系统的结构性特征并不外在于行动，而是反复不断地卷入行动的生产与再生产（李康，1999：

222）。“结构最重要的特性就是制度中反复采用的规则与资源。”（吉登斯，1998：87）吉登斯认为，规则不仅规定了人们该如何行事，更是实践的生产与再生产的条件和中介；规则并不只是否定性的禁令，也是可资利用的建构性因素（李康，1999：228）。吉登斯将资源分为“配置性资源”和“权威性资源”。前者表现为物质性资源，如生产工具、原材料、自然资源等，后者则体现为隐含在社会关系中的非物质性资源，如宗教、传统、习俗、信息等。

实习生处于特定的制度、社会、文化情境中，并会采取相应的行动。结构因素和行动因素都对实习过程及效果有明显的影响。在结构因素中，实习制度作为一种规则，对实习有重要影响；在资源方面，资金、办公条件等配置性资源，以及文化传统、人情等权威性资源都对实习有影响；与结构因素相对应，实习生的行动也对实习过程与成效有重要影响。下面从这三个方面对实习生与指导教师的互动现状进行“社会-文化”分析。

（一）实习制度作为互动的规则

在实习中，实习制度作为“规则”的集合，是最重要的结构因素，其中包括各级教育主管部门、大学、实习学校对实习的时间安排、内容、组织形式、标准、奖惩措施等方面的规定。我国现行的实习制度直接制约着实习各方的行为，影响着实习生与指导教师的互动。

首先，我国现行的实习制度尚不能强有力地对实习学校和指导教师形成有效的制度约束与激励。从国家宏观政策来看，2016 年《教育部关于加强师范生教育实践的意见》是我国首个有关教育实习问题的专门政策文件，该政策对实习的内容、组织形式、资金以及指导教师的激励做出了指导，提出“举办教师教育的院校要与中小学、教研机构通过专题研究、协同教研、定期培训等多种形式，不断提高指导教师的专业化水平和实践指导能力”。但是，这个文本并未涉及具体的教育实习过程。教育实习作为教师教育项目中的一环，牵涉高等院校、实习学校、师范生、指导教师、地方教育管理部门等多方人员，需要多方协同并不断创新工作机制，因此也需要其他社会行政部门的积极支持与配合。

其次，一般情况下大学都会拟定“实习规程”“实习手册”之类相对具体的规章制度，但往往没有明确实习工作各方的责任、权利和义务的具体范围。比如，华北地区某师范院校的“实习规程”规定了本科生实习的时间安排、教育教学任务和日常行为规范，但是没有明确实习生的责任与权利范围。一方面，这使有的实习生在实习时自由散漫，游走在大学和实习学校管理的空隙之间；另一方面，有的实习生在面对指导教师布置的繁重事务性工作时，无法有理有据地伸张自己的权利。章程还对实习学校领导、指导教师的职责做了规定，但未明确权利与义务的边界。这就为指导教师过度扩张个人权利提供了可能，比如有的指导教师将所有的作业与试卷交由实习生批改，甚至要求其他教师指导的实习生帮自己批改。

最后，现行的实习制度不仅未能约束实习学校和指导教师，也未能激励实习学校和指导教师积极投入实习工作。实习学校虽然可以通过接收实习生而获得一些教师培训与进修的机会，但是只要简单完成实习任务即可，干好干坏区别不大，也没有机制来评价学校实习工作的质量。因此，学校会把接收实习生作为边缘性的工作，认为这远不如升学率要求下的教育教学工作那么重要。

实习制度对指导教师的激励主要来自两个方面：一是薪酬，但无论是对大学指导教师还是对实习学校指导教师而言，这部分薪酬只占整体收入的很少部分，不足以激励指导教师认真指导实习；二是大学与实习学校签订协议，提供在教师培训和学历提升方面的政策倾斜，但这个互利互惠关系是大学与实习学校建立的，并不一定会落实到具体的每位实习指导教师身上。而且，上述两种激励与大学或实习学校的考评机制都没有直接关系，甚至指导实习与大学的学术评价、实习学校的应试评价还有冲突。所以，现行制度为指导教师提供的两方面的激励都不够。

上述制度因素导致两类指导教师的工作动力都不足。大学指导教师对整个实习过程的参与也不够，一些大学指导教师甚至很少去实习学校指导实习生。而实习学校的指导教师也缺乏足够的热情，往往只是为完成任务而为实习生提供最基本的实践机会和相应指导，不足以让实习生得到充分的发展。实习生制度在明确权利与义务、保障利益、激励动机等方面的不足使得实习学校指导教师和大学指导教师对待实习生和实习工作的态度与行为都比较随意，虽然他们基本也会按照历久形成的实习程序完成主要任务，但具体过程和效果极大地依赖当事人的性情和偏好，以及彼时彼地的具体情境。

（二）实习的配置性资源和权威性资源

除了实习制度外，配置性资源和权威性资源都对实习有重要影响。首先，为实习配备的物质条件，尤其是分配的资金作为配置性资源对实习作用重大，在很大程度上影响了实习生与指导教师的互动状况。比如，实习资金对实习工作的顺利开展有重要意义。我们发现，实习过程中存在的许多问题都与指导教师的工作动力不足有关，而教师工作动力不足又与实习指导报酬低、物质激励不够有密切的关系，资金制约了实习工作。如果能提供更充足的资金，调动各方积极性，会促进实习工作更好地开展。

此外，许多实习生办公条件较差，大多挤在指导教师办公室的角落里，利用电脑桌或偶然空出的办公桌办公，有时被安排到临时的屋子里利用简陋甚至破旧的桌椅办公。这种办公环境不仅影响了实习生工作的效率，而且表明了实习生在实习学校的边缘地位。在这种情况下，实习学校的师生可能产生轻视实习生的态度，甚至实习生自己也会受到心理暗示，觉得自己不是正式教师。这些态度和心理暗示都可能制约实习生的身份获得。

其次，相比于物质性的配置性资源，教育实习乃至教育中的传统、习俗作为权威性资源对实习的影响更加深刻。大学的学术文化与中小学的工作文化有非常大的区别（陈向明，张玉荣，2014），会对实习产生影响。虽然中国人普遍具有鲜明的实用理性精神（李泽厚，2005），但中小学教师相比大学教师更具实用精神，因为大学教师更多地与理论打交道，其个人教育信念往往具有超越实用的理想性。中小学教师的实用精神体现在要求实习生落实考点、夯实基础等方面，而大学教师的理想情怀体现在引导实习生贯彻新课程改革理念、注重学生创新精神等方面。大学教师和中小学教师不仅秉持不同的文化，而且经常难以理解对方甚至相互攻击。有的大学教师认为中小学教师缺乏新的、更好的教育理念，只知埋头苦干；而一些中小学教师则指责大学教师不了解中小学实际情况，其理论缺乏实用价值。

这两种不一致甚至对立的学校文化和指导方向经常会让实习生感到无所适从。有趣的是，许多实习生同时接受上述两种不同的学校文化和教育价值观。一方面，他们认为大学指导教师提供的教育理论和理想是好的、值得追求的；另一方面，他们又认为在现有的应试环境下，中小学教师的一整套教学体系是不得不遵循的、实用的。于是，他们把大学教师理想化的教育信念当作自己的信奉理论，心中不放弃这种理想，同时又学习和践行中小学指导教师教给自己的教育教学方法，视之为使用理论，以应对来自现实的压力。

不仅大学文化与中小学文化之间的张力会影响实习，实习生对中小学教师文化认识的变化也深刻影响着他们的实习效果。正如前文所述，自己受教育的经历会极大地影响实习生对职业的理解和认同。每一名实习生都早已通过自己的学生生涯获得了一些关于教师职业和教师文化的理解，其中许多人由此形成了教师职业是纯粹、高尚、美好的等印象，并因为这些印象选择了师范专业和教师职业。但是，他们做学生时见到的只是前台的教师和教师文化，实习让他们进入了学校的后台，见到了教师和教师文化的另一面。他们很快就会发现中小学教师原来“那么累”，“压力那么大”，行政事务多，人际关系复杂……。他们逐渐理解到教师不仅生活在讲台这个美好的舞台上，也生活在特定的组织制度和权力利益关系之中，生活在美丑善恶并存的世界上。这种反差和认识的变化经常会带给实习生很大震动，使其经历现实冲击。有的人会接受现实中的教师职业和教师文化，获得教师身份，有的人则会重新考虑自己的选择。

文化传统和习俗作为一种权威性资源，也影响着实习生与指导教师的互动，具体反映在实习生与指导教师对彼此的期待上。调研发现，有的指导教师相信传统的师徒关系，期望实习生在实习之外“帮忙”“干活”，但实习生往往信奉现代的师徒平等的关系，认为权利和义务要对等，认为自己是来实习教育教学工作的，不应该做“不相干”的“杂事”。这种期待上的错位往往造成双方的相互埋怨。

此外，人情作为一种权威性资源在实习生与指导教师的互动中也会起到重要作用。杨国枢（1993）将中国人的人际关系分为家人、熟人和生人，分别遵循责任原则、人情原则和交换原则。调研发现，教育教学指导之外的生活交流和私人关系是实习生与指导教师建立实性和谐关系的重要途径。实性和谐关系基本属于熟人关系，在熟人关系中，有中等程度的社会交换预期，期望自己的付出能得到对方的回报，但并不斤斤计较，而是遵循人情原则，愿意超越眼前功利，做长远的人情考量。

人情在这种熟人式的师徒实性和谐关系中起重要作用。调研发现，在短短的实习期间，公事公办、利益互惠的生人关系可以维系实习生与指导教师的基本互动，但建立实性和谐关系还需要人情做润滑剂。工作之余，拉点同乡、同门关系，聊点个人私事，帮对方干点私活，这些都可以成为实习生与指导教师良好互动的人情润滑剂。

（三）实习生个体的行动

虽然上述结构因素制约了实习生与指导教师的互动，但另一方面，实习生自己的行动也会直接影响他们与指导教师的互动状况。在我们的调研中，实习学校的指导教师普遍认为实习生“不够积极”，这可能缘于实习生习惯了大学的学习方式。大学提供了一整套明确的系统化的课程，学生从中做出选择，按部就班地学即可。但实习却可以说以隐性课程为主，学习的内容和方式都需要实习生去建构和生成，主动的态度对于实习特别重要，而实习生们往往没有充分意识到这一点。实习生们相对被动的行为方式来源于他们不能很快适应实习这种实践性学习的方式，即在工作中学习这样一种方式（雷林，2002；徐国庆，2005）。实践性学习是在实践中展开，并为了改进实践而进行的学习。实习生从大学走进中小学，从以书本学习为主变为以实践性学习为主。实习是在备课、授课、批改作业、组织学生活动等日常工作中学习，学习的目的是增强实践工作的能力。实习生们并没有清楚地意识到这是一种与大学中的理论学习非常不同的学习模式。

我们在研究中发现，实习生们难以做到时时留心、处处学习，往往只在备课、听课、评课等环节开展学习，忽略甚至排斥时时处处都存在的学习机会。实践性学习着重学习情境性的实践性知识，因而学习的时机可能时时处处存在，而又无法预料会在何时何处。这与大学主要存在于预先设计的课程环节中的书本学习不同。所以，指导教师们希望实习生处处用心，尽量去听不同类型的课，不仅要听一遍新授课，也要听不同教师对同一教学内容的不同处理方式，还要听作业讲评课、试卷分析课乃至自习课。但实习生对这种学习方式缺乏理解，认为那些课“没意思”“没用”，所以大多只听了两三节新授课。

实习的目的不仅是习得教育教学的技能，还包括理解和掌握教师工作包含的一系列角色规范，比如实习学校的规章制度、教师的职业情感与价值观等等。其中有些规范是明文规定的，有些则是潜规则。对这些规则的掌握需要用心揣摩和体会，可能会经历试错的过程，实习生正是在这样的过程中获得成长的。我们发现，很多实习生不习惯实习所需要的近距离模仿和深入参与。一些实习生除了备课、评课等环节之外，不与指导教师多接触，更不愿通过干一些“杂活”而深入参与教师工作的各个环节。

此外，被调查的实习生们普遍不习惯实习学校中的人际关系。许多实习生认为实习学校里教师群体的关系远比大学同学的关系复杂，认为这“很不好”，或者自己没有能力处理这些关系，进而对人际互动采取回避的态度。他们并没有意识到，人际互动既是实习顺利开展的前提，也是实习的学习内容之一。

二、师徒之间相互认可的内在条件

在第三章中，我们建构了实习生与指导教师互动的四种基本模式。其中，对互动关系的考量聚焦在实习生与指导教师对彼此的态度、能力和行事方式的“认可度”问题上。我们也分析了造成不同认可度的个体因素（实习生个体因素、指导教师个体因素），互动中个体的特点会对互动过程及其效果产生显著的影响，但一种互动的构成不等于互动双方活动的直接相加，互动自有其作为一种活动或结构的独特性。从这个意义上讲，互动过程本身建构了实习生与指导教师的相互认可或不认可。

其中，身份显要序列和互动的索引性都在很大程度上影响了互动双方的认可度。

（一）相互认可度受双方身份显要序列的影响

身份是人在不同社会情境中位置的内化，人在不同情境和位置中转换，所以有多重身份。并不是所有情境都需要人调用多重身份，但是大部分情境需要。个体的多重身份构成了个体的身份序列，自我会对每个身份按照认同度排序。斯特赖克（Stryker，1968）将这个序列称为“显要序列”（salience hierarchy）。

当指导教师面对实习生时，其身份序列中至少有两个身份：一是实习生的指导教师，指导实习生的实习；二是学校的教师，对他自己的学生负责。这两个身份时常是冲突的，因为实习生要参与教育教学活动，但他们的经验不足容易导致教育教学工作低效甚至无效，而这种状态又是他们成长的必经之路。面对这种情境，指导教师需要做出选择，考量将“指导教师”和“教师”两种身份中的何者置于身份显要序列的更高位置。

我们发现，多数教师的行为表明他们更重视自己作为“教师”的身份：他们尽量减少实习生授课的次数，不鼓励实习生深度参与班会等教育活动，不赋予实习生管教学生的权力，等等。这其中当然有制度、资源等结构性原因，但也与指导教师的自我定位和身份认同有很大关系。当实习指导教师与学校教师的身份产生一定冲突时，他们更愿意将原有的教师身份置于显要序列的更高位置。我们应该如何理解指导教师的这种排序呢？

斯特赖克提出了关于身份显要序列的一系列命题，有利于我们理解教师的这种倾向。当一个身份的责任担当越大，或者文化认同越强，或者其所依赖的人际网络越紧密时，这一身份在身份序列中也就越显要（Stryker，1980）。实习指导教师这一身份承担的责任显然不如他作为教师承担的更大，他的自尊也主要与他的教师工作相关联，因为文化价值或他人都会更在意他是否履行了作为一名教师的职责。教师身份背后是广泛而紧密的人际网络，教师会长期与学生、家长以及同事互动。而指导教师的身份所依赖的人际网络很小，涉及的人很少，甚至主要就是指导教师和一两名实习生，而且这种松散的人际网络具有临时性。

按照斯特赖克的理论，在这两种身份的对比之下，指导教师自然会更认同自己是教师，在其身份显要序列中，“教师”的位置将高于“指导教师”。这种身份序列深刻地影响了实习生与指导教师互动的状况和效果。

对于实习生而言，他在实习情境中的身份序列大概没有这么明显的内在冲突。当他面对指导教师时，他是实习生；当他面对学生时，他是实习教师。这两个身份所包含的角色期待基本是同向的，他承担好实习教师的责任时，他就是个好的实习生了。但实习生面临另一种身份协调问题，那就是当他从大学校园走向中小学或幼儿园校园时，他同时具有“学生”和“（实习）教师”两种身份，制度要求他实现从学生到教师的转换，但什么决定了这种转换的成败呢？

前文分析了影响这种身份转换的结构和观念因素，其实互动本身也会影响这种转换。按照斯特赖克的观点，个体的新身份包含的责任担当越多，个体越倾向于改变身份和适应新身份。我们在研究过程中看到的现象也佐证了这一点，当指导教师信任实习生，让实习生承担“授课”“带班”等核心工作时，实习生会更认同自己的教师身份。相反，如果实习生始终处于边缘状态，缺乏担当责任的机会，他就可能心灰意冷，逃避新身份，而将旧有的学生身份置于显要序列的更高位置，按“大学生”的方式消极甚至懒散地完成实习任务。

（二）师徒的相互认可度受互动内容的索引性影响

常人方法学是 20 世纪中期出现的更为现象学式的互动理论，其中，“索引性”在其理论中几乎处于最核心的地位（李猛，1999）。莫汉等人认为，索引性指的是互动以及所有社会行动的一个特点，即它们都依赖那些未经申明的假设和共享知识（李猛，1999）。索引性的特点就是“无穷无尽”，一项表达或行动的意义必须被索引到另一项表达或行动中才能被理解，而其中牵涉的另外的表达或行动也同样具有索引性。这样看来，任何一项单独的表达或行动都只是无穷无尽的索引链条中的一环，互动双方收发的姿态、符号或任何信息都必须在这个索引链条中才能被理解。如果缺乏关于对方的生平、经验等方面的知识，很可能就会错误或简单化地理解互动个体之间的符号交往。常人方法学家认为这种日常生活中的索引性不能被归纳为某种明确的规则或者具有终结性的理论，只能被不断地呈现。

如果我们将教育教学理解为师生互动的话，实习生与指导教师的互动就是一种双重互动，其中存在复杂的索引性。从形式上，指导教师对实习生的指导当然是一种人际互动；同时，他们互动的内容也是关于互动的，他们交流的主题大多可以归结为如何与学生互动。这其中至少包含师生之间、师徒之间两个索引链，如果互动的一方缺乏相关的索引知识，互动就会受阻。

比如，实习生观摩指导教师的一节课后，与之展开讨论。如果他不知道这位指导教师与其学生在过往互动中的特定经历或“桥段”，就无法理解这位教师为何在这一刻让这位同学回答问题。教师的这一特定行为是很难以规则来言尽的，只有在索引链中才能被理解。或者说，教师特定教育教学行为背后的实践性知识、学科教学知识和其他隐性知识都是编织在索引链之中的，即使在实习指导中，也无法将它们变成一条条的规则来“告诉”实习生。同样地，实习生在教育教学实习中的行为，无论多么稚嫩甚至可笑，也必有其背后的经验索引支撑。

顺畅的互动有赖于共同的索引。索引（链）是时间的函数，深深植根于日常生活。所以，实习生、指导教师和学生三者之间的相处是影响实习效果的关键因素，因为只有较长时间的共同生活才能编织索引、达成理解。实习的重要目的在于让实习生获得隐性的、难以言明的实践性知识和学科教学知识，难以指望短暂而少量的互动交流能够产生效果。

互动所希望传递的知识的内隐性和互动本身的索引性共同要求互动持久和深入。在研究过程中我们发现，有的指导教师觉得实习生“悟性差”“很简单的东西都学不会”，这可能是因为教师在根据自己的经验判断一种教学行为的难易，他可能忽略了在实习生的世界中，这种简单的教学行为可能是从未被体验的，完全缺乏可以被索引的经验来支撑。实习生也经常埋怨指导教师的安排，觉得指导教师让自己“盯班”“判作业”是役使或敷衍自己，然而在指导教师的经验索引中，这些事务其实是教育教学工作的一部分。

人际互动和社会行动的索引是难以言明、无法言尽的。有效的互动在相当程度上依赖共通的索引。研究中我们发现，那些互动状况良好的师徒往往会将工作互动生活化，他们除了听课、议课、讨论教育问题之外，经常共处、闲谈。此时的互动看起来可能不是教育教学指导，却是有用的，其作用也绝不仅仅在于沟通感情，更在于通过建构共同的索引，进入对方的经验和意义世界，这样才可能真正让实习生习得教育教学所需的知识，因为这些知识内居于指导教师的整个生活世界中。与此同时，在许多效果不好的互动中，实习生与指导教师的联系非常微弱，双方仅仅在很少的特定时间就特定的教育教学问题进行交流，这种交流甚至也是单向的灌输或命令，实习生只能通过口授和观察看到指导教师教育行为的皮相，然后简单机械地照猫画虎。由此，双方互动中存在的问题可能不是由双方的态度或能力导致的，而是因为双方缺乏持久、深入、生活化的互动，未能建构相通的互动索引。用更日常的语言来表达，那就是缺乏“默契”，缺乏深度互动和共同生活带来的缄默的、无法言明也不必言明的投契。

三、实习生身份与知识建构的过程与机制

互动的本质是什么？特纳指出，互动论者普遍认为“角色领会”是互动行为发生的基本机制（特纳，2006：334－337），角色领会是一种视他人态度和行动而行动的能力和过程。米德将之解释为对他人角色的感受和理解。斯特赖克认为，角色领会就是对某种社会行为中他人的反应进行揣度（Stryker，1968）。

互动中的双方通过对他人姿态的解读，预料对方的反应，并彼此调适。米德从儿童社会化入手，较为系统地阐释了这一过程，他的论述基本也适用于人类互动的一般情况。米德认为，婴儿的心灵产生于一种选择过程，婴儿最初会以随意的姿态与环境互动。但这些随意的姿态会逐渐被规训为有利于婴儿生存的姿态，也就是说，其中一些姿态被选择和保留下来。这种选择可能是通过婴儿的试错实现的，也可能是通过对婴儿的有意识的训练达到的。无论如何，婴儿此后的姿态与周围其他人的姿态就有了同样的意义，一个姿态指涉同一事物，并对互动的参与者具有同样的意义。米德将这些姿态称为惯常姿态（conventional gestures），将利用姿态互动的过程称为姿态对话（conversation of gestures）。在米德看来，能在同样的意义上理解和运用惯常姿态，通过惯常姿态来理解他人，并针对情境中的客体进行想象性预演（imaginative rehearsal），选择合宜的行动方案，也就意味着人的心灵发展迈出了极其重要的一步。

米德对互动与心灵发展关系的揭示不止于此，作为符号互动论的奠基人之一，他自然极其重视符号（语言）在心灵、自我与社会形成中的意义。米德认为，在互动参与者之间获得一致意义的姿态对于互动特别重要，而相比不诉诸声音的身体姿态，声音姿态更能使互动者获得同一种意义，这就是语言符号的力量。

米德对于语言符号作用的强调，既涉及不同社会个体之间的沟通，也涉及个体的自我沟通。他指出，语言让我们不仅能与他人对话，还能在内心与自己对话，只有根据作为有意味的符号的姿态，心灵或者智力才可能存在，因为只有根据作为有意味的符号的姿态，思维——它只不过是个体通过这些姿态与自己进行的一次内化或者潜在的会话——才能发生。因此可以说，心灵是个体运用符号与其他个体进行的社会互动的内化。

米德进一步指出，当人们在复杂的社会互动中面对各种冲突和问题时，其运用符号进行的内心对话将上升到更高的层面，米德称之为反思意识（reflective consciousness）或反思智力（reflective intelligence）。在冲突和问题情境中，个体的行动受阻，他不得不运用有意义的符号进行内在反思，运用经验定义或再定义情境，设想并选择各种解决方案，从而使进一步的行动成为可能（米德，2012：111-121）。

综上所述，米德借助"角色领会""想象性预演""惯常姿态""符号""反思意识"等概念，阐释了人类心灵在互动中形成的过程。正如特纳指出的那样，今天的社会科学研究中，人们已很少使用"心灵"（mind）一词，但心灵所表征的过程和能力——人的思维的过程和能力——仍受到极大的重视（特纳，2006：335）。在特纳看来，米德使用的"心灵"一词之所以重要，还在于这一心灵概念涵盖了情境定义（definition of the situation）的意涵：借助心灵的力量，行为者能够在各种情境中进行界定、分类和让自身与周围的事物——包括他们自己——相调适。运用这种方法，他们就能够评估、权衡，并采取最合适的行为路线（特纳，2006：335）。

借助以上概念，我们能更好地理解互动，也能更好地理解互动对于实习生身份和知识建构的意义。如果将心灵解释为一种思维能力和过程的话，实习生的身份获得与知识转化显然离不开思维。进而，米德对互动与心灵的关系的揭示也就有助于我们理解实习生知识和身份建构的过程。

从根本上讲，实习生和指导教师的互动与实习生的身份获得和知识转化是一体两面，与其说互动建构了实习生的身份与知识，不如说互动的过程也就是建构的过程。为了深入理解这一过程，我们不妨将这同一过程的不同侧面分开论述。

（一）互动对实习生身份获得的影响

实习生的身份获得是多重建构的结果。一方面，制度赋予的身份非常重要，比如有的实习生在接受调研时直截了当地表示，等到他通过了“招考”（当地招聘公办教师的统一考试），自然就是教师了，此前都不算是。在制度建构之外，实习生的身份获得也是一个意义协商和建构的结果，实习生如何认同自己的身份，他们周围的重要他人如何认同他们的身份，这些个体认同和社会认同同样建构着实习生的身份。贝加德等人认为：“专业身份通过社会情境中的互动和特定情境下的角色协商得以形成和发展。”（Beijaard，Verloop，Vermunt，2000）

实习生的身份认同与前述“角色领会”有直接的关系。实习生对自己身份的认识与他对别人角色的感受和理解有直接关系，在实习生与指导教师的互动中，如果他更多感到指导教师是与其人格平等的指导者和协商者时，他更可能认同自己是一个实习教师或者教师；而当他认为指导教师充当着“包工头”的角色时，他会自觉或不自觉地将自己视为一个“杂工”。

实习生的身份认同不仅与他体会到的对应角色有关，也植根于他的自我认同，但实际上，自我认同仍然离不开互动中的他人。库利（Charles Horton Cooley）认为，人的行为很大程度上取决于对自我的认识，而人的自我认识是通过与他人的社会互动形成的，人们从他人对自己的评价中获取自我形象和自我态度，库利将之定义为“镜中我”（the looking glass self）：他人的姿态充当了自我认识的镜子，人们借此看到并评价自身，正如他们在社会环境中看待和衡量其他事物一样（Cooley，1918）。费孝通（1983）有一篇文章的标题就是《我看人看我》，表达了与库利相近的意思。

实习生对自我身份的建构或确认在一定程度上也取决于重要他人在互动中的态度。比如，在小魏的案例中，指导教师一味地让她帮忙判作业，并不赋予她管理学生的权力，也就是说，指导教师事实上不把小魏当（实习）教师对待。这就造成了小魏在身份认同上的困难："我是一个老师，但是我是一个不知道该怎么办的老师，站在讲台上真急，真是不知道该怎么办！"由于与指导教师互动不畅，到实习结束时小魏表示，虽然她仍然会去争取一份教师的工作，但更多地不再是出于对教师职业的热爱，而是出于对现实生活的考虑。

小楚的实习经历则体现了"重要他人"的认同对实习生身份建构的积极意义。比如，当小楚设计问题不到位时，指导教师会主动询问："你这个问题到底想问什么？你想达到什么样的效果？"在互动过程中，指导教师平等协商的口吻也表明了他对小楚的尊重和认同。借助指导教师这面镜子，小楚能够获得积极的自我形象，从而对教师职业有了更强的认同，从教意愿也变得比实习前更强烈。这类案例说明，良好的师徒互动有利于实习生获得教师身份。正是在互动中，借助指导教师这一重要他人作为评价标杆，实习生逐步建构起自己的教师身份认同。

（二）互动对实习生知识转化的影响

正如前文所述，互动建构了人类的心灵，心灵具有反思意识和情境定义的能力，这些意识和能力对于实习生的知识转化具有特别重要的意义。

教师的实践性知识是"教师对自己的教育教学经验进行反思和提炼后形成的，并通过自己的行动做出来的（enacted）对教育教学的认识”（陈向明 等，2011：64），教师实践性知识的构成要素有主体、问题情境、行动中反思、信念等（陈向明，2009）。前文结合案例的分析也揭示出，实习生理论知识向实践性知识转化的过程中，问题情境和自我反思具有特别重要的意义。无论从教师实践性知识的定义还是从实习生获得教师实践性知识的过程来看，互动所带来的反思意识和情境定义能力都特别重要。换句话说，互动对实习生知识转化的意义主要体现在互动能培养实习生的情境定义能力和反思意识上。

实习生学科教学知识的获得同样也离不开互动，情境定义能力和情境知识是二者的中介变量。费尔南德斯–巴尔博亚和施蒂尔（Fernandez-Balboa，Stiehl，1995）特别突出了学科教学知识中有关情境的知识。维尔和麦金特（Veal，MaKinster，1999）则为“学科教学知识”建立了一个立体的系统化模型，“学科教学知识”处于金字塔的塔顶，下一层包括情境知识、环境知识、学科性质、评价知识、教学知识、课程知识、社会–文化知识和课堂管理知识，这些知识的下一层是关于学生的知识，而整个金字塔的底座是学科知识。科克伦、德勒伊特和金（Cochran，DeRuiter，King，1993）的研究则将“学科教学知识”动态化，提出了“学科教学识知”的概念，学科教学识知即“教师对一般教学法、学科内容、学生特征和学习情境等知识的综合理解”。他们研究的共同特点在于突出了学科教学知识中关于情境的知识的重要性，而正如前文所述，互动造就的心灵所具有的重要能力就是能够对情境进行定义和再定义，这也就意味着如果实习生在互动中能获得与教育教学相关的情境知识，他们的知识就会在互动过程中实现转化。

师徒互动促进了实习生学徒经验的“再情境化”，从而影响实习生的知识转化。实习生当学生时，一直在观察教师的专业行动，并通过这样的“学徒观察”获得了大量关于教育教学的“先入之见”。实习会将这些学徒经验“再情境化”，之前的“先入之见”会起到“支架”的作用，帮助实习生构建更适用于当下教育教学实践的知识体系。

然而，这些“先入之见”经常包含许多未经检验的信念，实习生在学徒观察中只是看到了当年的教师在课堂上的行动，获得了一些直观经验和片面理解，无法获知教师行动背后的意图和对教学事件的反思。指导教师如果与实习生能够产生良好的互动，应该能够帮助实习生以恰当的方式“再情境化”这些“先入之见”。如前所述，互动中指导教师隐性知识和显性知识的转化与实习生显性知识和隐性知识的转化是相互耦合与交织的，指导教师能为实习生再情境化其经验提供引导，双方的经验相互反映，双方从对方的言行中反观自己，重构自己的教育教学知识。

第三节 对教育实习的建议与展望

针对当前实习生在实习期间与指导教师的互动、知识转化和身份获得等方面的现状，我们分别针对教育主管部门、师范院校、实习学校及指导教师和实习生（群体）提出如下建议，并展望未来教育实习的改革方向。

一、针对教育主管部门的建议

教育实习政策对于教育实习具有全局性的影响，现行政策在实习规程、实习时间、实习基地、实习认证等方面值得改进。

（一）制定实习规程

教育部在师范教育司2009年工作要点中提出，要落实《教育部关于大力推进师范生实习支教工作的意见》，制订《高等学校师范生教育实习规定》，但“实习规定”至今未见出台。缺乏具体的实习规定和规程导致实习过程过于随意，实习工作相关各方只是按照惯例便利行事，实习时间和质量“缩水”的情况时有发生。此外，缺乏具体规程来规定各方的权利义务关系，还容易导致各方“责”“权”“利”不清，相互埋怨，最终影响实习效果。

因此，我们建议教育部、省市教育主管部门、师范院校和实习学校根据实际情况制定详细的实习规定或规程，并进行必要的宣传与讲解，规范引导实习学校、指导教师和实习生的具体实习过程和行为。

（二）改变实习时间

现行的实习时间安排可以从两个方面做出调整。其一，延长实习时间。从前文的分析来看，这可能是针对实习政策最重要的改进措施。制度已经赋予了实习生在实习学校的合法地位，但从“边缘性参与”到“充分参与”（莱夫，温格，2004）需要长期的师徒关系和与指导教师持续的互动，实习生也需要足够长的时间来理解教育工作和教师职业。要成为合格的教师，需要长期的观察和试错。教师工作的评价标准有很大的不确定性，且社会各界对教师的期待存在冲突，而教师工作的成效又难以在短时间内获得有效反馈，这使得成为教师的过程是一个长时间探索乃至试错的过程（陈向明，张玉荣，2014；贝尔，布瑞克，2010）。因此，应该尽可能为有志于从事教育实践工作的师范生提供充足的时间开展实习。

其二，可以将教育见习和实习与师范生在大学里的理论学习交叉进行。比如，从大学一年级开始，在课程计划中同时安排书本学习与见习和实习，二者相互促进，既能加深师范生对理论知识的理解，又能使其在充分的实践中逐步建构实践性知识，也能相对减少现在通行的毕业年级参加实习所带来的压力，因为此时实习生同时还面临着找工作和写论文的压力。如果将部分实习时间分配到大学前三年，实习生会更加从容，实习效果也可能会更好。当然，这一建议意味着改变当前通行的师范院校的课程结构，推行难度较大。但此项改革有可能改进教师职前培养的效果，值得尝试。

（三）建设实习基地

稳定的实习基地是实习工作顺利开展的重要保障，进一步加强实习基地建设是改善实习效果的重要途径。当前，许多师范院校和教育部门采取了许多措施建设实习基地，比如：上海地区选择了部分中小学建成“教师专业发展学校”，这些学校同时也是“见习教师规范化培训基地”；首都师范大学与中小学、教育行政主管部门共同建立了“合作学校发展共同体”；等等。这些举措大多希望通过建立互利互惠的关系来保障实习的效果。但调研发现，许多师范院校与实习学校的关系仍然很松散，缺乏一套完整的制度体系来协调和规范双方的行为，师范院校无法要求和监督实习学校在实习活动中的表现，实习学校和指导教师也缺乏明确的行为规范。这是实习学校在实习活动中动力不足的一个重要原因。

因此，我们建议将类似上海地区和首都师范大学建设实习基地的做法进一步推广和落实，利用建设教师发展共同体等互惠双赢的方式，建立师范院校与实习学校的有机连带关系。实习学校为师范院校提供实习场所，师范院校为实习学校教师提供培训。上级主管部门要为双方提供组织保障和经费支持，并协调和监督双方的行为，保障实习基地的稳定性和运行质量。

（四）建立实习认证制度

实习认证制度和相关专业标准可以克服实习的随意性，推进实习工作的规范化。因此，我们建议尝试建立实习认证制度，完善实习的专业标准。

首先，要建立针对实习生的专业标准和认证制度。目前，针对实习生的实习要求主要遵照惯例和各学校印制的“实习手册”制定，这些“手册”非常粗略简单且缺乏具体的指导，实习生难以从中获得充分引导，这是实习效果不尽如人意的原因之一。这就需要在前述“实习规程”的基础上制定具体的关于实习的专业标准。此外，当前针对实习的评价主要是各学校将实习纳入课程体系进行考核，学分数较少且缺乏翔实的评价标准，不能明确地衡量学生在实习中的表现。为了提高实习的质量，可以在条件允许的地区试点推广实习认证制度，由地区统一考核并颁发证书。

其次，还可以尝试建立实习指导教师的资格认证，并配套相应的评估和奖惩机制。只有获得资格的教师才能指导实习生，教师的实习指导将接受多方监督和评估，这有利于提高实习指导工作的地位，促进实习指导的规范化。同时，可以提供针对实习指导教师的培训，帮助他们改善目前在指导实习生时的随意化和经验化的做法。

二、针对师范院校的建议

师范院校是教育实习的具体组织者，其工作的成效直接关系到实习的质量以及师范院校人才培养的质量。当前师范院校的实习工作在激励大学指导教师、提高实习学校指导教师积极性和引导实习生实习等方面值得改进。

首先，要激励大学指导教师，采取切实的措施提高大学指导教师的积极性。正如前文所述，当前实习工作的困难之一在于大学指导教师指导实习的积极性不高。这可能缘于这项工作琐细繁杂，与大学里的绩效考核体系联系不够紧密，且经济报酬较低，使得许多大学教师不愿意承担指导实习的工作，或者即使承担也不认真。所以，师范院校需要尽力提高实习指导工作的报酬，并在课时安排上为需要到中小学指导实习生的教师提供便利。

其次，要采取措施调动实习学校指导教师的积极性。比如，邀请认真指导实习生的指导教师到师范院校与大学教师一起指导学生的微格教学，参与与实习相关的研讨会、工作坊，借助专业认同的力量激励实习学校指导教师认真开展实习指导工作。

此外，师范院校应采取各种措施引导和帮助实习生更好地完成实习。虽然具体的教育实习主要在实习学校完成，但许多引导性和辅助性的工作更适合由师范院校完成，因为实习生与师范院校天然存在更紧密的连带关系。师范院校针对实习生的工作可以从以下几个方面入手。

（1）设计更加明确、具体、可操作的实习指南。现有的实习手册往往比较简略，主要罗列了实习流程和实习生在实习学校的行为规范，但并未指明在每个实习环节（比如听课、批改作业）的操作细节和专业标准，使得实习生的实习比较盲目。师范院校需要制定更加具体、严谨、实用的实习指南。

（2）开发与实习相关的课程，为实习生提供培训。比如，可以将实习经历以及实习生学生时代的学习经历作为师范课程教育的资源或内容，促进实习生的反思和再学习。个人教育经历对教师的成长有显著影响，自己过去的教师的教育教学方式或者自己当学生的体验都会对其现在的行动方式产生明显的影响（Lortie，1975）。实习经历作为新手教师对教育教学的初体验，也会影响其日后的成长。如果在师范课程中引入这些经历，实习生将有机会从对这些经历的反观中看到自己，思考自己是如何成为现在这个样子的。而这种对教师过去经验的回溯是建立教师个人实践性知识的最佳途径之一（Connelly，Clandinin，1988）。

建议师范院校通过各种途径强化入岗前的实习培训。目前，师范院校通常会在实习生进入实习学校前进行动员，主要讲解与实习相关的规章制度，尤其是在实习学校的行为规范。入岗前的培训内容应进一步丰富。如前文所述，能否适应实践性学习是实习成败的关键之一。因此，需要通过培训提高实习生对实习这种实践性学习方式的认识，帮助他们理解自己即将面临的新的学习历程与以往有诸多不同。可以邀请实习学校指导教师开展讲座，也可以请经历过实习的学生来分享经验。

（3）为实习生提供更多的智力支持。师范院校拥有丰富的教育教学智力资源，比如教育教学专家、教育类书籍报刊和多媒体资料等等。师范院校应充分利用这些资源，并由学校组织实习部门将这些资源整合起来提供给实习生们。比如，可以利用校园网提供中小学课例视频音频资料，安排青少年心理专家为实习生解答实习中遇到的关于中小学生心理状况的专业问题，聘请中小学名师开展有针对性的讲座、工作坊、微格教学、案例分析等等。

三、针对实习学校的建议

实习学校是教育实习的具体实施机构，实习学校的积极性以及相应的工作方式直接影响实习生的实习。我们认为，实习学校可以考虑从以下几个方面加以改进。

第一，采取切实措施提高实习学校指导教师的积极性。正如前文所述，实习学校指导教师的工作态度对实习生的实习成效有着非常关键的影响，而现有的制度安排对实习指导教师的激励远远不够。因此，我们建议将实习指导工作纳入绩效考核体系，并在课时安排上提供方便。此外，我们建议尽量安排优秀教师负责实习指导工作，这一方面可以直接提高实习指导的质量，另一方面也可以使实习指导成为荣誉性工作，由此调动全体教师参与实习指导工作的积极性。

第二，为实习生创造更多的教育教学实践机会。目前实习生的实习时间很短，在短短的实习期内真正参与教育教学实践的机会也不多。建议实习学校尽可能改善这种状况，努力为实习生提供更多的上课机会，让实习生有机会参加教育教学观摩、研修，以及与班主任工作有关的活动（如组织班会、运动会、学生课外活动、班级管理活动等）。

第三，建设实习共同体。目前实习学校的指导工作基本是以“一对一”的方式进行的，指导的力量有限，且受个人因素的影响很大。已有研究表明，实习共同体是实习生充分参与教育教学工作的可靠保障，因此，可以尝试在实习指导教师（包括大学指导教师和实习学校指导教师）之间、实习生之间以及两个群体之间加强共同体建设。共同体可以在实习开始前就成立，定期或不定期围绕实习中出现的各种问题或主题开展活动。比如，几位指导教师和实习生一起观摩某位实习生的课堂，然后集体评课议课。又比如，实习学校指导教师可以就实习生中存在的共通性问题开展集体讨论，为实习生提出更妥帖的改进建议。

四、针对实习学校指导教师的建议

实习学校指导教师是影响实习生实习的最重要的他人，他们工作的态度和方式方法对实习生实习的成效至关重要。根据我们的研究结果，我们建议指导教师在以下三个方面做出调整。

第一，尊重实习生，考虑实习生的利益。正如前文所述，一些实习学校指导教师可能由于实习生的临时身份，或者实习学校给予自己的激励不够，在承担实习指导工作时将许多杂活委派给实习生，这可能增加了实习生的负担，减少了他们观摩、实践教育教学工作的机会。因此，我们建议指导教师改进这种做法，把指导教育实习看作一种更好地认识自己、反思自己、促进自己专业成长的形式。指导教师可以通过传授经验来系统地总结和反思自己的经验，在帮助别人的同时了解和发展自己。

第二，多关照和了解实习生的兴趣、需要、特点和不足，以适应实习生特点和水平的方式进行指导。调研发现，大约一半的实习生认为指导教师并不足够了解自己，且大部分指导教师过多地主导了与实习生的互动，这种状况显然影响了互动的效果。建议指导教师从实习生的角度出发，多理解实习生在教育教学中的困惑和需要，将实习生视为自己的另一个学生去关心和照顾。

第三，学习和思考如何指导新手教师学会教学。建议指导教师反观自己的教育实习经历和作为新手教师的成长经历，从中获得对实习教师面临的成长困境与生命历程的理解。从亲历者和过来人两个角度来看待实习生的状态，将自己曾经的体验再情境化，从情感上体谅他们，将自己积累的经验去神秘化，从理智上帮助他们。

五、针对实习生的建议

实习生是教育实习真正的主体，实习效果的好坏直接关系到实习生的切身利益。虽然制度和外部环境中存在一些不利于实习的因素，但实习生仍可以通过自己的努力完成好教育实习。

首先，实习生应该理性认识实习，积极参与实习。正如前文所言，实习是一种实践性学习，也就是在工作中进行的学习。实践性学习具有整体性，难以剥离出“有用的部分”和“无用的部分”。在实习中，备课、授课、评课等“正事”与批改作业、看学生自习等“杂事”是交织在一起的，都是在实践中“学会做教师”不可或缺的部分。而且，只有对这样的工作身体力行，才能体会到教师工作的平凡和伟大。实习生应尽量投入到所有的实习活动中去，并时时处处用心，才能在实习中有更大的收获。

其次，实习生需要积极反思自己在实习中的言行，并与指导教师多多交流。正如前文所述，反思和交流是促进实习生生成教育教学知识的重要条件。实习生面对教育教学实践的现实冲击时，要不断反思自己的实习过程与成效，尤其当自己的教育教学效果不佳或自己与指导教师沟通不畅时，要多反思自身的不足并积极寻求改变。建议实习生积极与指导教师沟通，主动寻求帮助，努力避免调研中反映出的被动等待指导教师安排的局面。

此外，我们还发现，实习同伴是实习生的重要心理支持，与实习同伴的交流能缓解压力，并能够提供更加切己的帮助。因此，我们建议实习生多与实习同伴交流，以获得实际的和心理上的支持，并在相互映照中更好地理解自己、改进实习。

本章小结

实习是师范生在真实的教育教学情境中学做教师的过程，其间他们必须面对的两个核心问题是知识转化和身份获得。实习生的知识与身份之间具有相互建构的关系，实习生关于“教师应该具有什么知识”的信念在很大程度上影响着他们的教师身份获得，而他们的教师身份获得又会反过来影响他们对“什么知识更有价值”的判断和求知取向。

对实习生来说，知识转化的主要机制是再情境化，即在新的情境中重新评估和理解自己对教育教学的原有认识，是对自己受教育过程中所获学徒经验的改造与重构。身份获得则是实习生在教师身份方面所经历的次级社会化的过程。他们在自己受教育的过程中自然地获得了对教师职业的初步认识（类似初级社会化），而实习当教师的亲身体验，使他们对教师职业获得了新的认识与理解。这一过程具有整体性，涉及专业认知、专业道德、专业效能感、专业归属等多个方面。

实习生必须面对的两个核心议题给教师教育者提出了一个挑战：帮助和促进实习生的知识再情境化和身份获得。本书试图从互动的视角看待这些问题，探究作为“重要他人”的指导教师能否为实习生创造全面参与教育教学实践的机会，使他们进入教师工作的方方面面，体悟教师身份的复杂内涵，并对他们的知识转化和身份获得产生一定的影响。在知识转化方面，促进型互动为实习生和指导教师创造了对话的空间，为实习生反思学徒经验、完成知识转化提供了契机。在身份获得方面，促进型互动中去中心化的、相对平等的权力关系，保证了实习生参与的深度和广度，使他们能够理性而全面地认识教师工作的规范、情感和知识要求。

这并不是说虚性和谐互动模式下实习生在知识转化和身份获得这两个方面没有任何收获和变化。无疑，他们通过自己的努力，以各自的方式、在不同程度上进行着知识的转化。实习生和指导教师之间的对抗和角力，往往让他们更加牢固地抱持和捍卫原有的知识和信念，因而被限制在原来的框架中，难以从不同的视角来审视和检验原有的知识和信念。因此，在很大程度上，这种互动模式既不利于实习生的知识转化，也不利于他们的身份获得。

师徒互动、实习生的知识转化与身份获得同时受到社会结构因素和个体行动因素的影响。在结构因素方面，我国现行的实习制度不能对实习学校和实习指导教师形成有效的制度约束与激励，也没有明确实习工作各方的责任、权利和义务。这导致实习生以及相关各方行为的随意性较大，积极性不够高。除实习制度外，资金支持、办公条件等物质性资源也制约了实习工作。而实习生面临的文化冲突问题则在更深层次上影响着实习生的现场体验，大学指导教师的指导往往更具理想色彩，而中小学指导教师则更强调实用，实习生需要面对理想文化与实用文化之间的冲突。另外，许多实习生基于自己早年对教师职业的美好印象而选择了师范教育，但实习经历让他们认识了现实中的教师职业，这种从理想到现实的冲击对实习生的知识转化和身份获得产生了重大影响。在结构因素之外，实习生的行动，尤其是他们对实习这种实践性学习方式的不适应也制约了其知识转化和身份获得。

根据丰富的一手资料，我们在本书的最后再次提出如下建议。首先，教育主管部门要制定实习规程，延长实习时间，并将实习分散到师范教育的全部环节中。此外，要加强实习基地的建设，并尝试建立实习认证制度。其次，建议师范院校采取切实措施提高大学指导教师的积极性。采取各种措施引导和帮助实习生更好地完成实习，如制定更加明确、具体、可操作的实习指南，开发与实习相关的课程，为实习生提供网络资源、专家讲座等更多的智力支持。再次，建议实习学校采取切实措施提高学校指导教师的积极性，为实习生创造更多的教育教学实践机会，建设实习共同体。指导教师应尊重实习生，考虑他们的利益，多关照和了解他们的兴趣、需要、特点和不足，以适应他们特点和水平的方式进行指导。最后，建议实习生理性地认识实习，积极地参与实习，反思自己在实习中的言行，并与指导教师和实习同伴多多交流。

参考文献

中文文献

阿吉里斯，帕特南，史密斯，2012. 行动科学：探究与介入的概念、方法与技能［M］. 夏林清，译. 北京：教育科学出版社.

阿吉里斯，舍恩，2008. 实践理论：提高专业效能［M］. 邢清清，赵宁宁，译. 北京：教育科学出版社.

贝尔，布瑞克，2010. 教育现场的专业学习［M］. 郭华，郑玉飞，宋国才，译. 北京：人民教育出版社.

伯恩斯坦，2016. 教育、符号控制与认同［M］. 王小凤，等译. 北京：中国人民大学出版社.

伯格，卢克曼，2019. 现实的社会建构：知识社会学论纲［M］. 北京：北京大学出版社.

陈静静，2011. 教师实践性知识论：中日比较研究［M］. 上海：华东师范大学出版社.

陈香，2010. 自我同一性理论及其核心概念的阐释［J］. 前沿（4）：91-93.

陈向明，2000. 质的研究方法与社会科学研究［M］. 北京：教育科学出版社.

陈向明，2003. 实践性知识：教师专业发展的知识基础［J］. 北京大学教育评论（1）：104-112.

陈向明，2009. 教师实践性知识研究的知识论基础［J］. 教育学报（2）：47-55.

陈向明，等，2011. 搭建实践与理论之桥：教师实践性知识研究［M］. 北京：教育科学出版社.

陈向明，曲霞，2021. 师徒互动对实习生学做教师的影响［J］. 教育科学（5）：36-48.

陈向明，曲霞，张玉荣，2014. 教育质性研究概念框架的本土探索：以一项实习生与指导教师互动的研究为例［J］. 教育学术月刊（4）：3-10.

陈向明，张玉荣，2014. 教师专业发展和学习为何要走向"校本"［J］. 清华大学教育研究（1）：36-43.

崔相录，劳凯声，1995. 教育法实务全书［M］. 北京：宇航出版社.

《当代中国》丛书教育卷编辑室，1986. 当代中国高等师范教育资料选：上册［M］. 上海：华东师范大学出版社.

杜威，2005. 确定性的寻求：关于知行关系的研究［M］. 傅统先，译. 上海：上海人民出版社.

范梅南，2008. 教育敏感性和教师行动中的实践性知识［J］. 北京大学教育评论（1）：2-20.

范梅南，莱维林，2004. 儿童的秘密：秘密、隐私和自我的重新认识［M］. 陈慧黠，曹赛先，译. 北京：教育科学出版社.

范松楠，2010. 符号互动理论的源起与发展［J］. 新闻爱好者（4）：40.

方展画，1990. 罗杰斯"学生为中心"教学理论述评［M］. 北京：教育科学出版社.

费孝通，1983. 我看人看我［J］. 读书（3）：99-103.

戈夫曼，2008. 日常生活中的自我呈现［M］. 冯钢，译. 北京：北京大学出版社.

国家教育委员会师范教育司，1996. 师范教育工作资料汇编：1988—1995年［M］. 长春：东北师范大学出版社.

哈蒙，2009. 有力的教师教育：来自杰出项目的经验［M］. 鞠玉翠，等译. 上海：华东师范大学出版社.

哈奇，2007. 如何做质的研究［M］. 朱光明，沈文钦，徐守磊，等译. 北京：中国轻工业出版社.

何东昌，1998a. 中华人民共和国重要教育文献：1949—1975［M］. 海口：海南出版社.

何东昌，1998b. 中华人民共和国重要教育文献：1991—1997［M］. 海口：海南出版社

黄光国，1988. 人情与面子：中国人的权力游戏［M］//杨国枢. 中国人的心理. 台北：桂冠图书公司：289-318.

黄曬莉，2007. 华人人际和谐与冲突：本土化的理论与研究［M］. 重庆：重庆大学出版社.

黄秀琼，2009. 论师范生教育实习中的角色定位［J］. 四川师范大学学报(社会科学版)（6）：67-71.

吉登斯，1998. 社会的构成：结构化理论大纲［M］. 李康，李猛，译. 北京：生活・读书・新知三联书店.

教育部师范教育司，2009. 加强教师教育　服务基础教育：2008年度教师教育文件、经验材料选编［M］. 北京：高等教育出版社.

教育部政策研究与法制建设司，2002. 中华人民共和国现行教育法规汇编：1996—2001：下卷［M］. 北京：高等教育出版社.

柯林斯，2009. 互动仪式链［M］. 林聚任，王鹏，宋丽君，译. 北京：商务印书馆.

莱夫，温格，2004. 情景学习：合法的边缘性参与［M］. 王文静，译. 上海：华东师范大学出版社.

雷林，2002. 实践性学习：学习型组织的实现途径［M］. 贺广勋，姚冀，

张维红，译. 北京：电子工业出版社.

李康，1999. 吉登斯：结构化理论与现代性分析［M］//杨善华. 当代西方社会学理论. 北京：北京大学出版社：210-256.

李茂森，2008. 教师“身份认同”的理性思考［J］. 全球教育展望（7）：34-37.

李猛，1999. 常人方法学［M］//杨善华. 当代西方社会学理论. 北京：北京大学出版社：45-94.

李泽厚，2005. 实用理性与乐感文化［M］. 北京：生活·读书·新知三联书店.

林崇德，申继亮，辛涛，1996. 教师素质的构成及其培养途径［J］. 中国教育学刊（6）：16-22.

林一钢，冯虹，2011. 师范生教师身份认同危机及其原因探析［J］. 全球教育展望（8）：34-38.

刘光主，1990. 新中国高等教育大事记：1949—1987［M］. 长春：东北师范大学出版社.

迈尔斯，休伯曼，2008. 质性资料的分析：方法与实践［M］. 张芬芬，译. 重庆：重庆大学出版社.

米德，2012. 心灵、自我与社会［M］. 赵月瑟，译. 上海：上海译文出版社.

米尔斯，2001. 社会学的想象力［M］. 陈强，张永强，译. 北京：生活·读书·新知三联书店.

邱俊杰，2013. 从情态意义看实习教师身份认同重构：基于个案的研究［J］. 教育与教学研究（9）：40-43.

曲霞，2012. 实习生对理论性知识的认识及其对职前教师教育的启示［J］. 教师教育研究（6）：13-19.

舍恩，2007. 反映的实践者：专业工作者如何在行动中思考［M］. 夏林清，译. 北京：教育科学出版社.

舍恩，2008. 培养反映的实践者：专业领域中关于教与学的一项全新设计

[M]. 郝彩虹，张玉荣，雷月梅，等译. 北京：教育科学出版社.

石中英，2001. 知识转型与教育改革 [M]. 北京：教育科学出版社.

舒新城，1981. 中国近代教育史资料 [M]. 2 版. 北京：人民教育出版社.

泰勒，1993. 论谢弗勒知识的条件 [M] //瞿葆奎. 教育学文集：智育. 北京：人民教育出版社：176-196.

特纳，2001. 社会学理论的结构：第 6 版：下 [M]. 邱泽奇，等译. 北京：华夏出版社.

特纳，2006. 社会学理论的结构 [M]. 邱泽奇，张茂元，等译. 北京：华夏出版社.

王安全，2011. 教师自我知识身份误解的生成与消解 [J]. 国家教育行政学院学报（3）：52-55.

王鹏，林聚任，2006. 情感能量的理性化分析：试论柯林斯的“互动仪式市场模型”[J]. 山东大学学报（1）：152-157.

王文静，2001. 关于我国高师教育实习的理性思考 [J]. 高等师范教育研究（5）：65-69.

王学珍，张万仓，2004. 北京高等教育文献资料选编：1861—1948 [M]. 北京：首都师范大学出版社.

韦斯特伯里，威尔科夫，2008. 科学、课程与通识教育：施瓦布选集 [M]. 郭元祥，乔翠兰，译. 北京：中国轻工业出版社.

魏戈，2020. 教师实践性知识的生成 [M]. 北京：教育科学出版社.

魏戈，陈向明，2015. 社会互动与身份认同：基于全国 7 个省（市）实习教师的实证研究 [J]. 教育学报（4）：55-66.

项亚光，钱朴，1999. 转型期教师社会化特点的研究 [J]. 河北师范大学学报（教育科学版）（1）：116-119.

谢维和，2007. 教育活动的社会学分析：一种教育社会学的研究 [M]. 2 版. 北京：教育科学出版社.

辛涛，申继亮，林崇德，1999. 从教师的知识结构看师范教育的改革 [J]. 高等师范教育研究（6）：12-17.

熊金菊，吴宗杰，2007. 师徒教师教育中的身份改变：以英语初任教师为例［J］. 宁波大学学报（教育科学版）(3)：33-37.

徐碧美，2003. 追求卓越：教师专业发展案例研究［M］. 陈静，李忠如，译. 北京：人民教育出版社.

徐国庆，2005. 实践导向职业教育课程研究：技术学范式［M］. 上海：上海教育出版社.

阎云翔，2006. 差序格局与中国文化的等级观［J］. 社会学研究（4）：201-213.

杨国枢，1993. 中国人的社会取向：社会互动的观点［M］//杨国枢，余安邦. 中国人的心理与行为：理念及方法篇（一九九二）. 台北：桂冠图书公司：81-142.

杨国枢，2012. 中国人的心理［M］. 北京：中国人民大学出版社.

尹弘飚，操太圣，2008. 课程改革中教师的身份认同：制度变迁与自我重构［J］. 教育发展研究（2）：35-40.

俞国良，辛涛，申继亮，1995. 教师教学效能感：结构与影响因素的研究［J］. 心理学报（2）：159-166.

张军凤，2007. 教师的专业身份认同［J］. 教育发展研究（4A）：39-41.

张玉荣，2012. 社会互动与实习生的身份认同［J］. 教育学术月刊（11）：52-57.

张玉荣，陈向明，2014. 何以为师?：实习生的知识转化与身份获得［J］. 教师教育研究（3）：75-80.

赵明仁，2009. 教学反思与教师专业发展：新课程改革中的案例研究［M］. 北京：北京师范大学出版社.

中国第二历史档案馆，1997. 中华民国史档案资料汇编：第五辑第二编：教育（一）［M］. 南京：江苏古籍出版社.

衷克定，申继亮，辛涛，1998. 论教师知识结构及其对教师培养的意义［J］. 中国教育学刊（3）：55-58.

朱有瓛，1992. 中国近代学制史料：第三辑：下册［M］. 上海：华东师范大学出版社：465–466.

竹内弘高，野中郁次郎，2006. 知识创造的螺旋：知识管理理论与案例研究［M］. 李萌，译. 北京：知识产权出版社.

外文文献

Agee J M，1996. “I was kind of hoping for a woman”：Issues of lived experience in the preservice-cooperating teacher relationship［J］. English Education，28（4）：280–302.

Alves M，MacPhail A，Queirós P，et al.，2019. Becoming a physical education teacher during formalised school placement：A rollercoaster of emotions［J］. European Physical Education Review，25（3）：893–909.

Aydin A C，Hoy A W，2005. What predicts student teacher selfefficacy?［J］. Academic Exchange Quarterly，9（4）：123–128.

Beijaard D，Meijer P C，Verloop N，2004. Reconsidering research on teachers' professional identity［J］. Teaching and Teacher Education，20：107–128.

Beijaard D，Verloop N，Vermunt J D，2000. Teachers' perceptions of professional identity：An exploratory study from a personal knowledge perspective［J］. Teaching and Teacher Education，16：749–764.

Bennett N，Carre C，1993. Learning to Teach［M］. London：Routledge.

Britzman D P，2003. Practice Makes Practice：A Critical Study of Learning to Teach［M］. Rev. ed. Albany：State University of New York Press.

Bullough R V，Gitlin A D，1995. Becoming a Student of Teaching：

Methodologies for Exploring Self and School Context [M]. New York: Garland Publishing.

Bullough R V, Jr, Jo Draper R, 2004. Making sense of a failed triad: Mentors, university supervisors, and positioning theory [J]. Journal of Teacher Education, 55 (5): 407-420.

Bullough R V, Knowles J G, Crow N A, 1992. Emerging as a Teacher [M]. London: Routledge.

Chaliès S, Ria L, Bertone S, et al., 2004. Interactions between preservice and cooperating teachers and knowledge construction during post-lesson interviews [J]. Teaching and Teacher Education, 20 (8): 765-781.

Clandinin D J, 1986. Classroom Practice: Teacher Images in Action [M]. London: Falmer Press.

Cochran K F, DeRuiter J A, King R A, 1993. Pedagogical content knowing: An integrative model for teacher preparation [J]. Journal of Teacher Education, 44 (4): 263-272.

Cochran-Smith M, 1991. Learning to teach against the grain [J]. Harvard Educational Review, 61 (3): 279-310.

Connelly F M, Clandinin D J, 1988. Teachers as Curriculum Planners: Narratives of Experience [M]. New York: Teachers College Press.

Cooley C, 1918. Social Process [M]. New York: Charles Scribner's Sons.

Dillabough J-A, 1999. Gender politics and conceptions of the modern teacher: Women, identity and professionalism [J]. British Journal of Sociology of Education, 20 (3): 373-394.

Elbaz F, 1983. Teacher thinking: A Study of Practical Knowledge [M]. London: Routledge.

Elliott B, 1995. Developing relationships: Significant episodes in professional development [J]. Teachers and Teaching: Theory and Practice,

1 (2): 247-264.

Erikson E H, 1959. Identity and the Life Cycle: Selected Papers [M]. New York: International Universities Press.

Fairbanks C M, Freedman D, Kahn C, 2000. The role of effective mentors in learning to teach [J]. Journal of Teacher Education, 51 (2): 102-112.

Feiman-Nemser S, 2001. Helping novices learn to teach: Lessons from an exemplary support teacher [J]. Journal of Teacher Education, 52 (1): 17-30.

Feiman-Nemser S, Buchmann M, 1987. When is student teaching teacher education? [J]. Teaching and Teacher Education, 3 (4): 255-273.

Fernandez-Balboa J, Stiehl J, 1995. The generic nature of pedagogical content knowledge among college professors [J]. Teaching and Teacher Education, 11 (3): 293-306.

Freeman D, 2000. Intervening in practice practicum [M] // Richards J C, Nunan D. Second Language Teacher Education. Beijing: Foreign Language Teaching and Research Press: 103-117.

Gaudelli W, Ousley D, 2009. From clothing to skin: Identity work of student teachers in culminatingfield experiences [J]. Teaching and Teacher Education, 25: 931-939.

Gebhard J G, 2000. Interaction in a teaching practicum [M] // Richards J C, Nunan D. Second Language Teacher Education. Beijing: Foreign Language Teaching and Research Press: 118-131.

Gee J P, 2000. Identity as an analytic lens for research in education [J]. Review of Research in Education, 25: 99-125.

Golombek P R, Johnson K E, 2004. Narrative inquiry as a mediational space: examining emotional and cognitive dissonance in second-language teachers' development [J]. Teachers and Teaching: Theory and Practice, 10

(3)：307-327.

Grossman P L，1990. The Making of a Teacher [M]. New York：Teachers College Press.

Hawkey K，1998. Mentor pedagogy and student teacher professional development：A study of two mentoring relationships [J]. Teaching and Teacher Education，14 (6)：657-670.

Hiebert J，Gallimore R，Stigler J W，2002. A knowledge base for the teaching profession：What would it look like and how can we get one? [J]. Educational Research，31 (5)：3-15.

Hoban G F，2002. Teacher Learning for Educational Change：A Systems Thinking Approach [M]. Buckingham：Open University Press.

Hong J Y，2010. Pre-service and beginning teachers' professional identity and its relation to dropping out of the profession [J]. Teaching and Teacher Education，26：1530-1543.

Horn I S，Nolen S B，Ward C，et al.，2008. Developing practices in multiple worlds：The role of identity in learning to teach [J]. Teacher Education Quarterly，35 (3)：61-72.

Hoy A W，Spero R B，2005. Changes in teacher efficacy during the early years of teaching：A comparison of four measures [J]. Teaching and Teacher Education，21 (4)：343-356.

Johnson K A，2003. "Every experience is a moving force"：Identity and growth through mentoring [J]. Teaching and Teacher Education，19 (8)：787-800.

Kennedy M M，1997. The connection between research and practice [J]. Educational Researcher，26 (7)：4-12.

Kessels J，Korthagen F，2001. The relation between theory and practice：Back to the classics [M] // Korthagen F A J，Kessels J，Koster B，et al. Linking Practice and Theory：The Pedagogy of Realistic Teacher

Education. Mahwah: Lawrence Erlbaum Associates Publishers: 20-31.

Kim M, Schallert D L, 2011. Building caring relationships between a teacher and students in a teacher preparation program word-by-word, moment-by-moment [J]. Teaching and Teacher Education, 27: 1059-1067.

Korthagen F A J, Kessels J P A M, 1999. Linking theory and practice: Changing the pedagogy of teacher education [J]. Educational Researcher, 28 (4): 4-17.

Kramer M, 1974. Reality Shock: Why Nurses Leave Nursing [M]. St. Louis, MO: C. V. Mosby.

Kullman J, 1998. Mentoring and the development of reflective practice: Concepts and context [J]. System, 26: 471-484.

La Paro K M, van Schagen A, King E, et al., 2018. A systems perspective on practicum experiences in early childhood teacher education: Focus on interprofessional relationships [J]. Early Childhood Education Journal, 46: 365-375.

Laursen P F, 2007. Student teachers' conceptions of theory and practice in teacher education [C]. The International Study Association on Teachers and Teaching. Brock University, Canada.

Leinhardt G, 1990. Capturing craft knowledge in teaching [J]. Educational Researcher, 19 (2): 18-25.

Leinhardt G, Smith D A, 1985. Expertise in mathematics instruction: Subject matter knowledge [J]. Journal of Educational Psychology, 77 (3): 247-271.

Lesley M, Hamman D, Arturo O, Jr, et al., 2004. Student teacher and cooperating teacher interactions as a critical factor in determining the preparation of quality reading teachers [C]. The Annual Meeting of The American Educational Research Association. San Diego, CA.

Lortie D C, 1975. Schoolteacher: A Sociological Study [M]. Chicago:

The University of Chicago Press.

Lyons N, 2010. Reflection and reflective inquiry: Critical issues, evolving conceptualizations, contemporary claims and future possibilities [M] // Lyons N. Handbook of Reflection and Reflective Inquiry. New York: Springer: 3–22.

Maynard T, Furlong J, 1993. Learning to teach and models of mentoring [M] // McIntyre D, Hagger H, Wilkin M. Mentoring: Perspectives on School-Based Teacher Education. London: RoutledgeFalmer: 69–85.

Merseth K K, Sommer J, Dickstein S, 2008. Bridging worlds: Changes in personal and professional identities of pre-service urban teachers [J]. Teacher Education Quarterly, 35 (3): 89–108.

Miller J, 2009. Teacher identity [M] // Burns A, Richards J C. The Cambridge Guide to Second Language Teacher Education. Cambridge: Cambridge University Press: 172–181.

Munby H, Russell T, 1990. Metaphor in the study of teachers' professional knowledge [J]. Theory into Practice, 29 (2): 116–121.

O'Grady E, Guilfoyle L, McGarr O, 2018. "Biting one's lip" and "distancing": Exploring pre-service teachers' strategies in dysfunctional professional relationships [J]. Asia-Pacific Journal of Teacher Education, 46 (4): 369–383.

Orland-Barak L, Klein S, 2005. The expressed and the realized: Mentors' representations of a mentoring conversation and its realization in practice [J]. Teaching and Teacher Education, 21 (4): 379–402.

Ottesen E, 2007. Teachers "in the making": Building accounts of teaching [J]. Teaching and Teacher Education, 23 (5): 612–623.

Park S, Oliver J S, 2008. Revisiting the conceptualisation of pedagogical content knowledge (PCK): PCK as a conceptual tool to understand teachers as professionals [J]. Research in Science Education, 38 (3): 261–284.

Poulou M, 2007. Student-teachers' concerns about teaching practice [J]. European Journal of Teacher Education, 30 (1): 91-110.

Safran L, 2010. Legitimate peripheral participation and home education [J]. Teaching and Teacher Education, 26 (1): 107-112.

Schwab J J, 1971. The practical: Arts of eclectic [J]. The School Review, 79 (4): 493-542.

Sexton D M, 2008. Student teachers negotiating identity, role, and agency [J]. Teacher Education Quarterly, 35 (3): 73-88.

Shulman L S, 1986. Those who understand: Knowledge growth in teaching [J]. Educational Researcher, 15 (2): 4-14.

Shulman L S, 1987. Knowledge and teaching: Foundations of the new reform [J]. Harvard Educational Review, 57 (1): 1-22.

Shulman L S, 2013. Forgive and remember: The challenges and opportunities of learning from experience [C]. The Annual Meeting of the International Curriculum Forum, November, Shanghai.

Stryker S, 1968. Identity salience and role performance: The relevance of symbolic interaction theory for family research [J]. Journal of Marriage and Family, 30 (4): 558-564.

Stryker S, 1980. Symbolic Interactionism: A Social Structural Version [M]. Menlo Park, CA: Benjamin Cummings.

Sugrue C, 1997. Student teachers' lay theories and teaching identities: Their implications for professional development [J]. European Journal of Teacher Education, 20 (3): 213-225.

Tharp R G, Gallimore R, 1988. Assisting teacher performance through the ZPD: A case study [M] // Tharp R G, Gallimore R. Rousing Mind to Life: Teaching, Learning, and Schooling in Social Context. Cambridge: Cambridge University Press: 217-248.

Tobin K, McRobbie C J, 1996. Cultural myths as constraints to the enacted science curriculum [J]. Science Education, 80 (2): 223–241.

Uusmaki L, 2013. Empowering pre-service teacher supervisors' perspectives: A relational-cultural approach towards mentoring [J]. Australian Journal of Teacher Education, 38 (7): 45–58.

Varghese M, Morgan B, Johnston B, et al., 2005. Theorizing language teacher identity: Three perspectives and beyond [J]. Journal of Language, Identity, and Education, 4 (1): 21–44.

Veal W R, MaKinster J G, 1999. Pedagogical content knowledge taxonomies [J/OL]. Electronic Journal for Research in Science & Mathematics Education, 3 (4) [2022-06-23]. https://ejrsme.icrsme.com/article/view/7615.

Veenman S, 1984. Perceived problems of beginning teachers [J]. Review of Educational Research, 54 (2): 143–178.

Verloop N, van Driel J, Meijer P, 2001. Teacher knowledge and the knowledge base of teaching [J]. International Journal of Educational Research, 35 (5): 441–461.

Walkington J, 2005. Becoming a teacher: Encouraging development of teacher identity through reflective practice [J]. Asia-Pacific Journal of Teacher Education, 33 (1): 53–64.

Wang J, 2001. Contexts of mentoring and opportunities for learning to teach: A comparative study of mentoring practice [J]. Teaching and Teacher Education, 17 (1): 51–73.

Wang J, Strong M, Odell S, 2004. Mentor-novice conversation about teaching: A comparison of two U.S. and two Chinese cases [J]. The Teacher College Record, 106 (4): 775–813.

Weinstein C S, 1988. Preservice teachers' expectations about the first year of teaching [J]. Teaching and Teacher Education, 4 (1): 31–40.

Wideen M, Mayer-Smith J, Moon B, 1998. A critical analysis of the research on learning to teach：Making the case for an ecological perspective on inquiry [J]. Review of Educational Research，68 (2)：130–178.

Wilson L，1996. Mary and Ann：A reciprocal preservice teacher and cooperating teacher relationship [C]. The Annual Meeting of Association of Teacher Educators. St. Louis，MO.

Young A-M，MacPhail A，2016. Cultivating relationships with school placement stakeholders：The perspective of the cooperating teacher [J]. European Journal of Teacher Education，39 (3)：287–301.

Zanting A，Verloop N，Vermunt J D，et al.，1998. Explicating practical knowledge：An extension of mentor teachers' roles [J]. European Journal of Teacher Education，21 (1)：11–28.

附录

附录一：实习生访谈提纲

一、背景

1. 请简单介绍一下你的学习经历（大学、专业等）。

2. 你经历过几次实习？请介绍基本情况。

二、实习生与重要他人的互动

1. 你一般如何与指导教师沟通（沟通背景、沟通内容、沟通方式）？

2. 指导教师（大学与实习学校）在具体情境中（备课、说课、听课、评课、试教、教研活动）是如何指导你的？请举出具体事例，用几个形容词描述指导教师的指导风格。

3. 指导教师关注什么问题？你关注什么？你们的关注点是否一

致？如果不一致，以谁的为主（谁主导话题）？

4. 指导过程中你的总体感觉是什么？你的感觉有什么变化？你和指导教师之间的关系、互动氛围怎样（主要针对单方主导、非赢即输、隐瞒信息、不暴露负面情绪等）？

三、互动对实习生的影响

1. 老师指导后你有什么收获？

2. 你学到了什么新知识？与你大学学到的知识有什么不同？怎么评价这些知识与大学学到的知识之间的关系（理论知识与实践性知识、显性知识与隐性知识、学科知识与教育学知识）？

3. 你对教师职业的认识有变化吗？你关于自己当教师的自信有变化吗（自我效能）？对你信心影响最大的一件事是什么？你认为自己是一个什么样的教师（自我概念）？你对自己的认识在实习前后有什么变化？是什么导致这些变化（教师文化、学校文化、自我认识等）？实习经历对你选择教师职业有什么影响（更想当教师了，还是不想当教师了）？为什么？

注意事项：

1. 括号里的内容主要用于提示访谈者需要关注什么。

2. 如果有临时想到的且重要的问题，可自行加进去。

3. 访谈应能尽量激发起实习生对互动过程和体验的具体生动的描述，留给他们足够的时间和空间去描述。

4. 围绕概念图中涉及的重要概念和内容展开访谈，以便整理和分析资料。

附录二：指导教师访谈提纲

一、背景

1. 您这几年指导过实习生吗？请您简单介绍一下您的指导经历。

2. 学校对指导教师有哪些要求？

二、与实习生的互动

1. 您一般如何与实习生沟通（沟通背景、沟通内容、沟通方式）？

2. 您在具体情境中（备课、说课、听课、评课、试教、教研活动）是如何指导实习生的？请举出具体事例。

3. 在指导中，您注重指导哪些方面？指导得较多的方面是哪些？

4. 在指导过程中，您关注什么问题？实习生关注什么？你们的关注点是否一致？

5. 指导过程中您总体感觉怎样？您的感觉有什么变化？您和实习生之间的关系、互动氛围怎样（主要针对单方主导、非赢即输、隐瞒信息、不暴露负面情绪等）？

6. 在指导过程中，您的主要目标是什么？

7. 您感觉通过指导，实习生在哪些方面变化比较大（知识转化、身份获得）？

8. 您认为怎样才能够为实习生创造学习的条件和机会？

9. 您对现有的教师教育课程有哪些看法？

10. 在培养未来教师的过程中应注重哪些方面？

11. 您认为实习生在哪方面特别需要帮助？

12. 您认为自己作为指导教师需要哪些支持和帮助？

附录三：师徒互动观察提纲

一、基本情况

观察者__________

观察时间__________　　观察地点____________________

实习生姓名__________在读大学__________年级__________

性别__________实习经历①__________教学经历②__________

实习学校__________实习班级__________教授科目__________

互动情境（打钩）：

备课（　）、听课（　）、说课（　）、评课（　）、试教（　）、教研活动（　）、其他（　）

互动主体（打钩）：

与实习学校指导教师（　）、与大学指导教师（　）

二、现场可直接观察到的内容

1. 双方的言语。如果允许录音，这一部分可以不作为现场观察的重点，可通过事后转录补充完整。

2. 非言语行为。如果不能录像，这一部分应该是现场观察的主要焦点。具体可分为：

（1）互动的整体氛围，双方的表情、眼神、肢体动作等。

---

① 指实习次数和阶段（本科实习、研究生实习）。

② 指实习生是否有过从教经历。

（2）互动氛围发生变化时（如忽然轻松、发生冲突或沉默时），双方谈论的话题、各自的表情、动作等。

3. 意外事件。特别关注意外事件对互动氛围、双方的言语、动作和神情产生的影响。

三、观察者的分析笔记

利用互动仪式链和第一型使用理论、第二型使用理论初步分析现场观察获得的言语和非言语信息。具体内容包括：

1. 互动涉及什么话题（理论知识与实践性知识，学科知识与教育学知识，隐性知识与显性知识，教学步骤、策略、原则，学习教学的过程，当老师的感受，对本次互动的感受，生活问题，其他）？共同关注焦点的状态如何？（谈这个话题时双方的关注点各是什么？）

2. 双方以什么样的方式互动（提问、询问，讲解、示范，命令式、启发式、协商式、分享式，等等）？谁主导了互动的过程（确定互动的主题、主动引导对话进行、占有更多的谈话时间等）？这个互动过程类似于第一型使用理论还是第二型使用理论？可以参照以下师徒互动过程的第一型使用理论和第二型使用理论对照表。

师徒互动中的第一型使用理论和第二型使用理论

观察点	第一型使用理论	第二型使用理论	可能的问题
对环境的控制	单方控制	双方合作	指导教师与实习生互动的环境是指导教师或者实习生单方还是双方共同营造的？是否存在指导教师对实习生的控制、防御（面对实习生的反抗等），或认为自己是权威的情形？
对任务的控制	单方控制	双方控制	实习生是否依赖指导教师？指导教师与实习生是否建立亲密的关系？二者是否有共同的关注点，指导教师是否对实习生提供帮助？

续表

观察点	第一型使用理论	第二型使用理论	可能的问题
对自我的保护	单方保护	双边保护	指导教师对实习生的指导是否明确而非抽象，是否存在自我保护的问题？如何看待实习生的失误（是指导的问题还是实习生本身的问题等）？
对信息的控制	信息控制	信息充分公开	指导教师是否扣留有价值的信息、说出善意的谎言，压制情感、提供虚假的同情？说话人是否单方面假定他人需要被保护（双方是否隐藏自己的真实看法，目的是单方面保护对方，如指导教师回避实习生存在的问题，实习生为了指导教师的面子，二者都不公开表明自己的反对意见）？
关键点	互动双方是否建立起了合作、信任、开放的关系？双方的防御情况如何？是否有共同的兴趣关注点？是否会公开面对困难问题？是否会公开验证自己的理论假设？		

3. 交流方式起到了什么作用（引起对方注意、启发思考、陈述事实、发布指令、表达观点、表达情感、评价、建立关系等）？双方表现出怎样的情感状态（高兴、激动、温暖、愤怒、沮丧、伤心、焦虑、担心、无力等）？

4. 双方在用上述方式讨论上述话题时，支持各自观点的背后信念是什么？互动最后达成的结果与实习生最初的信念有何异同？对实习生的知识转化和身份获得有什么影响？（这一部分不再就互动本身进行分析，而是紧扣课题的研究目的，探究这种互动对实习生知识转化和身份认同产生的影响。虽然这种影响只有通过互动后对实习生的进一步访谈才能获得，但如果能够分析出互动各环节体现出来的双方的信念以及最后达成的结果与实习生最初信念的异同，就能使后面的追问更有实效。）

师徒互动观察记录表 1

互动主题：	
环境描述（空间布置、人际距离等）：	
现场笔记	分析笔记

师徒互动观察记录表 2

	是（√）	否（×）	未观察到（○）
指导教师			
1. 通过讲解对实习生的教学进行回应。			
2. 通过示范对实习生的教学进行回应。			
3. 按照自己的想法为实习生指出对其教学的看法。			
4. 根据实习生在教学实践中体验到的困惑和需要做出回应。			
5. 对实习生教学中的某个方面提出一个具体方案。			
6. 对实习生教学中的某个方面提出几种选择方案。			
7. 通过提问引导实习生反思其在教学中的行动和策略。			
8. 通过对话协助实习生理解其教学行动和策略背后的信念和原则。			
9. 对实习生的教学效果做出回应或评价。			
10. 对实习生的教学策略做出回应或评价。			
11. 对实习生的教学原则做出回应或评价。			
12. 通过多样化的方式（如语言、动作、图示等）示范。			
13. 通过提问积极理解对方的意图和观点。			
14. 与实习生一起进行现场实验来理解正在讨论的问题。			
15. 与实习生分享自己的教学经验。			
16. 与实习生分享自己作为教师的体验。			
实习生			
1. 主动提出自己的困惑或需要。			

续表

	是（√）	否（×）	未观察到（○）
2. 主动向指导教师询问有关教学行动或策略的信息。			
3. 主动询问指导教师的意见或态度。			
4. 主动邀请指导教师提出建议。			
5. 通过提问积极理解对方的意图和观点。			
6. 通过模仿理解对方的意图和观点。			
7. 通过模仿形成自己对问题新的理解。			
8. 偶尔对他人的看法做出简短回应。			
9. 大部分时间保持沉默。			
10. 互动中更为关注自己具体的行为表现。			
11. 互动中更为关注自己具体的教学技巧和策略。			
12. 互动中更为关注自己的教学原则。			
13. 与对方一起进行现场实验来理解正在讨论的问题。			
14. 与对方分享自己的教学经验。			
15. 与对方分享自己的作为实习教师的体验和感受。			
关系			
1. 双方关系是平等的。			
2. 互动气氛融洽。			
3. 双方对互动的内容都表现出兴趣。			
4. 双方情感投入较高。			
其他（上述选项未能记录，但互动中表现突出的方面）			

附录四：实习生个人反思表

姓名：　　　　在读大学：　　　　　年级：　　　　性别：

实习经历①：　　　　　　　　　　教学经历②：

实习学校：　　　　实习班级：　　　　　教授科目：

互动情境（划钩）：

备课（　）、听课（　）、说课（　）、评课（　）、试教（　）、教研活动（　）、其他（　）

互动主体（划钩）：

与实习学校指导教师（　）、与大学指导教师（　）

实习生个人反思表

思考题	描述与分析
1. 本次互动你的总体感觉如何？你与指导教师的关系和你们的交流氛围如何？	
2. 你与指导教师互动的具体内容是什么？关注点是什么？你的关注点与指导教师的有何异同？	
3. 对方的哪些行动策略让你印象深刻？（请具体描述细节）引起你何种情感反应？你认为这些行动策略背后的价值观和信念是什么？	

---

① 指实习次数和阶段（本科实习、研究生实习）。

② 指实习生是否有过从教经历。

续表

思考题	描述与分析
4. 与指导教师互动后，你获得了什么新知识？这些知识与你大学里学的知识有什么异同？不同知识之间是否发生了转化？	
5. 与指导教师互动后，你对教师职业的认识有变化吗？自己作为教师的自信心和效能感有无变化？变化是如何发生的？	
6. 你还希望补充什么内容？	

注：每位实习生至少填写三份反思表，在实习开始时、实习中期、实习结束后各填写一份。鼓励多填写，不设上限。篇幅不限。

附录五："实习生与指导教师互动模式研究"调查问卷

尊敬的同学：

您好！我们是北京大学教育学院的研究人员。我们正在开展一项教育部人文社会科学研究规划基金项目——知识转化与身份获得：实习生与重要他人互动模式研究。本问卷是想了解您在教育实习中与指导教师交流的状况和体验。问卷是匿名填写，仅用于本课题研究，不会用来评价您和您的指导教师。衷心感谢您的真诚合作和热心参与！

课题组

1. 基本信息

1.1　请问您就读的大学及专业是？

1.2　您的年级是？

1.3　您的性别是？

1.4　您所实习的学校类型是？

是否为重点学校？

是中学、小学还是幼儿园？

处于城市还是乡村（县级及以上为城市，乡镇及以下为农村）？

1.5　您实习的时长是？（1个月以下、1—2个月、2—4个月、4个月以上）

2. 与大学指导教师的互动情况

2.1　实习期间，您与大学指导教师有几次互动交流？（包括单独

和一对多的互动)

A. 一次也没有　　B. 1—2 次

C. 3—4 次　　D. 5 次以上（含 5 次）

2.2　如果在 2.1 中您选择了 A 或 B，主要是因为__________

2.3　您与大学指导教师平均每次的交流时间是？

A. 5 分钟以下　　B. 5—10 分钟（含 5 分钟）

C. 10—30 分钟（含 10 分钟）　　D. 30 分钟—1 小时（含 30 分钟）

E. 1 小时以上（含 1 小时）

2.4　实习期间，您与大学指导教师主要在________情况下进行交流（可多选）

A. 集体指导　　B. 自己备课过程中

C. 自己上完课后　　D. 其他同伴上完课后

E. 其他________________

2.5　实习期间，您与大学指导教师主要就哪些内容进行交流？(可多选)

A. 班级管理　　B. 学生情况

C. 学科知识　　D. 教育学和心理学知识

E. 教学方法和策略　　F. 人际关系

G. 师德问题　　H. 其他__________

2.6.1　当您遇到困惑与大学指导教师交流时，他/她通常？

A. 不听我的困惑，直接给予指导

B. 先了解我的困惑，然后给予指导

C. 先了解我的困惑，然后启发我自己解决问题

D. 其他____________

2.6.2　在您与大学指导教师交流的过程中，谁主导谈话的内容和进程？

A. 我自己　　B. 指导教师

C. 其他____________

2.7　您与大学指导教师谈话的内容，通常是您自己关心的问题吗？

A. 基本都是　　B. 大部分是

C. 部分是　　D. 完全不是

2.8　您觉得与大学指导教师互动时的氛围如何？

A. 非常融洽　　B. 比较融洽

C. 一般　　D. 不太融洽

E. 非常不融洽

2.9　您与大学指导教师互动时，自己的投入程度如何？

A. 非常投入　　B. 比较投入

C. 一般　　D. 不太投入

E. 非常不投入

2.10.1　您认为大学指导教师的态度

A. 非常认真　　B. 比较认真

C. 一般　　D. 不太认真

E. 非常不认真

2.10.2　您认为您的大学指导教师的风格是？

A. 权威型　　B. 放任型

C. 民主协商型　　D. 其他__________

2.11　您觉得大学指导教师了解您的困惑和困难吗？

A. 不了解　　B. 了解很少

C. 一般了解　　D. 比较了解

E. 非常了解

2.12　与大学指导教师互动后，您的困惑和问题解决了吗？

A. 全部能解决　　B. 大部分解决

C. 一般　　D. 少部分解决

E. 全都没解决

2.13　您与大学指导教师互动后，感觉有收获吗？

A. 非常有收获　　B. 比较有收获

C. 收获很少　　D. 完全没收获

如果您选择了 A 或 B 请回答 2.13.1 题，如果您选择了 C 或 D 请回答 2.13.2 题

2.13.1 通过与大学指导教师的互动，您认为自己在什么方面收获比较大？（可多选）

A. 教学方法和策略　　B. 班级管理策略和方法

C. 教育学和心理学知识　　D. 学科知识

E. 对教师职业的认识　　F. 对自己的认识和定位

G. 对中小学实际的了解　　H. 其他______________

2.13.2　您觉得使得您没有收获或收获较少的原因是什么？

A. 指导教师敷衍了事　　B. 指导教师说的没有用

C. 交谈时间太短　　D. 双方关系紧张

E. 我对实习没兴趣　　F. 我没有兴趣跟指导教师交流

G. 其他______________

3. 与实习学校指导教师的互动情况（包括学科教师也包括班主任）

3.1　实习期间，您与实习学校指导教师有几次互动交流？（包括单独和一对多的互动）

A. 一次也没有　　B. 1—2 次

C. 3—4 次　　D. 5 次以上（含 5 次）

3.2　如果在 3.1 中您选择了 A 或 B，主要是因为__________

3.3　您与实习学校指导教师平均每次的交流时间是？

A. 5 分钟以下　　B. 5—10 分钟（含 5 分钟）

C. 10—30 分钟（含 10 分钟）　　D. 30 分钟—1 小时（含 30 分钟）

E. 1 小时以上（含 1 小时）

3.4　实习期间，您与实习学校指导教师主要在________情况下进行交流（可多选）

A. 集体指导　　B. 自己备课过程中

C. 自己上完课后　　D. 其他同伴上完课后

E. 其他____________

3.5　实习期间，您与实习学校指导教师主要就哪些内容进行交流？(可多选)

A. 教学方法和策略　　B. 班级管理策略和方法

C. 教育学和心理学知识　　D. 学科知识

E. 对教师职业的认识　　F. 对自己的认识和定位

G. 对中小学实际的了解　　H. 其他____________

3.6.1　当您遇到困惑与实习学校指导教师交流时，他/她通常？

A. 不听我的困惑，直接给予指导

B. 先了解我的困惑，然后给予指导

C. 先了解我的困惑，然后启发我自己解决问题

D. 其他____________

3.6.2　在您与实习学校指导教师交流的过程中，谁主导谈话的内容和进程？

A. 我自己　　B. 指导教师

C. 其他____________

3.7　您与实习学校指导教师谈话的内容，通常是您自己关心的问题吗？

A. 基本都是　　B. 大部分是

C. 部分是　　D. 完全不是

3.8　您觉得与实习学校指导教师互动时的氛围如何？

A. 非常融洽　　B. 比较融洽

C. 一般 D. 不太融洽

E. 非常不融洽

3.9　您与实习学校指导教师互动时，自己的投入程度如何？

A. 非常投入 B. 比较投入

C. 一般 D. 不太投入

E. 非常不投入

3.10.1　您认为实习学校指导教师的态度

A. 非常认真 B. 比较认真

C. 一般 D. 不太认真

E. 非常不认真

3.10.2　您认为您的实习学校指导教师的风格是？

A. 权威型 B. 放任型

C. 民主协商型 D. 其他______________

3.11　您觉得实习学校指导教师了解您的困惑和困难吗？

A. 不了解 B. 了解很少

C. 一般了解 D. 比较了解

E. 非常了解

3.12　与实习学校指导教师互动后，您的困惑和问题解决了吗？

A. 全部能解决 B. 大部分解决

C. 一般 D. 少部分解决

E. 全都没解决

3.13　您与实习学校指导教师互动后，感觉有收获吗？

A. 非常有收获 B. 比较有收获

C. 收获很少 D. 完全没收获

如果您选择了A或B请回答3.13.1题，如果您选择了C或D请回答3.13.2题

3.13.1　通过与实习学校指导教师的互动，您认为自己在什么方

面收获比较大？（可多选）

A. 教学方法和策略　　B. 班级管理策略和方法

C. 教育学和心理学知识　　D. 学科知识

E. 对教师职业的认识　　F. 对自己的认识和定位

G. 对中小学实际的了解　　H. 其他______________

3.13.2　您觉得使得您没有收获或收获较少的原因是什么？

A. 指导教师敷衍了事　　B. 指导教师说的没有用

C. 交谈时间太短　　D. 双方关系紧张

E. 我对实习没兴趣　　F. 我没有兴趣跟指导教师交流

G. 其他______________

4. 实习后的变化

4.1　实习后，您当老师的愿望有变化吗？

A. 原来就喜欢，现在更喜欢了

B. 没变化，还是想当老师

C. 原来不喜欢，现在更不喜欢了

D. 没变化，还是不喜欢当老师

E. 原来不喜欢，现在喜欢了

4.2　实习后，您觉得自己更适合当老师了吗？

A. 是，发现自己更适合了

B. 一直觉得自己适合

C. 不是，发现自己更不适合了

D. 原来觉得适合，现在反而觉得不适合了

4.3　实习期间，您觉得在大学期间学习的哪些知识最有用？（可多选）

A. 学科知识　　B. 教学法知识

C. 教育学知识　　D. 心理学知识

E. 其他______________

4.4　除了指导教师，还有谁对您的影响较大？请说明有何影响。

A. 实习学校学生________

B. 实习生同伴________

C. 实习学校的领导________

D. 其他人________

4.5　您在实习中遇到困惑或问题时通常会主动找谁寻求帮助？

A. 学生　　B. 学生家长

C. 学校领导　　D. 其他学科老师

E. 一起实习的同伴　　F. 其他______________

4.6　在您的实习期间，大学指导教师与实习学校指导教师的指导之间是否有冲突？

A. 全都有冲突　　B. 经常有冲突

C. 一般　　D. 很少有冲突

E. 没有冲突

5. 开放题

请具体描述您与指导教师一次让您印象最深刻的交流，请说明这次交流对您有什么影响（请主要谈谈知识的学习和运用，以及当教师的愿望和能力）。

术语索引

J

L

P

Q

R

S

W

X

Z

后记

本书是在教育部人文社会科学研究规划基金项目“知识转化与身份获得：实习生与重要他人互动模式研究”（项目号：10YJA880017）结题报告的基础上修改而成的。课题的时间跨度为2010年到2013年，课题负责人是北京大学教育学院陈向明，协调员是中国人民大学外国语学院张玉荣。出于各种现实原因，该项目虽然已经在2014年顺利结题，但本书的写作却一直推迟不前。本书完成写作之时，当年的课题组成员有些更换了工作单位，有些更新了岗位职务。

以本书出版之时的情况，我们的课题组核心成员主要包括：中国人民大学张玉荣副教授、中国劳动关系学院曲霞副研究员、浙江师范大学江淑玲副教授、石河子大学刘强副教授、首都师范大学江涛博士，以及首都师范大学魏戈副教授等。

课题的顺利开展离不开诸多同仁的帮助，特别是：广西师范大学王枬教授、王彦教授，北京师范大学卢立涛副教授，东北师范大学徐鹏教授，新乡学院杜丽娟教授，首都师范大学杨朝晖教授，王倩博士。他们积极帮助我们联络了研究对象。此外，来自全国多地一线的中小学、幼儿园教师也积极参与其中，但由于研究伦理的要求，我们在文中对他们做了匿名处理，在此献上我们深深的谢意。

本书的写作由课题组成员共同完成。文稿写作的过程中，课题组成员多次开会商量，并相互修改彼此的文稿。课题负责人陈向明对全书的写作进行了规划和协调，并对全书的内容和文字进行了统稿和多次修改。本书各章的主要作者如下：前言（陈向明、魏戈），第一章（张玉荣、魏戈、江淑玲、刘强、江涛），第二章（魏戈），第三章（曲霞），第四章（张玉荣），第五章（陈向明、江涛）。需要特别提出的是，江淑玲和刘强在原结题报告中撰写了诸多生动的实习生个案，但由于本书篇幅有限，我们不得不忍痛割爱，但他们二人对本书的基础性贡献功不可没。

最后，我们特别感谢教育科学出版社刘明堂先生和翁绮睿女士的支持，以及责任编辑赵琼英女士的细心审改，他们让本书的面世成为可能。

陈向明

于蓝旗营

2021 年冬月

出 版 人　郑豪杰
责任编辑　赵琼英
版式设计　沈晓萌
责任校对　贾静芳
责任印制　叶小峰

图书在版编目（CIP）数据

学做教师：实习生与指导教师互动研究 / 陈向明等著．—北京：教育科学出版社，2023.2（2024.3 重印）
（实践-反思教育学文丛）
ISBN 978-7-5191-3258-3

Ⅰ.①学…　Ⅱ.①陈…　Ⅲ.①师资培养—研究　Ⅳ.①G451.2

中国版本图书馆 CIP 数据核字（2022）第 183573 号

实践-反思教育学文丛
学做教师：实习生与指导教师互动研究
XUEZUO JIAOSHI：SHIXISHENG YU ZHIDAO JIAOSHI HUDONG YANJIU

出版发行	教育科学出版社		
社　　址	北京·朝阳区安慧北里安园甲 9 号	邮　　编	100101
总编室电话	010-64981290	编辑部电话	010-64981280
出版部电话	010-64989487	市场部电话	010-64989009
传　　真	010-64891796	网　　址	http://www.esph.com.cn
经　　销	各地新华书店		
制　　作	北京金奥都图文制作中心		
印　　刷	保定市中画美凯印刷有限公司		
开　　本	720 毫米×1020 毫米　1/16	版　　次	2023 年 2 月第 1 版
印　　张	20	印　　次	2024 年 3 月第 3 次印刷
字　　数	244 千	定　　价	62.00 元